American Academy of Pediatrics

DEDICATED TO THE HEALTH OF ALL CHILDREN™

美国儿科学会权威出版

当妈就像跳芭蕾

Mama Doc Medicine

跟美国儿科医生妈妈学育儿

[美] 温迪·苏·斯旺森 / 著

欧茜　谷芳 / 译

北京日报出版社

图书在版编目（CIP）数据

当妈就像跳芭蕾：跟美国儿科医生妈妈学育儿 /（美）温迪 · 苏 · 斯旺森著；欧茜，谷芳译. — 北京：北京日报出版社，2018.9

ISBN 978-7-5477-2996-0

Ⅰ. ①当… Ⅱ. ①温… ②欧… ③谷… Ⅲ. ①家庭教育 Ⅳ. ①G78

中国版本图书馆CIP数据核字（2018）第124395号

著作权合同登记号 图字：01-2015-0116 号

当妈就像跳芭蕾：跟美国儿科医生妈妈学育儿

出版发行：北京日报出版社
地　　址：北京市东城区东单三条8-16号 东方广场东配楼四层
邮　　编：100005
电　　话：发行部：（010）65255876
　　　　　总编室：（010）65252135
印　　刷：北京宝昌彩色印刷有限公司
经　　销：各地新华书店
版　　次：2018年9月第1版
　　　　　2018年9月第1次印刷
开　　本：710毫米×1000毫米 1/16
印　　张：20
字　　数：347千字
定　　价：58.00元

American Academy of Pediatrics

DEDICATED TO THE HEALTH OF ALL CHILDREN™

美国儿科学会

致力于保障所有儿童的健康

专家评论

在网络信息鱼龙混杂、良莠不齐的年代，关于如何养育孩子，这是一本及时又有趣，客观又充满爱心的指导手册。

保罗·A. 奥菲特（Paul A. Offit），医学博士，美国儿科学会会士，费城儿童医院传染科主任，《自闭症虚假预言：伪科学、药物风险及积极治愈》（*Autism's False Prophets: Bad Science, Risky Medicine, and the Search for a Cure*）作者

最初我是在推特上发现温迪·苏·斯旺森医生的，她积极回答各种育儿问题，让我倍加欣赏。随后我就知道了这个非常火的博客——“西雅图医生妈妈”，这是我看过的最好的育儿博客。在博客中，温迪列出各种客观事实，并以此为依据解答父母的困惑。博客里也包含了许多实用信息，讲述问题同时也提供解决技巧，帮助父母为孩子的生命健康做出明智的决策。对于如何保持工作、生活之间的平衡，温迪也有自己独到的见解和做法。本书确实是新手父母的必读书。

理查德·贝瑟（Richard Besser），医学博士，美国儿科学会会士，美国广播公司新闻网医疗健康版主编，《医生，请告诉我真相——快速理解困惑及重要健康问题》（*Tell Me the Truth, Doctor: Easy-to-Understand Answers to Your Most Confusing and Critical Health Questions*）作者

在这本书里，温迪·苏·斯旺森不但轻松地解决了一些最困难且有争议的养育问题，而且结合真实的例子，提出了很多实用指导原则，带给你诸多思考和启发。如果当年我能拥有这本书的话，生活压力一定会减小很多。

赛斯·穆诺基（Seth Mnookin），麻省理工学院科学写作研究课程副主任，《病毒恐慌：自闭症和疫苗争议背后的真实故事》（*The Panic Virus: The True Story Behind the Vaccine-Autism Controversy*）作者

我敢打赌，你一定会爱上这本书。虽然你不会立即把这些新技巧运用到实际

育儿生活中，但迟早有一天，你会发现自己在不断地引用这本书的内容去说服家人和朋友。

米歇尔·博尔巴（Michele Borba），教育博士，国际认证育儿专家，美国全国广播公司《今日秀》节目嘉宾，著有《育儿方案：应对挑战和担忧的方法》（*The Big Book of Parenting Solutions: 101 Answers to Your Everyday Challenges and Wildest Worries*）等22本畅销书

斯旺森博士利用数字时代的社交媒体，把自己重新定义为最真实、最具影响力的医生。本书提供了各种可操作的、以科学事实为依据的育儿知识，传递了透明、权威的医学知识。

布莱恩·瓦塔贝迪安（Bryn Vartabedian），医学博士，贝勒医学院儿科学副教授，田纳西儿童医院出诊医生，知名博主

真希望在我是新手妈妈时就读过这本书！这是一本非常有用的育儿指南，幽默而富有同情心，能够陪伴你平稳度过孩子的童年，也会提醒你不要忘记关注自己的健康。

劳瑞·大卫（Laurie David），畅销书《与孩子一起吃晚餐：触摸孩子的最好方法》（*The Family Dinner: Great Ways to Connect with Your Kids, One Meal at a Time*）、《美味自己做，100种简单、新鲜、有益的食谱》（*The Family Cooks: 100+ Recipes Guaranteed to Get Your Family Craving Food That's Simple, Fresh, and Incredibly Good for You*）作者

阅历丰富的儿科医生与善解人意的妈妈两者完美结合，知名博主、网络红人，无论是新手父母还是熟手妈妈都会发现，这本书就和温迪·苏博士本人一样都是无价的、有思想和放心可靠的。

劳拉·A. 加纳（Laura A. Jana），医学博士，美国儿科学会会士，儿科医生，《家有宝贝：新生儿父母必读（新生儿篇）》（*Heading Home with Your Newborn: From Birth to Reality*）、《食物大作战：赢得营养大战，父母要用思想、幽默和一瓶番茄酱来武装的》（*Food Fights: Winning the Nutritional Challenges of Parenthood Armed with Insight, Humor, and a Bottle of Ketchup*）作者

把医学和数字时代完美结合， 没有人比温迪·苏·斯旺森博士做得更好了。不断更新的“西雅图医生妈妈”博客和推特， 是我的在线育儿资源库。 毫无疑问，这本书也是送给父母最好的礼物，值得每一位明智的父母阅读。

埃里·J. 托普尔（Erie J. Topol），医学博士，斯克里普斯健康中心首席专家，斯克里普斯研究所基因学教授，《创造性的医学破坏：数字革命如何营造更好的健康环境》（*The Creative Destruction of Medicine: How the Digital Revolution Will Create Better Health Care*）作者

温迪·苏·斯旺森博士把艺术和儿童健康相结合，同时增加了一丝育儿困惑来调味，这确实是一本每位父母的必读书，能够帮助我们在育儿过程中保持清醒的头脑和科学的做法。

阿里·布朗（Ari Brown），医学博士，美国儿科学会会士，儿科医生，《宝宝 411：献给一岁宝宝的明确答案和聪明建议》（*Baby 411: Clear Answers & Smart Advice For Your Baby's First Year*）作者

儿科医生、妈妈、记者， 温迪·苏·斯旺森博士充分利用各种途径分享父母渴望的育儿知识， 包括医学知识和现实困惑。对父母来说，这就是一本你想要的书。“我的儿科医生会怎么想呢？”在短暂的就诊时间里，你无法询问的问题都可以在这本书里找到答案。 作为一名儿科医生， 我真希望自己能有时间写这样一本书，既包含有趣的建议，也有如何保持内心的平静自信的方法，还有各种提升亲子关系的技巧。我强烈推荐这本书。

詹妮弗 ·舒（Jennifer Shu），医学博士，美国儿科学会会士，儿科医生，《家有宝贝：新生儿父母必读（新生儿篇）》（*Heading Home with Your Newborn: From Birth to Reality*）、《食物大作战：赢得营养大战，父母要用思想、幽默和一瓶番茄酱来武装的》（*Food Fights: Winning the Nutritional Challenges of Parenthood Armed with Insight, Humor, and a Bottle of Ketchup*）作者

这本书的主题就是如何养育一个健康快乐的孩子，书里包含了睿智的见解和

实用的医学知识。在现在这个信息爆炸的年代，这是每一位父母都希望得到的育儿指南。母亲的温情、儿科医生的专业、社交媒体专家独到的视角和坦率的品质，使这本书成为每一位父母、爷爷奶奶和看护者的必读书。

唐娅·雷默·阿尔特曼（Tanya Remer Altmann），医学博士，美国儿科学会会士，儿科医生，《妈妈育儿热线》（*Mommy Calls*）作者

为人父母，我们都需要一个伙伴。在我们忙得晕头转向、不知所措的时候，在我们艰难抉择的时候，我们需要有学习的对象，需要有信赖的声音，幸运的是，温迪·苏·斯旺森博士已经出现。她把自己亲历的故事、通俗易懂的科学和最新的医学研究，结合儿科医生的专业技能和妈妈对孩子浓浓的爱意，都写进了这本书。这本书不仅仅提供了专业、可靠和易懂的儿童健康知识，也反映出医生真正的快乐在于帮助更多父母为孩子做出更好的健康决策。当你合上书的时候，你一定可以感觉到温迪·苏·斯旺森博士的建议，一遍又一遍地浮现在你眼前，带给你安慰和信心。

娜塔莎·布尔盖（Natasha Burgert），医学博士，美国儿科学会会士，儿科医生

为人父母是艰难的——特别是在现在这个信息过量的时代，更是难上加难，不用说都能感觉到竞争有多激烈。温迪·苏帮助父母分析整理育儿信息和竞争状况，明白什么才是最重要的，帮助父母找到什么才是对自己和孩子最好的。她的话都是自己的心声，温暖、诚实，容易引起读者的共鸣，引人注目。她是对的。

克莱尔·麦卡锡（Claire McCarthy），医学博士，美国儿科学会会士，儿科医生，波士顿儿童医院《医学通信》（*Pediatrician and Medical Communications*）编辑

致谢

非常感谢西雅图儿童医院（Seattle Children's Hospital）的公共关系顾问詹妮弗·西摩（Jennifer Seymour），无论是喜悦还是泪水，她总坚定地支持我，在我工作、写作期间，充当我的意见咨询对象。她和我一样，都相信科技能让医生和病人的关系更紧密和融洽。她和西雅图儿童医院的队友在公共健康宣传方面做出了巨大的贡献。我还要感谢大卫、爱丽丝、迈克、路易斯、克雷格、玛丽、斯科特和斯黛西，对我的写作和职业转型，他们发挥了不可估量的作用。

衷心感谢那些慷慨的同事和有远见的导师，他们是布莱恩·瓦特伯丁医生、美国儿科学会会士克莱尔·麦卡锡博士、美国儿科学会会士娜塔莎·博格特博士、苏桑娜·福克斯、罗尼·盖格博士、埃里克森·德雷恩、戴夫·蔡斯、美国儿科学会会士安兰娜·莱文博士、美国儿科学会会士艾里·布朗博士、美国儿科学会会士詹妮弗·苏博士、美国儿科学会会士劳拉·亚娜博士、美国儿科学会会士唐娅·阿尔特曼博士、美国儿科学会会士乔登·啥莱恩博士、埃德加·马库塞博士、美国儿科学会会士保罗·奥菲特博士、克里·齐德尔和戴夫·德布莱卡特。他们的远见，他们的勇气，他们的关爱和友谊，让我一直铭记在心。我还要感谢推特上成千上万的粉丝们。

家人是我最忠实的支持者。每一篇文章发布前，丈夫乔纳森和妈妈凯伦都会预先读过。妈妈甚至还拿着红笔来修改，就好像查看我五年级时的作业一样，而且总是能提出中肯意见。她帮我带孩子，不知道有多少次，她要和孩子们再“多待一小时”，就是为了让我完成写作。我的丈夫，白天是一名学者、一名儿科医生，晚上则是我最好的朋友，给我提出了无数绝妙的建议，我的每一步都离不开他的支持。在我无数次牢骚中，他都能保持稳定和专注，保证他的专业性，继续做着对孩子们有益的事情，这需要无与伦比的定力。对于这个世界，他也有独到的见解。如果没有他的帮助，没有他无私的支持，没有他对我无比的信任——相信我一定能做好健康科普，我觉得自己永远也不可能成为现在的样子。

拥有像乔纳森这样的丈夫是我一生中最大的财富。公公、婆婆也非常热心，而且给予了我们无数的支持和拥护，这是最美妙的事情，成为他们的儿媳我感到非常荣幸。

我会终身铭记亲爱的辛迪妮（Cindini ）和斯蒂芬·拉森（Stepen Larson）博士。在我的孩童时代，拉森博士就邀请我进入医学行业。如果没有他，我就可能与医学这个如此有前景的行业失之交臂，更说不上治愈疾病。在我步入青年时期的时候，拉森博士则为我建造了一个文学精神家园。正是他们的无私恩赐，带领我走入了医学世界。这是每一个孩子都希望得到的恩赐。而我则成为少数真正获得恩赐的幸运儿。

最后，我由衷地感谢我在埃弗雷特诊所的病人和家属，还有过去几年里“西雅图医生妈妈”博客所有的读者，感谢你们让我们的生命有了交集。我的感激之情是无法用语言表述的。所有的父母、医生、孩子、创业者、销售人员、青少年、伦理学家、心理学家、博主、反对者和支持者，你们都给我提供了宝贵的意见。我是如此感激你们，如维琪、简、克莱丽、苏桑娜、卡洛琳、保罗、迈克、弗雷德、凯特、艾米丽、凯丽、米歇尔、爱德、杰、斯特茜、苏斯、艾福林和马特。我想你们永远也不会明白我从你们身上学到了多少，但我会尽量说出来。你们鼓励我大胆说出来，你们的支持追随，你们对我使命的认同，这一切对于我来说意义重大。

感谢那些相信网络和书本知识能救人性命的人，我们将继续努力前行，孩子们需要这一切。

译者序

翻译温迪的这本书是辛苦又愉快的经历。我平时工作很忙，只能抽时间在清晨翻译，每天不到 6 点起床，迎着清晨的阳光翻开书页，仿佛与温迪进行一场贴心的对话。

她的作品，让我深有共鸣。因为我和她一样，既是儿科医生又是母亲，我们还有着利用互联网从事育儿科普写作的共同经历。每当网络热门话题爆出时，她便以文字为媒介，把她的所知所想传递给家长，平抚他们焦虑的心情。

温迪的文章有一种独特的张力，让你仿佛能看到她深夜伏案疾书，只为了让孩子们能拥有美好灿烂的未来。透过她的文字，我能体会到她对孩子的关切，对家长的理解，对工作的热爱以及视儿童健康事业为己任的责任心。每天翻译工作结束时，我甚至会有一点儿不舍，仿佛老友见面，相谈甚欢却因为时间原因不得不离别一样。

这本书不但有医学科普，例如如何照顾肠绞痛宝宝，怎样解读生长曲线，识别自闭症的危险信号有哪些，疫苗该不该打；还有她对现实问题的思考，例如让孩子少看电视的妙招，如何平衡工作与育儿，孩子生病时父母如何免于自责，等等。

在这个信息过载的时代，选择一本优秀的育儿书能让爸爸妈妈省时省心。如果您能在宝宝出生伊始就阅读本书的话，育儿便会少很多苦恼。在这本书里，她将自己亲历的育儿故事和最新科学育儿的证据完美地结合起来， 让读者可以轻松的找到育儿问题的答案。

温迪不仅是一位经验丰富的儿科医生，同时也是一位善于引导的妈妈。在讨论育儿问题时，温迪喜欢提出一些开放性的问题，鼓励家长思考，最终得出自己的结论。比如在行文中，她常常使用冒号和问号，后面跟随而来的是解读，是思考和诘问，而非感叹号和句号，后面不容置疑地戛然而止了。

我们传统的育儿理念，无论是医生还是老一辈家长，常常采用填鸭式、命令式的方式，只告诉你要这样做，却鲜少告诉你为什么要这样做。知其然而不知其所以然——因此，如果医生或者长辈错了，错误的方式就会继续错下去，并广为传播。

温迪采用的是启发式的方式。先自己陈述问题，引出读者的思考，并以其掌握的新兴资讯和准确逻辑，进行剥丝抽茧层层分析，最后展现内核。你以为自己对了，结果可能错了。对了，对在哪儿？错了，错在哪？错的原因又是什么？温迪通过自己的分析和启发，引导家长们去思考。

于是，这本书与其他绝大多数育儿书有所区别。最重要的不一样之处在于，它运用一个个鲜活的案例和故事，以逻辑和循证的方式，告诉了我们该如何正确育儿。

其实，绝大部分育儿问题并没有标准答案，家长需要根据自家的实际情况做出思考，并选择最适合自己的方式来养育孩子。独立思考，而不是人云亦云，才能让家长真正掌握科学育儿的精髓。

这是一本兼具鲜活和温情的育儿书，字里行间点缀着温迪作为普通妈妈的困惑和温情。某些时候，温迪的小宇宙也会爆发，她会展现她的小情绪，用辛辣的语言表达她的观点。

她实在是一个有趣的医生妈妈。让我们翻到下一页，与她进行一场有趣的对话吧。

序 言

我经常听到家长倾诉养育孩子真心不容易。确实，宝宝出生可没有自带说明书，在把孩子抱回家前也不可能有试用期。幸运的是，至少我们还有儿科医生能帮助家长应对育儿的种种难题。

我是一名健康栏目记者，在我还没有宝宝的时候，那些已经生了孩子的朋友就常催我去“采访”儿科医生。那时，我对育儿毫无概念，仅仅出于记者的本分，我去做了采访。

我发现所有的儿科诊所都会举办家长见面会，让准爸爸准妈妈有机会与医生面对面地交流，听听儿科医生讲解如何养育宝宝。

我还发现儿科医生非常乐意分享自己的育儿经，哪怕是挫折和失误也不例外。他们非常耐心地示范怎样抱新生儿，怎样给宝宝喂奶，怎样给宝宝洗澡，怎么读书给宝宝听，怎么教育孩子，等等。

在刚刚接触父母和儿科医生的时候，我就经常浏览“西雅图医生妈妈”（Seattle Mama Doc）博客（www.seattlemamadoc.com）。这个博客的博主是温迪·苏·斯旺森，她是一位医学博士，同时还是生物伦理硕士、美国儿科学会会士。她拥有丰富的医学知识，并且能把这些知识运用到实际生活中。她的博客里有很多实用的信息，表述得简洁明了；还有不少睿智的想法。

她的文章让我产生共鸣，我非常想认识她。虽然我们住在同一个城市，但一直没有见过面，直到进行有关父母亲对疫苗担忧的采访时，我们才有机会认识。温迪·苏也非常关注父母亲对疫苗的态度。她非常自豪她的病人疫苗接种率是最高的，这得益于她与病人坦诚、将心比心的沟通，而不是因为欺骗或者强迫他们接种疫苗。

一个早上，女演员珍妮·麦卡锡，一位疫苗反对者，在奥普拉的节目中说接种疫苗使她的儿子患上了自闭症。那天，温迪医生接诊了一名一岁宝宝，给他做体检，孩子的妈妈因为看了那个节目，非常害怕。温迪医生既没有责怪她和取笑麦卡锡，也没有讲什么大道理和大数据，她只是耐心地倾听，看着对方的眼睛，还不时点头。后来她才解释说相关研究明确显示疫苗和自闭症没有任何关联，还说作为儿科医生，她非常清楚这些研究，她的两个儿子都接种了疫苗。这时她的所说所做显然还没有完全打消这位妈妈的疑虑。随后，她又站在妈妈的立场认同这位妈妈的想法："如果事关我的孩子，我也会这样想，虽然我是一名医生，但我同样也是一位妈妈，同样为孩子担心。"

诚实的态度，以及结合自己的情况来讲述疫苗问题，打动了这位妈妈。虽然她还有一点点的担忧，但还是愿意为孩子接种疫苗，就是因为温迪愿意跟她一起分享妈妈的担忧。

这本书里随处可见这类动人的故事。书中收录了益生菌、囟门、分离焦虑等内容。由于她慷慨地用现代社交媒体传播医学科普知识，你也可以在推特上找到相关内容，那里还有关于儿童生长发育的所有重要的图表信息。

温迪开明、诚实、有趣、热心、权威而且可靠，在养育孩子过程中，她就是你要寻找的领路人。

邦妮·罗曼切（Bonnie Rochman）

邦妮·罗曼切是《健康》栏目记者，专注儿童养育、儿科医生和医学，《时代周刊》《纽约时报》《华尔街日报》和《科学美国人》撰稿人

前言

爱孩子超出想象：现代父母，一个博客，一个意义深远的使命

在孩子们的眼里，爱无止境。孩子们常让我们感动不已：感动于他们发自内心的欢笑，对父母出乎意料的崇拜和无条件的爱。自从我们遇见孩子（无论何时何地），通常不得不承认一个事实：为人父母超出了我们的期望。我们经常搞不清楚怀里抱着的那团刚出生的小肉球到底需要什么，为什么哭闹。作为一名儿科医生妈妈，我很快意识到育儿是一项全接触、全天候，甚至有那么一点点可怕的工作。

当然，孩子是一朵珍贵无比的花儿，而养育孩子的路上则布满了荆棘，让我们不得不绷紧身体和脑子里的那根弦。有的父母甚至觉得带孩子有些可怕，充满了痛苦。在我们期盼孩子到来的时候，人性的弱点就已经被放大。

当我们年轻的时候，我们知道真爱可以占据我们心房大部分；在我们成为父母的时候，我们才发现对孩子的爱可以充实我们整个心房。

在网络上旁观了很久后我才动笔写作。确切来说，我是 2009 年秋天开始写作的，主要写作为母亲和儿科医生的亲身经历。利用社交媒体来做科普，初衷来源于看到网络上广为流传的信息鱼龙混杂、真假难辨，包括疫苗的安全性、小宝宝的正确睡姿、给宝宝添加辅食的方法，还有父母对育儿方式的各种争论等。这些都让我非常沮丧。我听说过很多故事，包括母亲的本能、如何做一位好妈妈、消毒液错误放置或混合使用等，其实这些早已有大量的科学研究。我开始意识到父母和儿科医生都有网络育儿科普的需求——越来越多的父母希望在网络上获取照顾孩子的指导意见，我知道是时候该做点什么了。

我的第一个孩子芬恩出生在 2006 年，第二个孩子奥登出生在 2008 年，从此之后育儿成了我生活的重心。像其他朋友一样，我的心里也开始装着愈来愈多的恐怖故事。我也听过不真实的恐怖事件，即使理智上知道这些都是假的，但还是无法抹去这些恐怖故事留下的阴影。

幸运的是，我接受过专业的医学教育，拥有儿科疾病预防保健知识，有丰富的临床工作经历，还有值得信赖的导师。但在现实中，很多父母却没有这方面的信息，或者对科学的看法不同。随着越来越多的人通过脸书或者邮箱来询问，还有检查室里不断出现的父母忧虑，我知道我不能坐视不理了。我必须站出来宣传医学科普知识，必须联合我的同事、朋友、家人和网络上其他儿科医生，来推动范围更大、更有成效的科学知识普及。

我希望能有效地利用社交媒体做科普，作为一名儿科医生，我觉得机遇就在眼前。

2009 年春天，我开始联系西雅图儿童医院，提议组建一个真实、可靠和热心的育儿平台。我提议，与其在晚间新闻时间插播一个 10 秒钟，或者 10 分钟，就算 10 天的公益广告（这都很滞后），还不如在网络上建立一个可以互动的平台。我们可以控制信息总量，还可以利用博客、推特或者脸书来得到读者完整的反馈。

我愿意分享我作为儿科医生妈妈的真实经历。我想让大家听到真实的故事，而不只是假定他们应该知道。我想从父母亲、医生、保姆的亲自实践中得到更多详细情形。

幸好西雅图儿童医院和我观念一致，我们建立了"西雅图医生妈妈"（Seattle Mama Doc）博客（www.seattlemamadoc.com），这里传递的信息都是毫无保留、精心选择和真实的。大卫·佩里此时负责医院的信息部门，在此之前他曾就职微软，非常了解互联网信息的传播特点。幸运的是，他非常认同我的观点——儿科诊疗不应该局限在诊室里。有人曾经说过大卫和我非常相似，说话速度都很快，然而，我们见面后发现，最显著的共同点就是我们拥有相同的使命感——致力于提高孩子们的生活质量，这让我们很快熟悉起来，他也成为我不可或缺的合作伙伴。随后我开始写博客，写我的育儿经历，写我的儿科研究，开展各种育儿主题讨论。

我在 4 年里共发表了 400 多篇博文。如今，"西雅图医生妈妈"依旧在儿童医院网站上保持每周更新。很快，各类有争议的育儿主题也持续出现在各种医学期刊上，如同雨后春笋。育儿主题从来不缺，我那两个孩子提供了源源不断的，用于观察、思考的例子，包括最新的育儿陷阱。

本书收集了一些阅读量最高的博文，其中含有大量新观点、新技巧，还有最新的图表。我很高兴能把有价值的信息传递给大家，非常感谢美国儿科学会与我合作出版这本书。

当然，这本书不单单讲医学知识。我开始写博客的时候，孩子们都还小，不到 3 岁，内心非常痛苦纠结，每天挣扎着如何在繁忙的家务和工作生活中取得平衡。工作生活平衡的挑战存在于所有上班的父母中，希望我的领悟能给大家带来启发，以便让你们能更沉着、更自信地找到最佳平衡点。虽然我还没有找到一个简单的办法来处理边工作边育儿的不适，但仍然有很多发自内心的欢乐足以让我们忘却繁忙，相信日子在一天天地变好。孩子们一天天地变化，因而育儿是一项每天都需要更新的工作。

温迪微语

当你知道孩子能记住一切的时候，也就是明白育儿也是一项高风险职业的时候。

送给芬恩和奥登，

是你们两个小家伙不断激励我

致力于改善儿童健康的事业，

我永远是你们眼中

严肃而温柔的妈妈……

目录

第一章　日常护理，这样做最科学

第二章　如何培养一个内心强大的孩子

第三章　疫苗接种：每个家长都要面对的问题

第四章　工作生活两平衡

第一章

日常护理，这样做最科学

本章提要

本章介绍了近年来有关保护孩子促使其健康成长的研究成果，以及在父母之间流传深远的育儿经，包括：远离寄生虫的侵扰，选择合适的防晒霜，如何照顾肠绞痛宝宝，让宝宝少看电视的秘诀等，这些内容能告诉爸爸妈妈，科学育儿到底该怎样做！

儿科医生不喜欢过度医疗，我们希望孩子能健康成长，少来医院看病，我们希望少用抗生素、少拍X光片，让孩子免受伤害。一名合格的儿科医生，要擅长科普，能帮助父母亲学习预防疾病的相关知识。

儿童疾病大部分是自限性疾病，孩子的康复能力十分惊人。通常，我们干预得越少，孩子就长得越健康。这并不是说儿科医生没有存在的必要。判断“孩子并无大碍”这需要大量的专业知识和丰富的工作经验。这要求我们儿科医生把关注的重点放在：什么时候才真正需要干预，该出手时才出手。

当然孩子的父母也同样不喜欢过度医疗。作为父母，我们的责任就是做好预防。希望我们的预防措施能让孩子少生病，少遭罪。希望我们能做到最好，心里没有任何愧疚。

面对哭闹保持冷静

每个宝宝都会哭，这是宝宝与生俱来的，然而哭闹还是会让很多人抓狂。
作为父母，我们本能地希望宝宝不哭，重要的是你要知道：
大部分哭闹是正常的，哪些哭闹该引起关注。

大部分哭闹是正常的

婴儿哭闹中有 5% ～15% 是无法安抚的

哭闹状况显著改善的时间是

出生后 3～4 个月

出生后　2 星期哭闹开始增加

6～8 星期哭闹到达顶峰

大部分婴儿的哭闹是无法预测的，
即使竭力安抚也无济于事。

婴儿倾向于在夜里哭闹，而此时
我们也大多筋疲力尽，疲惫不堪。

即使是正常、健康的婴儿也可能出现
1 小时以上的长时间哭闹，表现很痛苦。

传统上通过 3S 原则判断是否为肠绞痛。

宝宝是肠绞痛吗？

你的宝宝哭闹

3
是否超过
3 小时/天？

3
是否至少
3 天/星期？

3
是否至少持续
3 个星期？

虽然 3S 原则可以帮助大人判断宝宝是否有肠绞痛，但这不会从根本上止住哭闹。

你应该怎样做？

不要试图通过给宝宝喂药或其他方法来治疗。

2011 年，美国《儿科学》杂志的一篇文章通过追踪约 1000 名婴儿对 15 种安抚肠绞痛宝宝的方法进行了评估，评估的内容包括：

喂糖水或葡萄糖水　婴儿按摩　益生菌补充　喂草药水　脊椎推拿

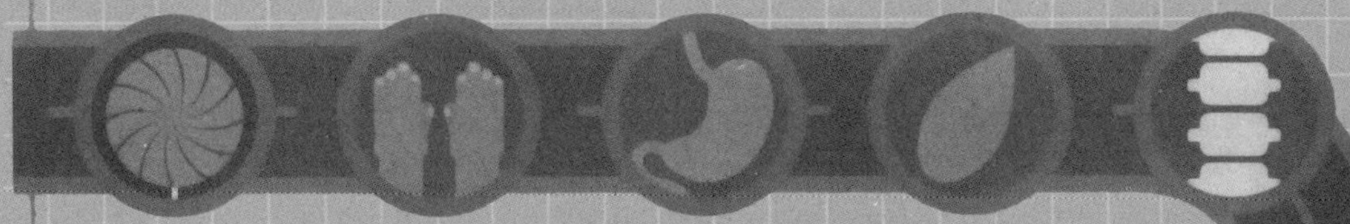

结果如何？

这些方法均对安抚哭闹没有效果。

下面这三步对安抚易怒宝宝会有很大帮助：

1. 散步、说话，用喜欢的方式安慰宝宝。
2. 如果哭闹时间长，备受挫折，可以把宝宝放进婴儿床，自己先休息一会儿。
3. 如果感到挫折甚至气恼，可以让宝宝在婴儿床里躺下，换配偶来安抚。但绝不要摇晃宝宝。

1

囟门的学问

我也不知道自己为什么那么喜欢用手去轻抚儿子的囟门。也许是因为囟门是小宝宝的标志，摸着他柔软的囟门，我就知道他还没有长大。奥登 1 岁的时候，我眼睁睁地看着他的囟门逐渐闭合，这让我有那么一丝丝失落，就像美好的婴儿时光从我指间消失一般。有时我会希望孩子的囟门晚一点儿闭合，似乎这样可以延长他的婴儿时光，但一切都是徒劳的，我该清醒了，宝贝成长的脚步并不会因为父母的期望而改变。

我想育儿本来就是焦虑、激动、恐惧、热爱和兴奋的矛盾统一体。作为父母，我们对孩子的成长常常患得患失，一会儿感到惊喜兴奋，一会儿又感到遗憾失落。一方面我们希望小宝宝快快长大学习新知识，另一方面我们又深深怀念过去的美好时光。想到蹒跚学步的孩子将要走出家门，长大成人，走入大学，孩子那软软的囟门竟成了平息我内心焦虑的良药。

作为父母，我们对孩子的成长常常患得患失，一会儿感到惊喜兴奋，一会儿又感到遗憾失落。

很多新手父母问我，该如何护理孩子的囟门。我们通常说的囟门，也叫前囟，它通常在出生的头一年存在。家长可能会禁不住担心，万一囟门被压着了，或是一支铅笔飞插其中，那多么可怕！还好，在我的行医生涯中，我还从未听说过这类恐怖的事情。所以家长们也别瞎想，自己吓自己啦。

囟门小学问

- 分娩时婴儿的头部会承受来自产道的巨大挤压力。婴儿头上有六处柔软点能帮助婴儿的头部在挤压下不受伤害。
- 宝宝刚出生时，我们可以摸到两处囟门，位于头顶的叫前囟，位于后脑勺的叫后囟。当宝宝满月以后，后囟就闭合了，这时我们便只能摸到前囟。
- 前囟通常在孩子 9 ～ 19 个月大时候闭合。

- 前囟通常呈菱形，但并非一成不变。囟门的大小有很大的个体差异，有的孩子囟门大，有的孩子囟门小，小到只能容纳一个指尖。

囟门看起来柔软脆弱，所有人都对它充满好奇和担忧。奥登刚出生那会儿，我曾专门向他的儿科医生咨询过两次！仅仅是因为我觉得奥登的囟门有些偏大。我还记得当时窘迫的情形，医生认为我应该了解得很清楚了，但我却还是焦虑不堪。我想儿科医生一定认为我神经不正常。她一再向我强调，奥登非常健康，他的头部发育得很好，他的动作行为也发展得很好，真心不用担忧。

家长对孩子的囟门感到担忧是人之常情。我的好朋友凯利·伊文思博士，说她自己同许多普通妈妈一样，也曾为儿子的囟门问题忧心忡忡。要知道，凯利可是美国儿科学会会士，是小儿神经方面的专家呢。

儿科医生评估孩子时，从来不会只局限于囟门大小和闭合时间，而是对孩子的状况进行综合分析。伊文思医生说："我们从不只看囟门，我们会全面衡量孩子的头部发育状况，结合评估孩子的表现才能下结论。"前囟只是反映身体健康的一个窗口，而不是某个健康问题。

帮助妈妈保持平静的囟门小贴士

- 前囟门是四块相邻颅骨骨缝相交点。
- 前囟门并非想象的那么脆弱，囟门由头皮，还有好几层脑膜组织构成，保护婴儿的大脑。当然由于囟门处没有骨头覆盖，我们还是要好好保护它免受暴力伤害。
- 囟门有着双重作用：一是能让孩子的头部迅速发育长大，二是在最终闭合前为不断变大的颅骨提供弹性缓冲。

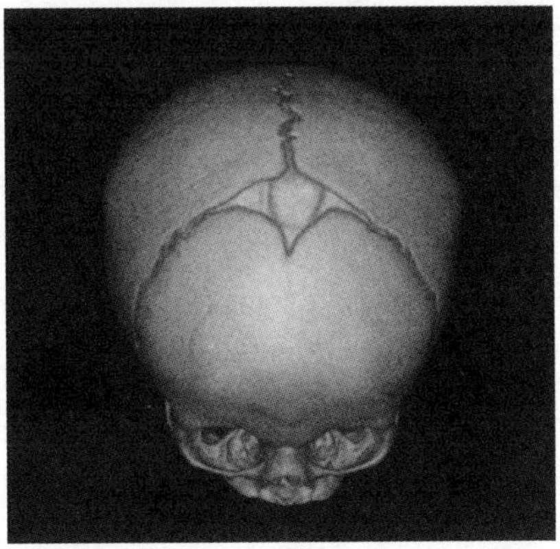

- 宝宝蹒跚学步时难免跌倒，这时囟门能让头骨缓冲冲击力，够神奇的吧。
- 孩子安静休息时，有时候你可以看到囟门如同脉搏一样跳动，这是正常的。

来看看电脑扫描儿童头骨重新构建的 3D 图片，清晰显示出头前部菱形的囟门。（如需查看更多，请看下面链接视频：http://bit.ly/mdm-3DCT.）

医生妈妈醒神提点

事实：90% 的宝宝，囟门会在 9 ～ 19 个月期间闭合。

大小和形状：囟门大致呈菱形，大小从绕易拉罐一圈那么大到指尖那么大都有。囟门的大小有个体差异，不需要跟其他孩子比较。

下图是目前唯一的一项囟门闭合时间的统计研究（1949 年）。

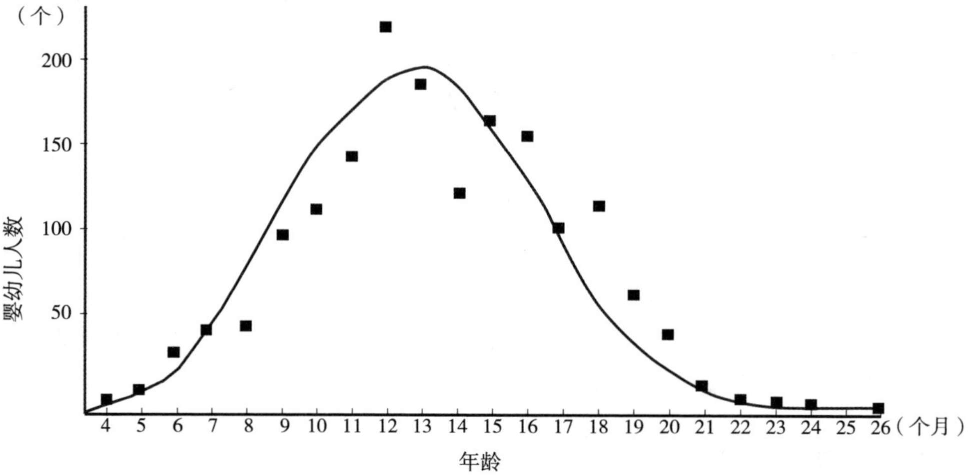

年龄与囟门闭合时间统计

2
给宝宝来点益生菌

微生物对健康有何作用？目前这方面的科学研究正在火热进行。其实，我们肠道内充满了细菌，它们是消化系统的一部分，但肠道细菌的总量并非一成不变。它们会因疾病、抗生素的使用、食物的摄入和生活环境的变化而改变。我们吃的东西和外出旅行喝的水也会影响肠道菌群。益生菌能够增加肠道内有益细菌的种类和数量，同时能抑制有害细菌，从而增进肠道健康。研究还发现我们体内的细菌可能会导致身体外部的疾病，如湿疹、过敏和哮喘。

我对给儿童添加益生菌充满信心。益生菌是指那些用来补充日常饮食中的有益细菌，在美国，一般用嗜酸乳酸杆菌。现在，越来越多儿科医生信赖和推荐益生菌。但是，因为益生菌是活的，所以随便拿一点儿益生菌放到水里，其实没什么意义。记住，益生菌不是万能的，也并不是适合任何人。

治疗儿童腹泻一般会补充益生菌，因为它能有效减少腹泻次数和缩短腹泻时间。研究发现，给腹泻的孩子服用益生菌，至少可以缩短一天的腹泻时间，而且从第二天开始能明显改善腹泻次数，至少减少一到两次。在孩子服用抗生素的时候，益生菌还能有效防止腹泻病情恶化。

事实上，从孩子出生的第一天起，我们的每一个决定都会影响他体内的细菌数量。举个例子，在第一周内，剖宫产宝宝的大便包含的细菌和顺产宝宝的就大不一样。从一开始，父母的每一个选择都会影响孩子的生存环境，最终影响孩子的身体健康。

我们常常能在日常食物中觅到益生菌的踪迹（酸奶中就有活的益生菌）。你也可以在药店或者保健食品店购买到乳酸菌胶囊（或者其他益生菌）。益生菌补充剂不归美国食品和药品管理局（FDA）管理。不同品牌的产品中益生菌的总量有很大差异，哪怕是同一个品牌，其细菌活菌总量也可以因保存时间而变化。如果活菌数量少的话，即使补充效果也不大。益生菌产品中活菌的数量还有待论证。

尽管可供选择的益生菌种类有限，但益生菌的研究却非常有前景和吸引力。

美国对乳酸杆菌之外的其他益生菌研究很少，对儿童的研究也不多。但我们可以从欧洲同行的研究中学习。对免疫功能正常的儿童来说，补充益生菌的风险非常小。话又说回来，在医学上，只要我们做干预，理论上就都会有风险。

下面一组对于肠绞痛婴儿添加益生菌的医学研究，能帮助我们更加深刻地认识益生菌的作用。

- 入组条件：宝宝小于3个月，每天哭闹的时间超过3小时，每周至少有3天哭闹，这种状况持续了至少3个星期。
- 50名纯母乳喂养的宝宝被随机分为两组，一组给予不含益生菌的安慰剂，另外一组宝宝每日补充乳酸菌。这是一项双盲实验，即父母亲和研究人员都不知道哪些宝宝添加了益生菌。
- 实验结束时（21天后），与给予安慰剂的宝宝相比，那些真正补充了益生菌的宝宝每日哭闹时间明显减少。
- 实验最后阶段，两组宝宝的哭闹情况都比之前有改善，符合肠绞痛预期发展。
- 研究人员还分析了两组宝宝的大便，添加了益生菌的宝宝大便含有更多的乳酸菌。
- 研究人员认为，肠内环境的变化（细菌、氨气）可能会改变宝宝的感官体验，最终改善哭闹行为。

虽然很难证明添加益生菌是婴儿哭闹时间减少的直接因素，但两组研究对象的区别确实很明显。给宝宝补充细菌看起来有悖常理，但在我们说明好处之后，很多父母亲还是选择给宝宝添加乳酸菌。毕竟这样做，成本又低又容易操作。如果您怀疑宝宝哭闹和肠绞痛有关，不妨向儿科医生咨询补充乳酸菌相关事宜。这样做能明显改善宝宝哭闹的状况，又没什么风险，何乐而不为呢？

我真的认为益生菌不会给宝宝带来任何伤害，而且新的研究表明它确实有效，那就给宝宝加点益生菌吧！

医生妈妈醒神提点

事实：顺产宝宝体表会获得来自妈妈产道的细菌，而剖宫产宝宝则带有成人皮肤上的细菌。

补充：市售的益生菌有袋装的，还有胶囊装的，它们都呈粉末状。你可以打开胶囊把它撒在食物上，也可以掺进奶粉或其他辅食里。

研究：益生菌治疗儿童腹泻安全有效。参见 http://bit.ly/mdm-probiotics.

3

让家长担心的老问题——转奶

转奶这事儿常常让新手父母紧张担心。担心转奶后宝宝哭闹、大便有变化、心情烦躁，甚至健康受到影响。

其实，这些顾虑是多余的。混合搭配婴儿配方奶粉很安全，只要你遵循包装上的使用说明操作就没问题。

虽然配方牛奶粉、配方豆奶粉和低过敏奶粉中蛋白质的来源不同，但吐奶、胀气和配方奶里的蛋白质并没什么关系。有时候换一个牌子的配方奶粉可以减轻宝宝和父母的焦虑。在宝宝胀气，不耐受或者吐奶严重等特殊情况下，更换配方奶粉也许可以帮助父母亲弄清真相，减缓焦虑。

如果宝宝没有什么不舒服，要不要转奶试试呢？这也不是不可以，但真心没必要。

把两个品牌的奶粉混在一起喝可不可以？这个星期给宝宝喝雅培的，下个星期喝美赞臣的，再下个星期换成嘉宝的，可不可以呢？

当然可以。话虽然这样说，但并不建议父母频繁更换奶粉品牌。不要因为某一次宝宝的大便不好就想着换奶粉。至少要给宝宝一到两周时间来适应目前品牌的奶粉。给宝宝一些时间，让他有机会来适应这一切。

我有一位朋友，由于某种原因不能母乳喂养，她发现，只要给宝宝吃有机配方奶粉，宝宝就会便秘；而给宝宝吃普通配方奶粉就没有问题。她又非常想给宝宝喝有机配方奶粉，但是又很讨厌看到宝宝便秘。一天夜里，她给我发短信，问能不能试着把有机奶粉和普通配方奶粉混合起来喂宝宝。我说，那你就试试呗。就这样，她找到了适合她宝宝的完美配方（一半有机奶粉搭配一半普通奶粉）。她发现给宝宝喂黄金搭配奶粉后，宝宝便秘的状况有所改善。

这就是黄金搭配概念的最初来源——就是把事情做得接近完美或者恰恰好。

宝宝好，儿科医生认可，这下妈妈终于放下心来了。

有的品牌奶粉搞促销活动时，购买很划算。但家长又对换奶粉品牌有所担忧。到底要不要囤？我的回答是，想囤就大胆囤吧。因为现在正喝一种品牌的奶粉，明天换成另一种，并没有危害。

其实母乳宝宝喝的乳汁还每天都不同呢！因为虽然乳汁中脂肪、热量和蛋白质的含量不太受影响，但妈妈每天吃不同的食物，母乳的味道会有轻微变化。

婴儿配方奶粉黄金搭配原则

- 不要在配方奶粉中额外添加糖、果汁或者牛奶等其他营养剂。
- 不要没事找事。如果宝宝没有什么不舒服，就不要随便更换奶粉品牌。
- 奶粉不要冲得过稀或者过浓，标准配方奶粉通常是一平勺奶粉兑 30 毫升水。遵照配方奶粉包装上的使用说明，使用奶粉自带的勺子。
- 有些家长会担心自来水里氟化物超标，不能直接用自来水冲兑奶粉。答案是可以。美国疾病控制和预防中心（CDC）的观点是，给宝宝冲奶粉时，没有必要特意购买桶装蒸馏水或者把水烧开。
- 如果担心宝宝有食物不耐受或过敏风险，或者在换奶粉时不那么适应，请咨询儿科医生，以便帮助您找到最适合宝宝的奶粉。
- 宝宝 1 周岁之前，除了母乳，只能选择配方奶粉，不要用牛奶或者其他奶制品来替代配方奶粉。

配方奶粉的分类

美国儿科学会编辑出版了一本非常受欢迎的书——《美国儿科学会育儿百科：0～5 岁》，其中这样介绍配方奶粉，让我们来看看吧！

在美国，为维护婴幼儿健康的安全标准，美国国会颁布了法案对婴幼儿配方奶粉进行严格管控。所有配方奶粉均纳入食品药品监督局监管。市售的配方奶粉，可分为以下几个类型。

牛奶配方奶粉

- 市售奶粉中最多见的一类。
- 为了婴幼儿的安全，需要对牛奶进行加工，改变其成分比例，使之更容易消化吸收，尽可能接近母乳。加工过程还添加了新生儿和婴幼儿成长发育需要的营养成分。
- 美国儿科学会建议给所有非纯母乳喂养的 1 岁以下的宝宝，食用强化铁的配方奶粉。有些妈妈担心配方奶粉里加强了铁元素会导致便秘，然而配方奶粉里铁的含量并不会导致宝宝便秘。

水解蛋白配方奶粉

- 常被叫作“预消化奶”，这种配方奶里的蛋白大分子已经被加工水解成为小分子，很容易消化吸收。
- 对那些有较高过敏风险的宝宝（家庭遗传因素），或是没有经过4～6个月纯母乳喂养的宝宝，完全或配合食用水解蛋白配方奶粉，可以很好地预防湿疹和过敏性皮炎。
- 所谓低敏奶粉（包括深度水解配方奶粉和氨基酸奶粉），能帮助至少90%过敏性宝宝缓解症状，如荨麻疹、过敏性鼻炎和肠道问题。
- 价格比普通配方奶粉高，建议有需要才购买。

大豆配方奶粉

- 大豆配方奶粉里蛋白质（大豆蛋白）和碳水化合物（葡萄糖或蔗糖）主要来自植物大豆。这与来源于动物奶类的配方奶不同。
- 对于乳糖不耐受的宝宝，虽然无乳糖的配方牛奶粉也有，有时候还是推荐这种配方豆奶粉。很多新生儿或者婴幼儿都会有一小段时间不能消化乳糖，特别是腹泻时，腹泻严重破坏了肠道黏膜的消化酶。但这一般只是暂时问题，无须调整宝宝的日常饮食。
- 很少宝宝会有严重的消化问题，不能消化和吸收乳糖（虽然这容易发生在大一点儿的儿童和成人身上）。如果儿科医生建议给宝宝喝这种奶粉，要知道它也能提供宝宝生长发育所需要的一切营养，就如含乳糖的配方奶粉一样。
- 对牛奶蛋白过敏的宝宝中，有超过一半也同样对大豆蛋白过敏。如果宝宝对牛奶蛋白过敏，大豆配方奶粉并不是最佳选择。
- 素食主义者父母会因为它不含有动物产品而选择这种奶粉，其实对于素食主义者来说，母乳喂养才是最好的选择。
- 没有证据表明大豆配方奶粉能够预防或者减轻宝宝的肠绞痛和哭闹不安。
- 美国儿科学会认为少数情况下，应该选择大豆配方奶粉而不是牛奶配方奶粉，其一种情况就是宝宝患有罕见的疾病，学名叫“半乳糖血症”。

特殊配方奶粉

- 专门为特殊疾病宝宝定制的，也有专门为早产宝宝定制的早产配方奶粉。
- 如果儿科医生为您的宝宝推荐特殊配方奶粉，要谨遵医嘱（奶量、喂奶时间表、特别准备）喂养宝宝，因为特殊配方奶粉与普通奶粉有很大不同。
- 有些特殊配方奶粉添加了益生菌——一种“友好”的细菌。还有一些添加的是益生元，这是一种促进肠内壁健康的天然食物成分。

医生妈妈醒神提点

安全线：混合搭配配方奶粉是可以的，但是要记得多一事不如少一事的原则。如果宝宝表现很好，没有必要去尝试另一种奶粉。

美国疾病预防和控制中心关于自来水和氟化物的信息：http://bit.ly/mdm-fluoride.

医疗在线关于配方奶粉的信息：http://bit.ly/mdm-formulas.

小贴士：如果宝宝的奶粉一直用含氟化物的水冲兑，可能会增加轻度氟斑牙的概率。为了降低风险，可以使用低氟化物的瓶装水来冲奶粉。

商店：不含氟化物的水，瓶子一般有这样的标志，除氟离子水、纯净水、软化水或者蒸馏水，这些都不含有氟化物。

4

肠绞痛、哭闹和 PURPLE 哭闹

每个宝宝都会哭，这是宝宝与生俱来的，然而哭闹还是会让我们大部分人抓狂。作为父母，我们希望宝宝愉悦安静，本能地希望哭闹声消失。宝宝最爱哭闹的时期（在 1 ～ 2 个月的时候）真的会让我们筋疲力尽、烦躁不安、焦虑无比。作为新手父母，最大的挑战之一就是学习如何安抚哭闹的宝宝。医学影像专家、加拿大皇家医学院院士罗纳·巴尔（Ronald Barr）把宝宝最爱哭闹的时期称之为 PURPLE 时期。后面我会详细介绍 PURPLE 时期，首先让我们来看看肠绞痛，也有新闻说成是“百日哭”，最终就是意味着可能有一个人，或者是儿科医生告诉你，你有一个“肠绞痛”的宝宝。

2011 年《儿科学》（*Pediatrics*）杂志的一篇文章将安抚肠绞痛宝宝的方法分成 15 大类进行了研究评估，追踪了近 1000 名宝宝，评估的内容包括宝宝基本信息、益生菌补充、脊椎推拿按摩法、喝草药水或葡萄糖水等，目的是看看这些方法是否真的能减少肠绞痛宝宝的哭闹。结果却不甚乐观，这些干预方法的效果都

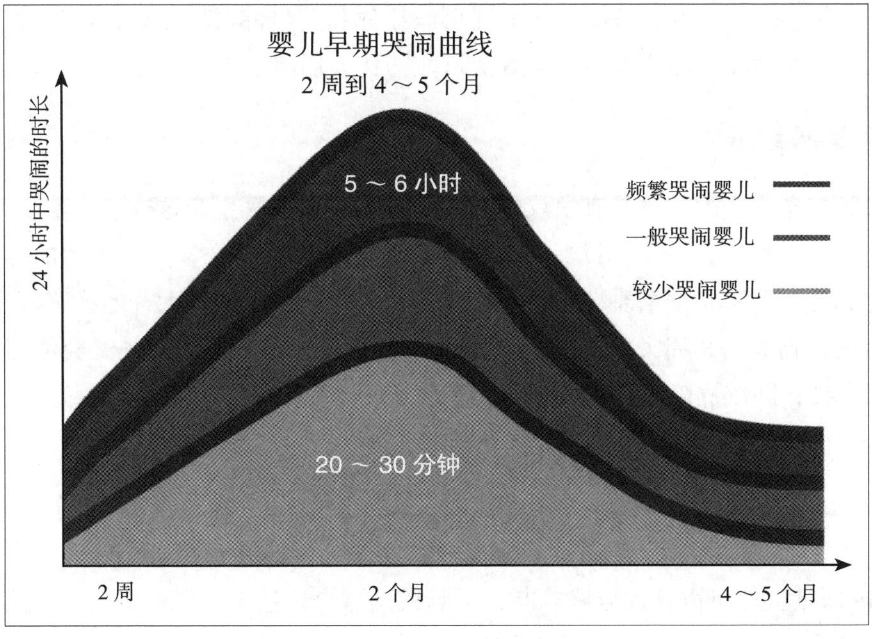

不怎么理想，不能让宝宝停止哭闹、烦躁。

面对这样的结果，我们需要记住两件事情：第一，当宝宝的哭闹让你无比沮丧的时候，不需要去寻求解决办法，因为所有方法其实都没有什么效果；第二，不要把“纯天然”等同于“无毒”或“安全”。很多草药茶或者草药补充剂都会在包装上标明“纯天然”，然而“天然”并不是安全。由于资料的限制，研究人员对这 15 类研究进行了详细的审查，发现很少有这些干预治疗的副作用报告，也许是真的很少，但研究人员不确定。

我们只需要给宝宝行之有效的疗法。

温迪微语

没有证据表明给宝宝喝草药茶、糖水，捏脊按摩或者补充益生菌能有效减少宝宝哭闹或肠绞痛症状。

对于肠绞痛、爱哭闹宝宝来说，最重要的事情就是找到有效的安抚办法，然而，有时候你就是找不到有效的办法。宝宝喝饱了奶，拍了嗝，穿着温暖而舒适，但还是哭闹不停，这个时候你就不要浪费精力去猜测宝宝为什么哭闹了。很不幸，你可能一直找不到答案；不如花时间好好想想做些什么可以安抚宝宝，试试轻轻摇晃，抱着，出去散散步，放在婴儿车上推推，开车出去兜兜风，打开水龙头听听滴答滴答的声音，给宝宝换个姿势，或者把宝宝放在婴儿床上好好休息一下。休息非常重要，分开一小会儿可以让你和宝宝都得到休息，休息对于照顾者来说非常重要，因为寻找安抚方法可能会让人崩溃。

什么是肠绞痛？

肠绞痛这个说法也是有争议的，并不是每个儿科医生会这样说。宝宝哭闹是意料之中，然而又个个不同，关键原因是所有的宝宝都会哭闹。出生的那一刻，宝宝的第一声哭非常重要，可以清除肺部液体。从宝宝两周大开始，哭闹次数急速增加，到 6 ～ 8 周大的时候达到顶峰，一直到三四个月的时候又会明显改善。按照定义，肠绞痛随着时间的推移而消失了。然而并不是每个宝宝都这样，有些还会哭得更厉害些。

- 传统上判断肠绞痛的 3S 原则：宝宝一天哭闹时间超过 3 小时，一个星期至少 3 天，而且要连续 3 个星期或以上。其实 3 个小时这个节点也是非常主观的，3S 原则虽然可以帮助家庭判断，但肠绞痛这个标签并不能解决宝宝哭闹问题。

正如很多父母说的一样，哭2小时59分和哭3小时10分钟根本没有什么区别。所以我认为定义肠绞痛只是一个小插曲，而有这样一个标签可能会让父母感觉好受些。这个名称代表了父母的挣扎和沮丧，而且肠绞痛确诊也并不表明你的宝宝有什么毛病。

- 宝宝哭闹是普遍而又有区别的，研究表明每个星期约有 20% 的宝宝在哭得“更厉害”。所以很难定义什么是正常和不正常哭闹，从而使得肠绞痛这个定义本身就有争议，更何况每对父母对于宝宝的哭闹声感觉也有很大不同，这更加混淆了这个定义。
- 大部分父母和儿科医生都认为肠绞痛哭闹是剧烈的、很难安抚的，持续时间也长。专门研究宝宝哭闹的巴尔医生曾经跟我说过，在宝宝的哭闹中有 5% ～ 15% 是无法安抚的，剩下的则有 65% 是烦躁不安和 35% 的哭泣。
- 每个宝宝都可能哭得“厉害”，无论是母乳喂养还是人工喂养、头胎还是二胎，男孩还是女孩，早产还是足月。

哭闹让照顾者非常头痛，尤其是下午或晚上，爸爸妈妈都已经筋疲力尽了，宝宝却哭闹得更厉害。这也是诊断和治疗的大难题。父母亲心甘情愿的照顾是宝宝必不可少的支持。

只是婴儿有肠绞痛和过度哭闹吗？

是的，这是确定的。每个小生命都会哭闹，而一个个又有差别，即使是兄弟姐妹也差别很大。如同身高体重不同一样，哭闹在每个健康宝宝中都差别巨大。

我们知道是什么导致了肠绞痛吗？

答案是否定的。不知道肠绞痛的真正原因，只是在帮助父母亲理解为什么不需要测试（血液检测或者反射研究）和治疗时有些麻烦。理论上认为肠绞痛和过度哭闹可能跟食物过敏、配方奶粉不耐受、胀气和肠痉挛有关。很多的研究人员都认为哭闹是正常的，虽然宝宝涨得通红的小脸和尖叫都让人觉得痛苦，其实这并不表示宝宝需要治疗，这也是宝宝正常哭闹的范畴。

> 有些宝宝出现大量“正常”哭闹，也可能与疾病或其他原因有关，可能是牛奶蛋白过敏，胀气，不耐受配方奶粉或者其他蛋白质。如果你发现宝宝哭闹有固定模式，宝宝哭闹突然厉害了，或者是仅在喂养时哭闹，一定要告诉儿科医生。

我们知道很多其他哺乳动物，甚至是非灵长类动物，在宝宝出生的第一个月里也有相似的哺乳困境和过度哭闹。部分研究人员从而得出结论认为，哭闹是进化的结果——宝宝哭闹可以得到照顾，培养亲密关系，与父母形成更好的纽带，能得到更多的拥抱，帮助宝宝远离天敌危害。

什么是 PURPLE 时期？

PURPLE 是几个英语单词首个字母的组合，用来定义宝宝哭闹的正常模式，它描述了宝宝的典型哭闹行为。宝宝出生后，在 6 ～ 8 周大时，一天哭闹的时间在这个时候达到顶峰（**P**eak）。宝宝的哭闹都是不可预测（**U**npredictably）、无缘无故的，宝宝的哭闹都是对我们尽力安抚的反抗（**R**esistant），很多健康的宝宝在哭闹时也看起来好像非常痛苦（**P**ain）且持续时间比较长（**L**ong），最后宝宝们通常在我们筋疲力尽的晚上（**E**vening）哭闹。

父母一定要保持镇静，因为对宝宝来说，最重要的事情就是父母亲要照顾好自己，不要沉浸在宝宝的哭闹中无法自拔。当你觉得无比沮丧灰心的时候，休息或者轮流照顾是非常重要的。跟父母亲、保姆或者其他照顾者说说 PURPLE 时期，好让他们有心理准备。

PURPLE 中各字母的含义

P	U	R	P	L	E
哭闹顶峰 PEAK OF CRYING	无法预测 UNEXPECTED	抗拒安抚 RESISTS SOOTHING	痛苦的样子 PAIN-LIKE FACE	长时间 LONG LASTING	夜晚 EVENING
宝宝每周哭闹时间最多是两个月大时，到了3～5个月又有所减少。	哭闹有时来得快去得快，根本不知道原因。	无论做什么都不能安抚哭闹的宝宝。	宝宝哭闹的样子好像很痛苦，实际却不一定。	哭闹的时间一天长达5个小时或者更多。	宝宝可能在傍晚或晚上哭闹得更多。

“时期”这个词表明哭闹是有开始也有结束的

治疗肠绞痛，你能做什么？

时间、父母亲或照顾者的支持及儿科医生的帮助都是至关重要的。给宝宝做过敏或不耐受测试是决定治疗方法的关键因素，但并不适用于大部分宝宝。有时候改变一下妈妈的日常饮食也非常有帮助，值得一试。在你担忧宝宝时可以打电话给儿科医生，甚至去看医生，和医生说说你的担忧和打算，打算如何安抚宝宝哭闹。

治疗宝宝哭闹，更重要的是治愈父母亲的疲惫沮丧，帮助他们找到安抚宝宝的有效方法！我的很多朋友和病人都爱看《小区里最快乐的宝宝》（*The Happiest Baby on the Block*）这本书或者影碟，它是由医学博士、美国儿科学会会士哈维•卡普（Harvey Karp）编写的，提供了很多如何安抚宝宝哭闹的方法供父母参考。

我们知道过度哭闹可能是导致儿童受虐或者婴儿摇晃过度的危险因素。事实上，触发宝宝伤心哭闹的首要原因就是摇晃。

在有压力的情况下，我们摇晃宝宝的幅度更大。帮助家庭寻找支持和制订行动计划表来应对宝宝哭闹非常重要，因为宝宝的哭闹是有自限性的，随着日子一天天过去会变好的。

在我们疲惫和不知所措的时候，等待也是煎熬。所以积极寻求帮助吧，有必要的话每周都去看一次儿科医生，或者更多！

如何应对肠绞痛或者易怒的宝宝？

宝宝的肠绞痛是很难治疗的，好消息就是它会随着时间的推移而消失。大部分宝宝的过度哭闹都会在 3 个月大的时候停止。跟儿科医生谈谈你的担忧，一起制订出一个关于哭闹潜在原因评估的沟通计划。如果宝宝的哭闹行为符合 PURPLE 时期的描述，那就不要去找寻原因了（你可能就是找不到），不如把精力放在安抚宝宝上，请求配偶帮助，把能在夜晚提供帮助的朋友和家人列出清单，让自己休息好，找到成功处理宝宝哭闹和安抚宝宝的方法。

下面这个 3 步计划对于易怒宝宝很有帮助：

1. 散步、说话、安慰宝宝。走到外面，你会觉得哭闹也不是那么大声，自己也可以得到空间的缓解。这样做通常都很有效果，能让宝宝停止哭闹。屋外新鲜的空气，远离屋子内吵闹的短暂休息，对你都非常有用。
2. 如果哭闹时间长，父母或照顾者都倍感挫折，分开一小会儿也是可以的。让宝宝平躺在婴儿床上或者摇篮里，好好休息 10 ～ 15 分钟，喝杯饮料，打个电话，出去走走，或者在阳台坐坐。休息之后，宝宝可能就好了，如果还在哭，你也会更有精力来安抚。

3. 不要摇晃宝宝，这样做不能让宝宝停止哭闹，反而会导致严重或者致命的后果。伤害或者拍打都无济于事，不能让宝宝停止哭泣。要知道温柔的拥抱和安抚永远都不会宠坏宝宝，只有爱才能让你跟宝宝更亲密。

医生妈妈醒神提点

事实：所有宝宝都哭闹，那些一天只哭闹一小会儿的安静宝宝并没有“更好”的父母，只不过他们是幸运儿。

小秘密：肠绞痛和哭闹会在3个月大时普遍得到改善，约有60%宝宝的过度哭闹会在3个月大时得到解决。

治疗：没有什么方法能治好宝宝的易哭易怒，如果你有什么担心，不要犹豫，立即带宝宝去看医生吧！

研究：宝宝肠绞痛的补充药物和按摩方法参见 http://bit.ly/mdm-colic.

5

不要误读生长曲线

当你带孩子去做儿童保健体检时，儿科医生会为孩子绘制生长曲线以便回顾孩子的身体发育状况。生长曲线能准确地反映孩子的身体发育状态，这是儿科医生非常重视的数据。

在宝宝 3 岁以前，我们测量孩子的头围、身高、体重等信息，将多次测量的数据描绘在生长曲线图上并连成曲线。生长曲线始用于 20 世纪 70 年代，在 2000 年的时候进行了修订，用以真正反映人口中文化差异和民族多样化。例如我们关注宝宝的头围变化，因为头围能从一个侧面反映孩子的大脑发育情况。

在学校，孩子们的分级往往和学习水平有关。但生长曲线上的百分位线，则是完全不同的含义。生长曲线上的百分位线，反映的是孩子的生长发育状况。当孩子的测量指标的百分位数是 10 的时候，并不表示他比那些处于 90 百分位数的孩子更好或者更差。我们儿科医生关心的是孩子的身高、体重和头围的生长趋势。

在孩子 2 岁以后，我们可以参考年龄在 2 ～ 20 岁的生长曲线图。除了要关注孩子的身高、体重外，我们还要关注身高体重指数（BMI），通过它我们能了解孩子的体型匀称度，来监控孩子超重或太瘦的风险。

影响孩子成长的因素很多，遗传、环境、营养、运动、健康等。我们定期做儿童保健体检，用生长曲线来回顾孩子的生长发育状况，目的在于及时察觉那些威胁孩子健康成长的因素，让你有机会去调整，去改变。

查看生长曲线图，最应该关注的是孩子生长变化趋势。生长曲线上单个的数据点远不如相关五个数据点那样有意义。你要把某一个时间段里孩子的生长速度，与对应的生长曲线反映的速度做比较。

如果你研究过婴儿到幼儿时期的生长标准曲线，你会发现，曲线都是上升的。随着年龄的增长，对应的测量指标也会增加。我们关注的是孩子的生长趋势，而不是数字。

宝爸宝妈们经常会问儿科医生："我家宝宝的身高体重处于什么水平呀？"举个例子，宝宝所处的百分位数是 13，如果不参考之前的数据，单看这一个点的数值并不能判断正常还是不正常。再次强调，不要只是关注一个点的数据，一定要看趋势、看趋势、看趋势！让儿科医生、家庭医生或护士这些专业人士来帮助你了解宝宝的生长趋势。

20 世纪 70 年代以来，父母、儿科医生、护士都使用生长曲线图来追踪宝宝的生长趋势。最早的曲线是根据美国俄亥俄州的一个小型研究绘制的，没能准确

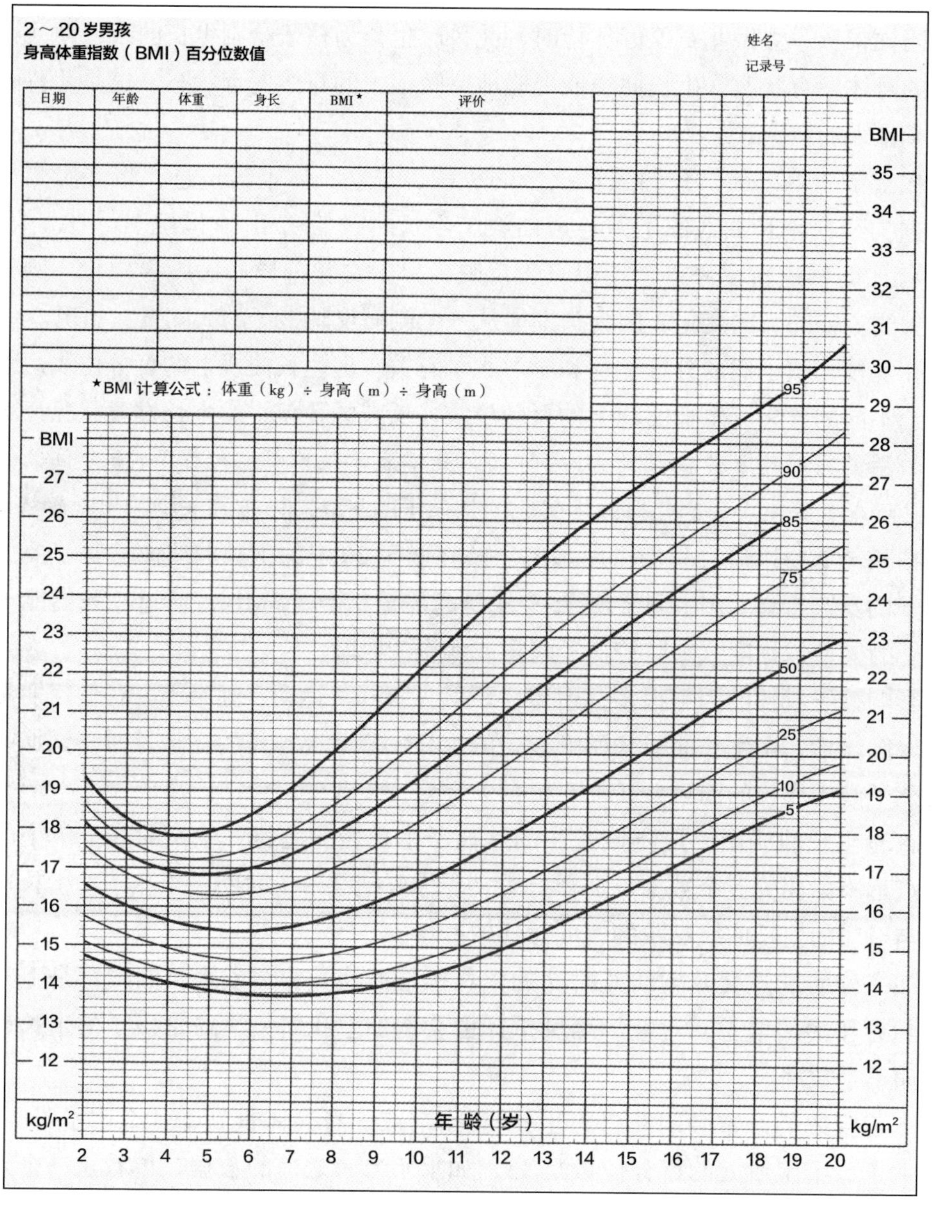

记住生长曲线很重要！如果体检诊室里没有电脑，医生不方便用为您展示宝贝的生长曲线，请一定让医生回办公室后展示给您看。

地反映出民族的多样性。2000 年美国 CDC 对生长曲线做了重新修订，我们现在使用的就是这一版的。

孩子定期进行健康体检，主要目的是回顾孩子的生长发育状况。生长速度可以反映一个孩子的整体健康水平、营养状况、潜在的治疗不耐受性等。所以你首先要理解儿科医生、值班护士对你说的那些话，理解那些有关孩子生长状况的信息。

如果体检诊室里没有电脑，你可以要求医生在纸上描绘生长曲线，或是到有电脑的办公室里查看。看看和上一次检查时相比，宝宝现在又长大了多少，相信这件事一定会让你觉得开心。

如果你对孩子的生长状况有疑虑，不要羞于提问。如果您搞不懂图表上的线条代表什么含义，勇敢大胆地向医生提出来，医生会为您答疑解惑的。

医生妈妈醒神提点

视频： 如何读懂生长曲线的视频 http://bit.ly/mdm-GCvideo.

观点： 提醒大家，某两个孩子的体格发育百分位数分别是 15% 和 85%，两者相比并没有孰优孰劣，因为它们都在正常范围，且和平均值的距离是一模一样的。

链接： CDC 的生长曲线图 http://bit.ly/mdm-GrowthChart.

儿童健康生长曲线图： http://bit.ly/mdm-GrowthChartinfo.

6

目标100大卡，让孩子远离肥胖

研究证明，红色、橙色、黄色能激发人的食欲，于是很多食品包装都采用了彩虹般艳丽的颜色。看看那些快餐，营养单一的垃圾食品，还有各种各样的糖果——太多太多垃圾食品采用黄色或橙色包装，就是为了刺激你的食欲。为了抵御这些诱惑，我想介绍一项2010年的伟大研究，它可能会改变你的观念。

从能量摄入和体重的关系考虑，保持能量摄入和消耗的平衡至关重要。对家里的宝宝而言，那些诱人的彩色食品袋中每100大卡都会对他们带来影响。研究表明，每四个4～8岁的儿童中就有1个每天吃快餐，这就意味着跟我们至少有四分之一的关联了，而且是每一天。

2010年一篇发表在《儿科学》（*Pediatrics*）杂志上的研究发现，如果3～6岁学龄前儿童的父母脑海里有大卡的概念，在麦当劳为孩子点餐时，他们就会尽量选择热量少的食物。随机选取100对父母做问卷调查，让他们在麦当劳的菜单中为自己和孩子点午餐，一组家庭使用逐项标明大卡的菜单，另一组则用没有热量信息的菜单。研究显示，使用标明大卡数值菜单的那一组家庭，他们为孩子选取的午餐要比另一组少100大卡。

在菜单上标明食物所含的热量，能让父母亲为孩子做出更好的选择。这项研究告诉我们，对所有人来说，获得明确的营养信息十分重要。虽然在菜单上标出食物的营养信息这事儿并不难，但很多连锁快餐店却不乐意。也许将菜单标签法纳入医保会让情况有所改观。

区区100大卡也许算不了什么，但请不要忽视时间的积累效应。如果孩子每天都多摄入100大卡，时间一久就会造成肥胖。

当孩子体重在15～20千克之间时，每天多摄入100大卡就意味着一切皆有可能。

能量过剩是指人体摄入的能量多于消耗的能量。吃得太多是孩子能量过剩的原因之一，孩子发胖就是因为他们摄入的能量超过了他们生长发育和运动所需。

我们所有人的目标都是：

摄入的能量 = 消耗的能量

（食物 + 饮料）（生长 + 玩耍运动 + 身体机能）

加大包装的垃圾食品、琳琅满目的零食、看电视的时间越来越长（消耗不足）……这些阻力让能量公式保持平衡困难重重。

每次我和家长交流，能量过剩的数据总能让他们吃惊。

举一个 3 岁超重儿童的例子：他整天除了吃就是睡，还有就是躺着看电视，简直就是过着猪一样的生活。对于那些肥胖儿童或青少年来说，体重的增加常常难以察觉。多余的脂肪就这样悄悄地在孩子身上积累，而他们却一点儿也察觉不到。每次我向家长指出问题时，他们通常都不敢相信孩子超重或者属于体重不健康范围。

每天减少 100 大卡的摄入，长期下来会让孩子的健康状况发生惊人的变化。

肥胖是长期能量过剩堆积的结果，日复一日，年复一年。一项针对 2 ～ 7 岁孩子能量超标的研究显示，每天仅仅额外摄入 110 ～ 165 大卡，就能让孩子变胖。按照每剩余 3500 大卡就会增加 1 磅（约 0.45 千克）脂肪来计算，研究人员发现，孩子们只要每天减少 110 ～ 165 大卡的能量摄入，就能避免肥胖。

每天减少 100 大卡，让摄入的能量和消耗的能量保持平衡，这样就能从整体上改善孩子们的健康状况。

家长只要管理好 100 大卡，就能让孩子保持健康体重。在超市、在家里、在餐厅（特别是麦当劳），都别忘了计算热卡，为孩子做出健康的选择。长期坚持，就会有惊喜。

食品包装上会标出热量，如果我们真正重视这些信息，就能为孩子们做出健康的选择。

医生妈妈醒神提点

延伸阅读：《儿科学》（*Pediatrics*）杂志关于能量过剩的研究（http://bit.ly/mdm-EnergyGap）：一杯含糖饮料的平均能量是150大卡，而一个体重30千克的孩子想要多消耗掉150大卡，则需要散步1.9个小时。每天减少摄入110～165大卡，其实就是少喝一杯饮料，这要比每天运动1.9个小时容易得多。控制摄入，持之以恒，就能防止能量过剩。

真相：一块奥利奥饼干含有80大卡，每天少吃两块就能防止能量过剩。

小贴士：我的两个孩子都喜欢比较各种麦片的含糖量。花时间和孩子一起仔细研读食品包装上的营养信息和热量表，你会惊喜地发现孩子们和你都走在金色健康之路上。目标100大卡，让孩子远离肥胖吧！

7

为什么防晒如此重要

家长关心防晒霜的方方面面：颗粒细度如何，有效防晒成分是什么，是喷雾、乳液还是膏状的。和这些细枝末节的问题相比，我更关心的是如何正确地使用防晒霜。尽早用、常常用才是王道。在太阳暴晒前 20 分钟是涂防晒霜的最佳时期，所以给孩子们涂防晒霜的最好时机就是在去沙滩的途中，宝贝儿乖乖坐在汽车安全座椅里的时候。所有的防晒霜都不能真正防水防汗。如果是游泳或者出汗，还要记得每两个小时再涂一次（6 个月以内宝宝的相关内容请看下一篇）。

> 不要忘记减少防晒霜的用量还有一件法宝——防晒服。去海边时，给孩子穿上长袖紫外线防晒服遮住大部分身体，这样他就几乎不需要防晒霜了。

千万不要被市面上那些标榜儿童专用的防晒霜给迷惑住，因为它们在安全性和有效性上并不一定能比普通产品更好。有关防晒霜所含成分安全性的报道不少，但它们常常自相矛盾。这种情况在探讨化学成分和矿物质添加剂副作用时尤其突出 。过去人们认为防晒霜中矿物质成分的颗粒大小是安全的，但现在观念发生了变化。美国食品和药品管理局（FDA）建议避免给孩子使用喷雾型防晒霜。但因为它使用起来很方便，所以目前依旧有很多家庭还在给孩子用。如果您一定要给孩子用喷雾型的防晒霜，切记让孩子屏住呼吸，避免吸入。

> **最好的防晒霜就是尽早用，常常用的防晒霜。**

虽然使用防晒霜有一定风险，但好消息是，和孩子被太阳灼伤的危害相比，使用防晒霜的风险要小得多。

为孩子选择和使用防晒霜的 8 个小贴士

1. 品牌和防晒（SPF）指数并不需要太在意，真正需要在意的是怎样正确使用防晒霜。在外出前半小时就为孩子抹上防晒霜，才能让皮肤充分吸收。

2. 使用含有两三种有效成分的防晒霜，确保能保护皮肤不被长波紫外线（UV-A）和中波紫外线（UV-B）灼伤。
3. 从 2013 年开始，美国食品和药品管理局（FDA）严令禁止防晒霜厂商做任何不实宣传。也就是说，不要相信那些“防水”“防汗”的说法。孩子在户外游泳或是出汗时，一定要每两个小时补涂一次防晒霜。重新涂抹的时候，注意要在肩膀、背部、胸部、耳朵、鼻子和嘴唇等部位多涂一些。
4. 那些声称专为儿童设计的防晒霜不见得就比成人用的更安全，“无泪配方”也做不到真正无泪。给婴幼儿涂抹的时候，要特别小心别渗到眼睛里。眼睛不能涂防晒霜，所以为了更好地保护孩子的眼睛，烈日下要记得戴帽子。
5. 看清成分说明。防晒指数（SFP）在 30 ～ 50 的防晒霜能有效保护皮肤不被 UV-A 和 UV-B 晒伤。如果你对成分有担忧，选择那些含有锌和钛作为隔离物质的防晒霜，这些矿物质不会被皮肤吸收。
6. 不要小气，一定要涂抹够量。即便是孩子，涂遍整个身体要用一个玻璃跳棋珠大小那么多的量。
7. 尽量躲开正午太阳直射，10:00 到下午 3:00 或下午 4:00 这段时间应避免户外活动。我知道这看起来不现实，因为孩子们最爱在中午时分出去玩。下载一个可以查看紫外线指数的手机应用软件，它会按小时把你所在地区的紫外线指数推送给你，非常有用。
8. 养成好习惯，烈日下出门，要记得穿防紫外线的防晒服、戴帽子和太阳镜。如果你做出榜样，孩子也会跟着学，而不会认为在太阳下戴帽子很搞笑。

我们都需要阳光，它给我们带来温暖，让我们更健康，而且还在皮肤合成维生素D时起至关重要作用，还能让我们的心情更加愉悦。所以，喜欢阳光真不是问题。

但阳光中含有的紫外线辐射会灼伤皮肤。阳光中的紫外线包括长波紫外线（UV-A）和中波紫外线（UV-B），UV-A 可以引起皮肤老化（Age）及变黑，UV-B 则可以引起灼伤（Burning）。有证据表明，皮肤癌和太阳暴晒有直接关系。经常被太阳暴晒的儿童患皮肤癌的风险会增高。虽然如此，但只要我们做好保护，好好享受阳光不是梦想。

温迪微语

应该尽一切可能来降低孩子患皮肤癌的风险。只要有一次儿童时期的严重晒伤经历，就能让孩子患黑色素瘤的风险加倍。

关于 UV-A/UV-B 和防晒霜的小知识

- 长波紫外线（UV-A）能导致皮肤颜色变深和老化。为了保证皮肤不被这些长波射线晒伤，使用的防晒霜需要含有两种成分，一般是氧苯酮或阿伏苯宗，再加上氧化锌或者二氧化钛。虽然有些人说担心氧苯酮会刺激敏感皮肤，但研究显示，只要把浓度控制在 1% ～ 6% 之间，就没什么问题。如果以前从没接触过防晒霜，害怕孩子过敏的话，可以先在孩子的腿上涂一点点试试，观察没有异样后再扩大涂抹范围。不论春夏秋冬，UV-A 辐射一直都有，天冷也要注意防晒。
- 与 UV-A 不同，中波紫外线（UV-B）的强度会随着季节改变而变化，夏天最强烈。UV-B 能导致灼伤。我们穿的衣服能保护皮肤不被 UV-B 灼伤。防晒指数（SPF）是我们需要关注的指标，SFP30 的防晒霜能抵挡 97% 的 UV-B。更高 SPF 的防晒霜能增加的保护极其有限，您当然也可以花高价买 SPF 在 60 ～ 90 之间的，但我只能说这不过是有钱任性而已。

如果你不喜欢把这些化学成分或金属化合物涂到孩子身上，可以试试其他的方法来减少防晒霜的用量。

有效防晒还能减少防晒霜用量的方法

1. 给孩子穿长袖衣服，戴帽子，减少暴露在外的皮肤，这样就能少用防晒霜了。父母亲做榜样，当你也戴上帽子时，孩子们也会模仿你。
2. 如果条件允许，在 10:00 到下午 4:00 紫外线最强的这段时间里，尽量少在太阳下活动。可以参考紫外线指数报告。
3. 洗澡能有效清除皮肤上残留的化学和物理成分。用了防晒霜后，记得让孩子睡前洗个澡。

医生妈妈醒神提点

父母须知：养成每天查看紫外线指数的习惯，就如同看天气预报一样：http://bit.ly/mdm-sunwise.

小贴士：对于小宝宝，尽量使用帽子和防晒服，那样就只需要在脸部和少量露在外面的部位涂防晒霜。

事实：只要有一次儿童时期严重晒伤的经历，就让孩子患黑色素瘤的风险加倍。

8

不到 6 个月大的宝宝也要防晒

本文将介绍为什么不到 6 个月大的宝宝也要防晒及如何防晒。

众所周知，儿童早期暴露在阳光下会增加以后患皮肤癌的风险。现在美国患各类皮肤癌的人也越来越多。

一份 2011 年 6 月新鲜出炉的研究告诉我们，不到 6 个月大的宝宝也需要防晒！让我们来看看给出这份建议的真正原因。跟成年人相比，小宝宝的皮肤不但非常娇嫩，还缺少能产生保护皮肤的黑色素的黑色素细胞。所以小宝宝的皮肤更容易遭受紫外线的伤害；也更容易吸收防晒霜里的化学物质。小宝宝防晒，最好的做法就是少用防晒霜，多用衣服遮盖皮肤。

6 个月大前使用防晒霜完全没有必要。出门享受灿烂阳光时，尽可能给小宝宝穿长袖衣服，戴上帽子，打开婴儿车的遮阳板或太阳伞，避免太阳直晒。如果带宝宝出门，但又做不到把宝宝每一寸娇嫩肌肤都遮住，这时就得涂防晒霜啦。如果真要用防晒霜，可以先在宝宝的手臂或者腿上试试用一点点。选择 SPF30 以上的防晒霜，是不是标明专为儿童设计并不重要。用在脸部的，可以选“无泪”配方。

只有没有被衣帽盖住的皮肤才需要涂防晒霜，暴露的皮肤要好好涂，被盖住的地方则不需要涂。

我们知道防晒霜的作用，也明白防晒霜的化学成分很容易被皮肤吸收，所以请只在宝宝需要的时候才使用。

医生妈妈醒神提点

小贴士： 更多关于婴幼儿使用防晒霜的信息，请在 HealthChildren.org 网站上查询“Sun Safety”，可以获得防晒霜成分信息，使用技巧等，还有 UV-A/UV-B 的详细介绍。

小贴士： 不要老想着防晒霜，遮阳才最关键！不到 6 个月大的宝宝还不会自己爬来爬去，太阳伞、婴儿车、防晒衣都是好的防晒选择。

9

卧室里放电视机？在我家可没门

早晨，当我在为新的一天做准备时，有时会让2岁半的奥登看电视节目《芝麻街》。我跟孩子们一样喜欢这部经典动画片。现在的“芝麻街”每隔几分钟就会有一次场景变化，总是会出现一些新的背景装饰，好像要把那些我们这一代非常熟悉的，20世纪70年代旧学校的东西都替换掉，呈现出与时俱进的感觉。其中有个关于艾比仙女飞行学校里牙仙的故事：一群活泼可爱的牙仙在商量如何把小朋友放在枕头下的牙齿偷偷拿出来，留下一枚金币。虽然我一直在忙来忙去，没有把故事看完，但有一幕让我印象深刻。仙女们不小心打开了卧室里的电视机，她们很担心，害怕小朋友被吵醒，从而泄露秘密影响她们的工作。

嘿,《芝麻街》节目组，我得提醒提醒你们，孩子的卧室里怎么能有电视机？这可不行！

*在我们家，孩子卧室里绝不能有电视！*理由非常简单，电视不但对孩子没好处，还会影响他们的正常生活。在诊所里，我总是毫不夸张地告诉家长：“电视不会让孩子们生活得更好。”不幸的是，我得到的反馈是，把孩子交给电视机“保姆”，家长就可以暂时摆脱烦人的“小妖精”了。就好像我今天早上做准备工作一样，家长借助电视节目，让孩子不来烦自己。既然离不开电视，那我们就需要想想怎么才能更好利用它。

当我跟父母亲说起减少电子媒体时间的时候，会谈到媒体的使用。电视里垃圾食品广告会引诱孩子们对垃圾食品产生兴趣；边看电视边吃饭会影响孩子吃饭的专注力，可能导致孩子肥胖；电视还会影响孩子们的睡眠质量；研究显示，过早观看电视会有碍孩子们专注力的发展；孩子玩耍时开着电视作为声音背景也不会对孩子语言发展有任何好处。

电视也不总是一无是处，有研究显示，适合学龄前的孩子的电视内容能让他们学习相信大人，模仿大人的行为，从而能改善自己的行为。如果电视上播放的是适合孩子年龄的教育节目，他们可以从中学习与他人合作、友谊和同情。所以我们必须好好挑选孩子的电视节目内容。

但我必须指出，电视不能让孩子变得聪明！

我发文批评“芝麻街”的时机有些凑巧。这一天，美国儿科学会刚好发布了一项名为《儿童、青少年肥胖和媒体》的政策声明，其中详细阐述了屏幕、电子媒体和垃圾食品广告与孩子肥胖的关系。作者指出：“有充分的证据表明，务必要禁止在儿童电视节目中播放垃圾食品广告。”他们同时建议，“在每一次孩子健康体检时，儿科医生都应该问问下面两个问题：孩子一天在屏幕前待多长时间？孩子们的卧室里是否有电视机？”

我真的不认为电视能让孩子变得更聪明。

我告诉家长，虽然我们直觉认为看电视能让孩子保持安静，但事实并非如此。很多证据显示，睡前看 1 ～ 2 个小时电视会让孩子的大脑更兴奋。《儿科学》（*Pediatrics*）杂志上发表了一项研究，研究电视节目中的暴力行为对学龄前孩子的影响。

论文的三位作者分别是心理学博士米歇尔·加里森，文学学士金伯利·利克韦格和美国儿科学会会士、医学博士和公共卫生硕士迪米特里·克里斯蒂克斯（Dimitri Christakis）。他们调查了 600 多名 3 ～ 5 岁孩子日常观看电视行为：

- 加里森博士发现学龄前儿童每天看电视的平均时间超过一个小时（约 72.9 分钟），有少数孩子睡前还看（晚上 7 点后还会看 14 分钟）。
- 他们还发现，和卧室里没有电视的孩子相比，那些卧室里有电视的孩子会多看 40 分钟。这个结果丝毫不让人吃惊，因为孩子卧室里有电视，他们可以在晚上 7 点后接着看。
- 观看有暴力行为的电视节目会影响学龄前孩子的睡眠。
- 报告显示，卧室里有电视的孩子更容易感觉白天疲劳（8%：1%）。
- 无论节目中是否有暴力内容，只要孩子睡觉前 1 小时内看了电视，都会影响孩子的睡眠，导致夜间多噩梦，更容易惊醒。
- 幸运的是，如果在白天看的无暴力内容的节目则对孩子的睡眠没什么影响。
- 孩子睡觉前看电视，是否有父母陪伴区别不大。

温迪微语

在诊所，我经常问青少年是否伴着手机入睡。

卧室里有电视机（平板电脑、电脑或智能手机）的情况很普遍。一旦孩子的卧室有了这些东西，想再拿走就难了。调查发现，美国有三分之一的学龄前孩子卧室里有电视（甚至有些调查统计显示比例高达40%）。我们很多家庭都需要注意，需要思考，如何打破这一陋习。

医生妈妈醒神提点

小贴士：睡前2个小时内不看电视。褪黑激素能让大脑在夜晚放松平静，而电子屏幕的光线会影响这种激素的分泌。

事实：在美国，不到11岁的孩子们一天看电视的平均时间超过了3小时，超过三分之一的学龄前儿童卧室里有电视机。

小贴士：能播放视频的电子屏幕（如平板电脑、iPad、智能手机）都应被视作电视，它们都不该出现在卧室里。

10

电视如何影响孩子的大脑

在美国电视早已经成为孩子日常生活的一个重要部分。我强烈建议家长去看迪米特里·克里斯塔基斯（Dimitri Christakis）博士的TED演讲。克里斯塔基斯医生是医学博士、公共卫生硕士、美国儿科学会会士和儿科研究员，他的演讲详细介绍了电视怎样影响孩子大脑发育。其影响如此之大，让我十分吃惊。我将这段演讲推荐给大家，希望克里斯塔基斯医生演讲中讲述的事实和发现的问题能让家长有所反思。

我不想和谁辩论，但看到一位妈妈在网上宣扬睡前给宝宝看电视的各种好处时，我还是被雷到了。电视简单方便，人人都爱看，孩子也不例外。

我们必须科学慎重地对待电视。

关于电子媒体和早期教育的几点建议

- 孩子早期经验对大脑发育至关重要。孩子的大脑发育直接建立在早期经验基础之上，孩子3岁时，脑容量是刚出生时的3倍。
- 如当今孩子一般在4个月大时就开始接触电视了。
- 在大脑发育的关键时期，看电视让大脑长期暴露在画面高速变换的刺激下，可能会导致孩子只关注快速变化的东西，从而影响孩子对现实生活的注意力。孩子看电视的时间越长，就越有可能注意力不集中。
- 传统的认知刺激（如阅读、参观博物馆）则能降低注意力不集中的风险。
- 电视内容对孩子们的影响也不容忽视。看暴力内容越多，孩子的注意力就越可能出问题。对孩子们来说，以常规速度播放的电视节目可能会好些。
- 关于小白鼠的实验研究显示，看太多电视会导致学习障碍。
- 真正玩耍的时光才是孩子们需要的，让我们关掉电视，享受户外活动吧！

我真诚地建议家长们，花15分钟去看看克里斯塔基斯博士的TED演讲。这会深刻地改变你对电视的看法。

在诊所里，我把视频播放给家长们看。很多家长看完后都这样对我说："克里斯塔基斯博士，以父亲、儿科医生和研究人员三重身份相结合的角度，详细解释了孩子大脑发育的原理、看电视对儿童发育的影响，以及长时间看电视对孩子思维方式和解决问题能力的巨大影响。看完视频，我决定花更多的时间来陪伴孩子们，让他们的大脑得到更好的发展。我们已经计划好周末来一次博物馆之旅了！”

医生妈妈醒神提点

观看：克里斯塔基斯博士关于电视和孩子大脑发育的 TED 演讲：http://bit.ly/mdm-TVbrain、https://www.youtube.com/watch?v=BoT7qH_uVNo.

小贴士：即使不刻意看电视，仅仅把电视当作背景也不好。如果孩子在玩耍的时候，家里开着电视，就有干扰孩子注意力的可能。

11

给孩子看电视真的那么可怕吗

2011 年一项刊登在《儿科学》(*Pediatrics*)杂志上的研究引起了我的关注。这一项是关于观看快节奏卡通动画片如何影响 4 岁孩子的注意力和记忆力的研究。研究中把孩子分为 3 组，一组看动画片《海绵宝宝》(*SpongeBob*)，一组看动画片《卡由》(*Caillou*)，另一组则用“绘儿乐”(*Crayola*)彩笔来涂色，然后进行对比。这项研究不但获得了家长们的高度关注，还引发了媒体的广泛讨论。因为节目被热议正是任何一家媒体都梦寐以求的，而且这次还事关孩子，更激起了大家讨论的热情。现在媒体竞争那么激烈，如何让一档电视节目长久地受欢迎是每个媒体人都要绞尽脑汁思考的问题。

在家我们会陪孩子们看动画片《卡由》。等孩子睡着了，我和丈夫就喜欢吐吐它的槽。作为成年人，对这部片子真是又爱又恨，它古板、友爱、节奏缓慢——不论是配色方案还是主题设计——健康得不能更健康。鉴于它的健康内容和缓慢节奏，给孩子看这些，我们做父母的也不会有任何思想负担。结果就是双赢：孩子们非常喜欢看，我们父母也为自己明智的选择而感到欣慰。

好的电子媒体要甩那些差的好几条大街。对电子媒体而言，适度和不会带来负罪感都很重要。

相关研究也证实了我们的直觉，这有助于减轻给孩子们看电视给我们带来的负罪感。虽然我们家看电视算少的，但在我有的朋友家，孩子们有时候几个月都不碰电视一下。

研究结果并不让人感到吃惊。如果你找来一群父母，让他们坐下选择答案，以下哪个选项有助于培养孩子的记忆力、注意力和解决问题能力，我猜大家都不难找到答案。

A. 绘画　　　B. 看动画片《卡由》　　　C. 看动画片《海绵宝宝》

快节奏的节目使孩子们对真实的世界缺乏注意力和耐心。这项研究则让我们了解到为什么会这样，这也正是它的特别之处。

研究结果证实了我们的直觉，也让我更有信心。在工作时，当爸爸妈妈和我讨论该怎样引导孩子看电视，选择什么电视节目及该看多久这类问题时，这项研究就成了我给他们提供建议的源泉。

下面是这项研究的详细资料，我想和你一起分享。因为研究结果并不让人觉得意外（观看快节奏的动画片有碍孩子注意力、专注力和记忆力的发展），所以，了解研究方法和数据更有用。

有趣的是，研究人员分别在线搜索了《卡由》和《海绵宝宝》，想看看这两部动画片有什么不同，然而在线用户的体验感觉没什么区别。

研究人员把 60 个 4 岁的孩子随机分成 3 组，然后让孩子们单独待在房间里从事不同的活动：一组是拿颜料涂涂画画，另外两组则在电脑上看 9 分钟的动画片，不同的是一组看动画片《卡由》，另一组看动画片《海绵宝宝》。

在完成分组活动后，立即让孩子们完成一系列测试。这些测试重点考察孩子们的关注、集中、耐心、记忆、操作的能力。例如，研究人员会要求孩子按照一定的规则重新搭积木；随后孩子们被要求听从复杂命令，例如“当我说摸头，你就要摸脚趾，当我说摸脚趾，你就要摸头”；最后是棉花糖延迟满足实验。其中棉花糖测试最让人深思：孩子们被单独留在房间里，桌上放着两碟棉花糖。一碟里有 10 块糖，如果孩子能克制欲望，等到研究人员回来，就能得到 10 块糖。另一碟里只有 2 块糖，不需要等到研究人员回来，只要想吃，就可以提前摇响铃铛，马上得到这 2 块糖。以前，延迟满足测试被用来预测孩子们的学习成绩，甚至是 18 岁之后的 SAT 成绩。

研究结果

分组前研究人员对孩子们在注意力和解决问题能力等方面进行了家长问卷调查，评估发现他们并无差别。对孩子的分组也是随机的，所以说三组孩子的相似性很好。

在注意力和记忆力测试中，观看《海绵宝宝》（快节奏动画片）的孩子们表现非常糟；而观看《卡由》（教育动画片）和画画的孩子们则没有明显区别。

在棉花糖延迟满足实验中，观看《海绵宝宝》的孩子又一次表现得比另外两组更糟糕，而看《卡由》和画画的孩子则表现得差不多。

研究人员并不清楚观看《海绵宝宝》的孩子表现如此糟糕的确切原因，他们推测这可能与《海绵宝宝》的画面翻转的速度过快有关。它的一个场景只有几秒钟时间，这样就使得孩子们不可能真正关注内容。尽管这一结论还有争议，但针对成年人的研究佐证了这一观点。有研究认为，观看快节奏电视也能导致成人注意力不集中。因此，研究人员认为，观看《海绵宝宝》的孩子在测试中表现糟糕，与动画片节奏飞快，画面变换频繁且与现实生活经验没有关联有关。

该研究是否存在局限性呢？

首先，研究的样本量很小，只有 60 个孩子。而且这些孩子仅仅来自中产或以上家庭，代表性有限。尽管这项研究能反映我们家的状况，但并不能反映出那些背景不同的家庭情况。而且，有时间带孩子去参加这种测试的家长，本身就已经是特殊群体了。

其次，孩子们看电视的时间只有 9 分钟。我们不知道这是怎么影响孩子的记忆力、专注力和注意力。如果他们看 30 分钟或 60 分钟又会怎么样呢？测试是在看电视后马上进行的，如果间隔时间长一些，又会怎么样呢？电视的影响只是暂时的还是长期的呢？这些问题都有待深入了解。

尼克儿童电视频道（《海绵宝宝》的出品方）声明说《海绵宝宝》并不是为 4 岁孩子设计制作的，虽然那么小的孩子也爱看。对更大年龄孩子的进一步研究可供参考，在孩子发育的关键时期，看快节奏动画片，对孩子的学习成绩、记忆力和注意力都有负面影响。

面对动画片，家长该怎么办？

这项研究并不是说某个节目不好，也并不是说不要看某部动画片，它只是分析整合了信息，帮助我们在为孩子挑选电视节目的时候做出明智的决定。

我们成年人也要提高媒介素养，合理安排线上和线下的时间。我们不靠《海绵宝宝》、平板电脑、智能手机、掌上游戏机、DVD 而活。是的，我们成年人也看电视，但我们花在电视上的时间只有孩子的一半。所以，我们做父母的要做出表率，要引领孩子进入一个与媒体平衡和谐的状态。电子媒体的出现，利弊参半。随着孩子们的成长，他们确实要逐渐适应快节奏、数字媒体的各种要求才能取得成功。所以，我们要做孩子的榜样，我们的言行举止直接关系到孩子看电视的时间。我不是让你远离电子技术产品，而是希望在使用电子媒体时，不要沉迷于其中，要学会找到平衡，这才是问题关键。

但是……

希望孩子们拥有亲密、真挚、纯洁的友谊；希望他们既能通过网络线上学习，又能在诸如静谧的树林或是安静的教室里学习。我希望孩子们睁开双眼观察周围的世界，去关注朋友和同伴，希望他们能体验到自由畅谈不被打断的美妙。

若问我有什么建议，下面就是。

- 在家里要留意孩子们看电视后的日常行为表现：怎么听，怎么学，怎么做。
- 上学前、吃饭前、睡觉前这三个时间段，不看快节奏的动画片。
- 绝对不要让电视机出现在孩子的卧室里。如果家里多余的电视没处放，扔掉它就是啦。孩子童年时期严格限制看电视的时间，每天最多 1 小时。
- 节奏缓慢的教育片更适合学龄前的小朋友，如《芝麻街》《司机丹的火车故事》。
- 假设孩子看《海绵宝宝》长达 230 个小时会怎么样呢？孩子确实会很开心，由于一直看动画片，他们的心智恐怕难以成熟。如果从现在开始，限制孩子看太多快节奏的动画片，我相信他们会变得更平和，更能集中注意力，能成为更好的学生，赢得更多的友谊。

医生妈妈醒神提点

视频：棉花糖测试——一个非常愉快的实验观察：http://bit.ly/mdm-Marshmallowtest.

小贴士：好内容加适当的时间，就是良好的媒体组合。不用因给孩子看了电视就觉得内疚，找到电子媒体使用的平衡点，坚持下去就好。

12

为什么睡前最好不给孩子看电视

睡前看电视对孩子们没有任何好处，只会让他们睡得更晚。表面看来，电视好像有助于睡眠。因为依照我们往常的经验，大家都觉得看电视能让人放松。然而事实并非如此，睡前看电视会让孩子脑子更加兴奋，扰乱睡眠，甚至会引发噩梦，对学龄前儿童更是如此。电视屏幕发出的光线会抑制大脑分泌的褪黑素，这种激素能帮助人入睡。2011 年《儿科学》(*Pediatrics*) 杂志上发表的一项研究再次提醒我们睡前别看电视。

我和很多爸爸妈妈一样，也喜欢让孩子在晚饭后到睡前这段时间看电视，为此我感到惭愧。工作一整天回到家，愉快地享受完晚餐后，谁都会想停下来好好休息。我们都需要安静的时刻，然而家里的小捣蛋……

研究人员调查了超过 2000 名孩子，年龄跨度为 5 ～ 24 岁，询问他们睡前的 1.5 小时都做哪些事。结果一点儿也不意外，最普遍的就是看电视。无论哪个年龄段，睡前看电视都是最常见的活动，超过一半的孩子看电视超过 30 分钟。研究人员询问了孩子就寝时间，证实了人们的担忧——看电视会延迟就寝时间。电视看得越多，孩子们就睡得越晚。那些睡得早的孩子，他们会有自己的睡前玩耍活动，而且能自己照顾好自己，不会久坐在屏幕前。多项研究显示，孩子睡眠时间减少的原因是晚睡而不是早起。和 100 年前相比，现在的孩子普遍少睡了 1 个小时左右，结果就是觉得更疲惫，更容易心烦意乱，更加肥胖或者过度活跃，所有这一切都与睡眠时间减少有关。所以，对我们这个疲惫不堪的社会来说，帮助孩子准时上床睡觉的诀窍实在太重要了。

改善孩子们的睡眠四大绝招

- 睡前 2 小时，不要看电视。告诉孩子们，看电视会让他们更兴奋，而不是放松。
- 孩子上床后，一定要把所有的电子设备都关掉，包括电视、智能手机、平板电脑等，不要带上床或者放在卧室里。立下这样的家规：晚上 9 点，所有的手机都该睡觉了，让它们睡在厨房里。

- 如果孩子说早起需要闹钟，那就买一个新闹钟吧！网上买一个新闹钟不到 15 美元。
- 如果孩子们确实爱看电视，那就调整看电视的时间，安排他在你准备晚餐时看。试着把看电视作为一种奖励，如果孩子们在家或学校表现好，可以让他们赢得 1 小时电视时间。

医生妈妈醒神提点

学习：学龄前孩子的活动和睡觉时间：http://bit.ly/mdm-presleep.

小贴士：全家总动员，告诉孩子的爷爷奶奶、保姆等，电子屏幕不利于褪黑激素的分泌，睡前看电视会让孩子难入睡。睡觉时手机不能带进卧室。如果孩子说他需要调闹钟，请行使家长的权力，给他买个闹钟。

13
暴力电子游戏

“无知不会让我们受益，对于暴力游戏的不了解也不会让我们受益。”2013年奥巴马总统在纽顿枪击事件后发表讲话说，“国会应该设立研究基金，专门用于研究暴力电子游戏对青少年的影响。”

纽顿惨案发生一个月之后，很欣慰地听说总统决心减少枪支暴力事故，并将做坚定不移的努力来提高我们社会的安全，减少枪支造成的暴力、死亡和伤害事件。非常高兴听到政府在审视枪支管理问题是否安全，总统也在督促国会进行专项研究，专门研究暴力电子游戏对青少年的影响。但这同时说明，暴力电子游戏对于青少年的心智影响我们知之甚少。

2009年美国儿科学会是这样解释“媒体暴力”的：

研究发现，媒体暴力和攻击行为之间的联系，比钙的吸收和骨质量之间的关系还要强大，比铅的摄入和低智商的关系还要紧密，也比不用安全套性交导致艾滋病感染的风险要高，就好像吸烟和肺癌的关系那么密切——毫无疑问，最需要的是预防措施。

要知道，奥巴马总统批准的1000万美元研究基金（新闻发布的时候是1.3亿美元了，有待参议院批准），专门给疾病和预防控制中心用于研究暴力电子游戏对孩子们的影响。这笔基金不只是一堆钱，就如同《华盛顿时报》的斯蒂芬·迪南说的那样，更多的责任还是在父母手里，“总的来说，限制枪支是政府的责任，而控制观看电影和玩电子游戏则是父母的责任”。

作为一名母亲，儿科医生，社会成员和美国公民，现在我们能做的就是尽量减少孩子们接触和吸收暴力。

关于孩子接触大量暴力行为的思考

- 有证据表明电子媒体中的暴力画面（包括游戏、电视、影碟）会导致孩子的攻击行为，降低对暴力敏感度和做噩梦。还有研究发现：无论是在美国跨文化的研究中，还是现场实验和实验性实验，横向研究还是纵向对比研究中，对孩子、青少年还是对成年人的研究中，都发现媒体暴力和攻击暴力行为增长有着一贯且显著的关联。

- 我们需要掌握更多的电子游戏知识。也就是说，电子游戏以越来越真实的方式奖励杀人，这也可能教孩子把乐趣和折磨、杀人联系在一起。让一个处于学习期间的孩子每天花 1 个小时玩游戏是非常不明智的。将来会有更多的研究让我们更好地了解这一切，同时过去的研究也发现了以第一人称“我”来玩射杀电子游戏能让我们从杀人行为中分离出来，降低对杀人行为的敏感性。
- 年龄也有关系。8 岁或者更小的孩子对区分现实世界和游戏还存在困难。不要让年幼的孩子接触或玩暴力电子游戏，包括射击和杀人游戏。就在奥巴马总统发表枪击悼文的同一星期，一款名为“全国来福枪协会”的在线游戏就上线了，还向 4 岁和 4 岁以下的孩子做广告。由于公众强烈反对，游戏公开发布两天后，研发人员才更改为面向 12 岁以上的孩子。我的观点是，游戏厂商可能从来没有为自己的孩子担心过。
- 我们需要更加积极地遵循电子视频游戏分级指引，父母要坚持执行 17 岁的孩子只能玩相应级别的游戏的原则。
- 8 ～ 18 岁的孩子每天要在电子屏幕前（包括电视、电脑、电影、影碟、收音机和音乐媒体播放机）耗掉 6 个多小时。应考虑限制孩子使用这些媒体的时间，一天控制在 2 小时之内。开始执行的时候会比较困难，可以一步一步来，循序渐进。第一步：首先限制孩子玩暴力电子游戏，让孩子们走出家门去户外玩耍——不允许青少年玩在线的网络游戏。有报告说现在很多十二年级到十四年级的学生都玩 M 级的电子游戏（ESRB 娱乐软件分级委员会，M 级表示成人级，建议只能给 17 岁以上的人）。报告还说小于 17 岁的男孩子有 78% 的都在玩 M 级电子游戏。
- 到 18 岁的时候，平均每个孩子在电视上都看过 20 万个暴力动作场景。如果可以尽量陪孩子一起看电视，如果播放到暴力画面，就关掉出去玩吧！
- 接触电子媒体暴力会有持久的影响。暴力电子媒体会导致孩子焦虑、压抑、创伤后的精神失调、睡眠问题和做噩梦。睡觉前 2 小时不看电视，有助于孩子入睡。如果孩子晚上经常做噩梦，表现焦虑或压抑，或有压力增大的趋势，一定要跟医生说。与孩子好好谈谈，一起制订一个“电子媒体减肥套餐”——帮助孩子寻找到合适的使用方法。你可以控制电子暴力媒体的影响，因为孩子在意你的想法，孩子是爱父母的。

父母须知

- 暴力电子游戏会改变孩子对攻击行为的理解，会降低孩子对于暴力行为的敏感性。
- 在孩子购买或者下载游戏前，父母先测试一下。在家里要知道孩子在网络上玩什么游戏，然后让孩子知道你的看法。
- 注意遵循娱乐分级指导规定。使用“普通媒体在线”（Common Sense Media）作为看电视、电影和玩游戏的资源库。普通媒体在线手机应用软件也是我非常喜欢的。
- 设定时间限制，特别是孩子玩在线游戏的时候。
- 跟孩子一起玩，不要让孩子单独玩。
- 考虑一个健康的媒体套餐。尽量减少孩子晚餐后（一直到睡前的 2 小时）看电视的时间，这样做非常利于孩子在观看电视、电影和在线视频之间寻找到合适平衡的方法。

医生妈妈醒神提点

小贴士：有证据显示孩子或青少年接触电视或游戏中的暴力行为能降低孩子对暴力的敏感性，多陪陪孩子一起玩，并制订家规。

事实：8～18 岁的孩子平均每天要在电子屏幕前耗掉 6 个小时，这是他们生活中一大部分。制订规矩、提出建议，帮助孩子充分利用每一天的时间。

链接：娱乐软件分级委员会（ESRB）的网站 www.esrb.org，里面有所有的视频游戏分级规定。

14

纽顿枪击事件后返校第一天

纽顿枪击事件后，随着星期一的到来，我们也准备让孩子重返校园。此时大部分父母还是忧心忡忡，我也一样。这个时候让孩子回到学校并不轻松。

枪击事件后那几天是迷惑混乱的。要理解发生在康涅狄格州的枪击惨案是一个巨大的挑战，特别是随着那些细节的披露，看得出那些失去生命的孩子和老师是如此美丽。什么都不必说，这是一件惨案，能让所有人摇头。对美国来说，这并不能展现什么意义。虽然事件中还是有一些令人难以置信的英勇行为，但留给我们更多的是悲伤和痛苦。

我使用社交媒体有 4 年多了，还没有哪一起独立事件像枪击惨案那样吸引了那么多人的关注。我们都被吓坏了，非常害怕、悲伤且震惊。就像奥巴马总统说的那样，“我们的心都碎了”。枪击事件发生之后，当我打开《纽约时报》时，泪水忍不住又流了下来，简直不敢相信我们失去了那么多可爱的生命，他们才六七岁，生命刚刚开始，特别是一想到有的孩子可能曾经还坐在隔壁的桌子上吃过午餐时。

这一事件发生得如此随机，让所有人感到恐怖与不安，觉得可能随时会降临到自己头上。

我们可以而且将要为我们的孩子创造一个更安全的未来。随着时间的流逝，千万不要放松自己和社区的警惕——改善沟通、获得心理健康、检查枪支管理控制。

悲剧过后，让孩子们重返校园的技巧

- **学校是安全的**。事实上，枪击惨案只是一个特列，一个异常事件。孩子们的校园是非常安全的，提醒自己，也这样告诉孩子，如果你的孩子问起。悲剧是典型的例外。
- **获得你需要的安全信息**。写邮件给校长、孩子的老师或其他同学的父母——可能要承诺参与活动，来确保孩子所在的学校有足够的安保措施。留言、发邮件、加入社区安保活动，日子一天天过去，这也会减轻心中的恐惧。参与进去，写信给总统或国会代表，悲剧后的行动是消除焦虑的一种有效方法。

- **分类整理媒体信息。**如同其他所有海量信息一样，我们需要分类整理。对细节的好奇是人类的本性，这来自我们对自己孩子的同情。无情的猜想只会增加焦虑和悲伤。
- **立即制订今日计划。**想一想美好的一天是什么样的。什么时候想知道更新的消息，如果这个特定悲剧的新闻更新能增加你的安全感，请及时关注实时新闻。但是还是要保留时间给自己，不要让信息把你淹没了。工作的时候关掉脸书（Facebook）；看新闻，一次不超过半小时。觉得自己可以的时候，再去与学校联系，关注媒体信息。否则尽量保持平时的生活工作习惯，不要看任何新闻。
- **善用你的朋友圈**——朋友、教友、同事、家庭医生或者家人，在惨案发生后的悲伤期间向他们寻求帮助，这些人一样也需要你，愿意听你诉说。

安抚受惊孩子的技巧

- 第一件事情，记住你比任何人都了解你的孩子。在你向孩子解释什么、提供什么细节或者说明什么的时候，先想想你的孩子是否需要，问问他们听到了什么，从中学习到了什么，感觉怎么样。多听听孩子怎么说。然而，要知道保持沉默对于危机是没有任何帮助的——如果孩子不愿意谈起，就由你先说来开启对话，尽量多问开放性的问题。

在讲话以前，先耐心倾听孩子想说什么。

- 与孩子讨论你们家里和学校所采取的安全措施。
- 倾听孩子，帮助澄清错误信息，包括传递和理解，这是我们能做的最好事情。
- 如果孩子还不知道惨案，在他们重返校园前，跟他们说。孩子们的同学中一定有知道或听说过枪击事件的，与其让孩子先从其他人的口中听说，还不如你自己事先告诉他们。
- 记住，年龄非常关键。8 岁和更小的孩子还没有完全理解时间和地点，看电视里的场景可能会让孩子混淆，会让他们以为自己的学校也发生了恐怖事件。尽量避免让孩子看到任何新闻图片（包括电视、报纸杂志、网页）。
- 诚实最好。坦诚回答，但不要有恐怖细节，例如并不需要告诉他们被害孩子的年龄，孩子们也不需要知道枪和子弹的型号，甚至不需要知道死亡人数。但一定要让孩子知道你的感觉，跟孩子讨论你是怎么处理自己的悲伤或复杂情绪的。你不需要知道这是怎么发生的——就这样告诉孩子，你也不知道原因也是可以的。

- 放学后的下午或晚上，问问孩子一天过得怎么样。多问开放性问题，如学了什么、感觉怎么样之类的问题。要连续关注几个星期，这种难过的经历或不幸不会在第二天就消失的。

医生妈妈醒神提点

链接： HealthyChildren.org 有枪击事件后给孩子的帮助信息：http://bit.ly/mdm-SchoolViolence.

父母权利： 回答说不知道为什么会发生这样的事情也是可以的。

小贴士： 如果你的孩子无法面这样的悲剧，处理不了自己的情绪，不要犹豫，打电话给孩子的医生或护士。我们都接受过专门的培训，可以来帮助灾难后的孩子和他们的家人。

15

少即是多：红眼病、发烧、耳部感染、出牙和 CT 扫描

对于孩子来说，少即是多，医生干预治疗得越少，孩子就长得越健康。儿科医生常常以自己知道哪些情况下不用做治疗而自豪。

红眼病

就拿红眼病来说吧。这种病开始是觉得眼睛发烫、灼烧、畏光、眼红、眼睛疼痛如同进了沙子一般，随后眼皮红肿、流泪、分泌物增多，早晨起床时，眼皮常常被黏住，这些症状也不会一天就消失。红眼病是一种传染性极高的结膜炎，会让孩子看起来非常糟糕，也很容易传染其他人。如果孩子不幸得了红眼病，那就取消所有外出活动，让孩子好好待在家里进行隔离，也可以在家看场电影。孩子和你都会想藏起来的，直到好了才想出去见其他人。

根据经验，得了红眼病，一定要勤洗手，记得要多洗手。它真的会传染，无论你在什么地方看到它，能做的事情就是洗手。但是当孩子得了红眼病的时候，情况又不同了。

你会拖着孩子去看医生。问题是，医生又能为孩子做什么呢？学校希望孩子能尽快返回学校，你也希望能快点治愈，你想的可能是“给我一些药，让孩子立刻好起来，要快！”类似这样，然而事实上却是要视情况而定。

儿科医生首先需要判断是什么导致结膜发炎的，是细菌还是病毒。并不是所有情况都需要用到抗生素。单凭眼睛看，医生是无法分辨出来的。医生需要询问孩子的经历，是否有其他症状（流鼻涕、咳嗽、发烧、耳朵疼痛），持续时间等，依此进行诊断。如果不知道这些信息，有时候医生也非常难判断孩子是否需要用到抗生素。如果没有依据，医生是不会开抗生素的。医生也会查阅最新的相关研究。以下方法能帮助你（避免不必要的去医院和吃药）。

下面四步可以帮助你判断孩子眼睛不大可能是细菌感染

1. 孩子大于 6 岁。
2. 时间是夏季。4 ～ 11 月不大可能发生细菌感染。
3. 孩子只是流眼泪（没有发黄或者绿色黏稠分泌物）。
4. 孩子早上醒来能睁开眼睛，没有被黏住。如果眼皮被分泌物黏住，无法睁开，一定要及时就医。

哎呀，现在你知道了吧！如果儿科医生建议不用抗生素，看完这些也许会让你觉得更舒服的。一定要记住勤洗手，记得少即是多。

发烧

每一位家长都会谈论发烧。发烧是孩子生病的标志，也是父母担心的标志。必须承认，发烧在妈妈的眼里和在医生眼里看来是完全不同的。幸运的是，大多数发烧都是温和的，而且能够自愈的，并不需要特别的治疗。发烧恐惧症也是真实存在的，很多父母孩子一发烧就赶快用退烧药，很多时候其实并不需要。当孩子发烧的时候，我们都会觉得不安……

首先，什么是发烧？

对于大多数儿科医生来说，孩子体温在 38.3℃以上才算是发烧，而大部分父母则认为孩子体温超过 37.2℃就是发烧了，这就是发烧定义的差别。有些感染只会导致体温升高，有些则会导致真正的发烧。底线是这样的：儿科医生不是很在意体温度数，你告诉医生孩子的体温是 38.3℃或 39.4℃，对医生来说没有什么大的区别；需要注意的是 40℃的高温警戒线，任何人都要注意，父母、孩子、儿科医生。如果是在 40℃以内，对于医生来说差异不大。医生更加关注的是孩子发烧时的行为、精神状态、动作、饮食和玩耍的情况。医生要关心的一个重要因素是发烧有多长时间了，持续几天了。

你需要关注孩子的精神状况和行为，而不是温度计上的度数。

下面是一些关于发烧的事实：孩子生病时，发烧其实是孩子的身体机能在进行自我保护。孩子发烧后体温升高，有助于杀死体内的病毒或细菌。研究发现，在病毒感染期间，一些孩子发烧能让他们更快地从疾病中恢复过来。

如果你仍然决定给发烧的孩子服用退烧药，如对乙酰氨基酚（泰诺）或者布洛芬（美林、雅维），那么就不要只关注体温，你的目标不是把孩子的体温从

39.4℃降到37.8℃，而是让不舒服的孩子好起来。你要关注的是孩子的精神状况和行为，而不是温度计上的度数。

发烧护理原则

- 小于3个月的婴儿有任何发烧或者体温超过37.8℃情况，都必须去看医生，如果诊所已经下班关门，请打电话给医生或护士，或者是去看急诊。
- 发烧长达3天是正常的，是身体在抵御感染，特别是轻微的呼吸系统疾病。如果发烧超过3天，体温继续升高，没有任何改善，就需要带孩子尽快就医。
- 短暂发热：如果孩子像平常一样玩耍，在房间里跑来跑去，在椅子上爬来爬去，就不需要做任何处理——不需要给孩子吃退烧药。如果你硬要给孩子吃退烧药，建议你先给孩子吃对乙酰氨基酚，因为它对肠胃的副作用要小，布洛芬则可能会有严重的并发症。对于6个月到12岁的孩子来说，如果父母有任何不清楚的地方，一定要询问医生。
- 面对孩子发烧，相信你的直觉。如果孩子不舒服，给孩子吃了退烧药，还是没有好转，需要尽快去看医生。但是要记住发烧真的不可怕，记得随时观察孩子的状况，及时补充水分，让孩子多喝水，一定可以尽快康复的。

耳朵感染

耳朵感染会导致孩子剧烈疼痛，整晚睡不着，不能上学，父母也不能工作。有些孩子的耳朵感染会是一个慢性、长期的问题，要多次去医院，用多个疗程的抗生素治疗，但很少需要手术。对于大多数孩子来说，耳朵感染是偶然性的，就像感冒过后的霉运一样。幸好大多数的孩子都能够自我康复，不需要任何治疗。有20%～30%的孩子需要医生的帮助。

耳朵感染可能是细菌导致的，也可能是病毒导致的。当过多的耳屎被困在耳朵中间，也就在耳膜后面，无法出来时，就容易发生感染。这个地方充满了黏液就会产生压力，就容易发炎，会造成疼痛。耳朵感染的症状包括疼痛、发烧、听不清声音、睡不着觉、烦躁、耳朵里面有撕裂感。耳朵感染通常发生在感冒时或者过后不久，此时，耳朵里面的黏液充满了细菌或病毒。

你开始怀疑孩子耳朵感染的时候，疼痛是最重要的信号。

如果是细菌感染，抗生素就非常有用。真正的耳朵感染会导致发烧和疼痛，抗生素就是最好的选择。当然你需要医生来帮助你判断孩子的耳朵是不是真的感染了。

过去15年来，研究人员做了大量的研究工作，来减少抗生素在治疗耳朵感染中的使用量，也取得了巨大的成就。现在孩子耳朵感染去看医生时，使用抗生素的情况要比以前少很多（20世纪90年代，1000个孩子中就有950个用抗生素；2005年减少到了634个）。近期研究数据显示，这个数字一直在减少，1000个耳朵感染的孩子中只有434个使用抗生素治疗。然而大多数带孩子去看医生的父母（占76%）仍然要求使用抗生素。

美国儿科学会早在2013年就发布了新的指引，帮助儿科医生更好地治疗耳朵感染。有时候给孩子使用抗生素也不全是好处，最新的研究结果就支持更改推翻之前的推荐。抗生素的滥用会导致细菌进化出现耐药性更强和破坏性更大的新细菌，所以医生都希望在恰当的时候才使用。这些推荐有助于你更好地照顾孩子。

在印象里，国家公共广播电台就曾经发布过一篇很好的文章，里面包含了儿科学会的最新推荐，我尤其喜欢里面说到的平衡概念：

“当诊断是正确的时候，抗生素治疗就不会有错。”麦迪逊威斯康星大学医学与公共卫生学院的艾伦·华尔德医生是这样说的，“如果在孩子治疗中恰当地使用抗生素，大多数情况下会让孩子更快康复。”

“父母亲还有更重要的工作要做。”华尔德医生说道。

“我们生活在一个有压力的社会里，当孩子生病的时候，父母亲在家照顾孩子也会觉得很复杂，况且，还常常出现照顾焦虑和担忧。”她说。

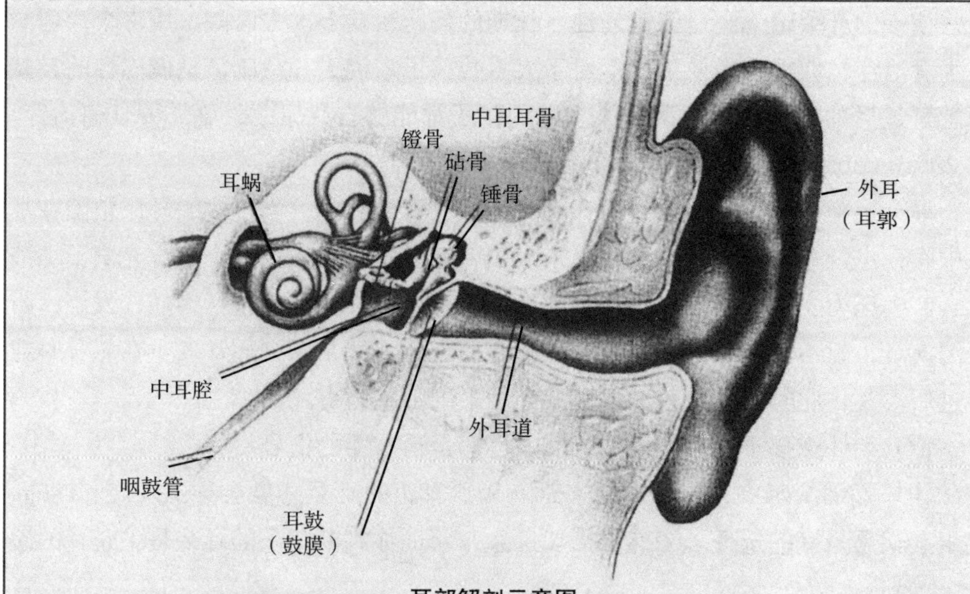

耳部解剖示意图

父母须知：耳朵感染最新指引

- **疼痛**：当怀疑或证实孩子耳朵感染的时候，可使用类似布洛芬或对乙酰氨基酚这样的止痛药。感染确实有害，不要让病情发展到孩子更难受的时候等着用抗生素治疗。后面附有一张婴幼儿止痛用药的详细说明表。
- **诊断**：美国儿科学会的指引里建议使用更严格的标准来诊断耳朵感染——耳膜会有肿胀，中耳里有积液，耳朵还可能有液体流出，而不可能只是有些发红或一点点液体。在使用抗生素治疗前，医生需要确定是否为细菌感染。如果医生对你说“看起来像是耳朵感染初期”或“耳膜有一点点红”或“我想这可能是耳朵感染”，这并不能表明就是细菌感染，也不表示就需要用抗生素治疗。如果耳膜有肿胀，而且有积液，应要求医生详细解释。如果没有证据支持，就没有必要使用抗生素，时间是治愈的良药。
- **不用抗生素**：很多孩子耳朵感染不用抗生素也能痊愈。如果大于 2 岁的孩子被确诊耳朵感染了，但既没有发烧也没有很痛，就先观察 2 天，暂时不用抗生素。如果在 48 小时内疼痛或其他症状都没有得到缓解改善的话，建议继续跟进。在孩子状况没有任何改善的情况下，确保有良好的跟进计划或应对处方。
- **跟进计划**：指引提醒我们，如果选择不给孩子用抗生素，医生需要系统跟进后续状况，48 小时或 72 小时后需要询问一次，可以是电子问诊，或者电话都可以。如果耳朵疼痛在 2 ～ 3 天内及时使用止痛药能解决，那么就很有可能不需要使用抗生素，耳朵感染也能治愈。如果在这 2 ～ 3 天内情况没有好转，那么就需要开始使用抗生素或者换其他药物治疗。
- **抗生素**：所有大于 6 个月，年龄在 6 ～ 23 个月之间的孩子，如果是双耳感染，而且感染严重，病情就比较复杂，需要使用抗生素治疗。青霉素（一般是粉色的阿莫西林胶囊）是治疗耳朵感染的首选用药。如果孩子最近一个月使用过阿莫西林的话，医生就会用更高级的抗生素（通常用含有克拉维酸成分的青霉素来对抗可能出现的耐药细菌）。很多父母亲担心阿莫西林不是最佳选择，然而很多研究都支持选择用阿莫西林。
- **眼耳同时感染**：如果孩子有结膜炎（红眼病）或眼睛感染流泪，就需要立即使用含有克拉维酸的阿莫西林（沃格孟汀）而不是单纯的阿莫西林（青霉素）。能引起耳朵和眼睛同时感染的细菌一般都对阿莫西林（青霉素）具有耐药性。

体重 年龄	3.6～5.5kg 1～3个月	5.5～7.7kg 4～11个月	8.2～10.4kg 12～23个月	10.9～15.9kg 2～3年	16.3～21.3kg 3～4年	21.8～26.8kg 6～11年
对乙酰氨基酚婴儿滴剂 80mg/0.8ml	0.4ml（40mg）	0.8ml（80mg）	1.2ml（120mg）	1.6ml（160mg）	—	—
对乙酰氨基酚婴幼儿溶液 160mg/5ml	1.25ml（40mg）	2.5ml（80mg）	3.75ml（120mg）	5ml（160mg）	7.5ml（240mg）	10ml（320mg）
对乙酰氨基酚混悬液/溶液 160mg/5ml	—	2.5ml（80mg）	3.75ml（120mg）	5ml（160mg）	7.5ml（240mg）	10ml（320mg）
布洛芬婴儿滴剂 50mg/1.25ml	—	1.25ml（50mg）	1.875ml（75mg）	—	—	—
布洛芬儿童溶液 100mg/5ml	—	—	3.75ml（75mg）	5ml（100mg）	7.5ml（150mg）	10ml（200mg）

婴幼儿止痛药说明表

注：①对乙酰氨基酚每4～6个小时服用一次，24小时不超过5次。
②布洛芬每6～8个小时服用一次，24小时不超过3次。

- **疫苗**：接种疫苗能够有效预防耳朵感染，准时带孩子接种所有规定的疫苗，确保孩子注射了专门对付B型流感嗜血杆菌的疫苗、肺炎球菌13价组合疫苗（最新的肺炎球菌疫苗），每年接种流感疫苗。指引建议6个月以上的孩子注射肺炎球菌13价组合疫苗，再配合流感疫苗，能够降低孩子耳朵感染的概率。
- **预防**：有研究数据证明母乳喂养和避免孩子接触香烟能够有效预防孩子耳朵感染。

出牙

孩子出牙时，我唯一推荐使用的药物就是对乙酰氨基酚。口含牙胶和宝宝出牙片都有风险。不久前，美国食品药品监督管理局（FDA）就发布了对海仑（Hyland）公司的出牙片召回要求，召回是源于对出牙片中含有颠茄制剂的担忧。这是一种有毒物质，有可能对宝宝造成系统性影响。目前并不清楚出牙片中颠茄制剂的含量是多少，虽然早就知道里面含有。有些婴儿使用出牙片之后，就出现符合颠茄制剂中毒的症状（改变意识、便秘、皮肤潮红、口干）。顺势疗法药物和治疗方法都是不规范的，因此很难知道它们到底是什么，这一瓶跟接下来的一瓶有什么联系，同一个品牌下面不同的产品又有什么区别。地方和全国有毒物质

怀疑孩子耳朵感染该怎么做？

- 如果担心孩子耳朵感染，去医院请儿科医生对孩子耳朵进行检查。
- 如果医生确诊是耳朵感染，询问医生耳膜外观状况，问耳膜看起来怎么样总是没有错。问问耳膜有没有肿胀、后面有没有脓液、颜色是不是红色。可以要求儿科医生澄清和解释耳朵里流体和感染之间的差异。再结合孩子的症状，这都是后续计划的重要依据。
- 如果观察耳膜确实有困难，可以要求儿科医生先从外面清理耳垢，等会再看。要记住，观察耳膜是决定如何治疗孩子耳朵感染的最重要依据。
- 如果医生说“还是感染初期”或“只是一点点红”或不确定是否感染的时候，考虑避免使用抗生素，建议使用止痛药和支持性护理。
- 如果孩子在 48 ～ 72 小时之后症状没有得到改善，伴随出现其他症状（无论是否使用抗生素治疗），都需要带孩子回医院复诊，重新评估情况。

控制中心以前就知道出牙片中含有微量的颠茄制剂（还可能有咖啡因），但认为是安全的。美国食品药品监督管理局（FDA）发表的声明是这样说的：没有任何临床证据证明出牙片能让使用者受益。出于安全和没有明确效果考虑，我是一直反对使用出牙片。我的孩子，没有用过将来也不会用出牙片。如果你家里有的话，请赶紧丢掉。如果之前有给孩子使用过，也用不着担心，因为不良症状会在使用后即刻出现的。

宝宝出牙的一些真相

- 宝宝一般在 4 ～ 12 个月开始长出第一颗牙，后面陆续长出，一直持续到 24 个月的时候基本长齐，虽然每个宝宝也会不一样。出牙晚也是很常见的（9 个月之后才长第一颗牙），不需要担心。如果宝宝到 12 个月还没有开始长牙，建议带孩子去看牙医做一次常规预防性检查。如果到 14 个月或 15 个月还是没有出牙，就要做一次详细检查（如照 X 光检查牙床是否有萌芽）。
- 流口水并不表示孩子在出牙。不要被爷爷奶奶、邻居或朋友的说法蒙骗了。宝宝在三四个月大的时候就会流口水了，这是宝宝发展到开始用嘴探索世界的结果，而且有助于消化系统发展。在孩子大量流口水之前，一直是用听和看来观察这个世界的，4 个月一到，他们就可以用品尝来探索这个世界了。虽然大量流口水也可能是宝宝在出牙，但并不是宝宝出牙的完美标志。

- 出牙不适比较少见。大部分宝宝在牙齿冒出时没有什么影响，也有些宝宝会觉得不舒服。在办公室里，经常有父母说宝宝出牙的时候不舒服。对有些宝宝来说出牙不舒服是真的，但是并不痛。每个宝宝都是不同的，然而研究显示出牙并不总是伴随着疼痛、流鼻涕、发烧或腹泻。如果你的宝宝出牙的时候发烧，那可能是别的原因导致的（如病毒感染、耳朵感染）。如果宝宝体温超过 37.8℃，而且你觉得宝宝疼痛，不要认为是出牙造成的，要去看医生或者致电给医生寻求帮助。
- 出牙的时候，宝宝都想要咬东西。我经常跟父母说，宝宝出牙就好像牙床发痒一样，这是我在经历过儿子出牙后才知道的，宝宝真的很想磨牙。但是不要误解了宝宝的这种咀嚼行为，并不是疼痛需要用药，也不必缓解孩子想咬的愿望。
- 大多数的孩子都是先出下面正中央的两颗切牙，然后其他的陆续长出来，直到长齐。在宝宝第一颗牙长出后，后面大概一个月长一颗。时间和顺序都很不一样，有些宝宝一个月长一颗牙，有些却是 4 或 6 颗牙一起长出来。
- 出牙常常会让宝宝夜晚醒来。

市面常见出牙药物

1. 出牙片（就像那些被召回的顺势疗法出牙片）：我从不推荐使用，没有明确的证据证明它们有效，为什么要给宝宝使用这种没有明确效果而且可能有副作用的东西呢？说到顺势疗法的药品，“都是可食用的、纯天然的，顺势疗法遵循一种安全的秩序。文化信念、朋友积极的肯定、有效的销售策略再加上良好的愿望形成这样一种印象：这个产品是有效的，有预期效果的。不幸的是，这些顺势疗法的产品通常都没有临床证据来证明它们是有效果的。”而且也不要涂阿司匹林或任何其他药物在孩子的牙床上。
2. 出牙凝胶（一种局部麻醉剂，一般是苯佐卡因，可使牙床麻痹）：例如欧乐或宝宝欧乐。我不喜欢这些。首先，如果你们任何人试过这种感觉，就会觉得非常搞笑，它们会麻痹你的嘴巴，让你觉得麻麻的。而且真的只对表层皮肤起作用，并不能缓解牙床的不舒适，就是牙齿萌出的地方。其次这些凝胶还有可能被宝宝吞下去，有可能会麻痹喉咙，导致宝宝有吞咽困难或窒息症状。

3. 液体止痛药：这是出牙时能够使用的最安全、最有效果的药。我唯一推荐使用的就是对乙酰氨基酚（如泰诺），在此不建议使用布洛芬（我认为风险大于疗效）。

宝宝出牙时，可以使用出牙玩具来缓解不适。如果你觉得孩子疼痛，可以试试使用对乙酰氨基酚止痛。

如何安抚出牙不适症状（不用药物）

1. 出牙玩具：给你那爱咬东西的“小老鼠”找一个摸起来凉凉的，但能经得住咬的东西，例如，一块在冰箱里冰冻 15 ～ 30 分钟的湿毛巾，冰箱中冷藏后的固体出牙环（非液体填充，在被冰箱冻得像石头一样坚硬前拿出来），一块冷的冻面包，你的手指，或一个“可爱”的玩具。如果宝宝已经添加固体食物，可以给他一根冰冻的香蕉或一些莓子。如果孩子 6 ～ 9 个月大，可以给他一个装满冷水的吸管杯慢慢吸，吸管不要太粗。还有，那些液体填充的塑料出牙环，过去几年里被召回过——出于液体里会滋生细菌和可能被孩子咬破的风险考虑，这样一来名声很不好。由于很多父母都不愿意用塑料制品（由于邻苯二甲酸酯/双酚 A 的存在），我建议使用小毛巾或者卷成球的棉袜子给宝宝啃。硅胶或者是乳胶玩具也是不错的选择，我的一个孩子就非常喜欢一个很流行的长颈鹿咬牙。有些宝宝开始出牙的时候也会咬奶嘴来安慰。
2. 手指：可以让宝宝咬你的手指（如果他的牙齿还没有冒出来），也可以用干净的手指按摩宝宝牙床，让他舒服。
3. 按摩：如果是母乳喂养，宝宝不喜欢咬其他玩具，而是比较喜欢咬你的乳头或手臂的话，特别是在哺乳的时候，在宝宝吃奶前，用手指蘸些凉水先给宝宝按摩按摩牙床。

出牙玩具、小毛巾或棉袜子球，每次用过之后都要洗干净。如果宝宝喜欢，让他咬一整天都没有关系的，记住爱咬东西并不表示宝宝痛哦！

小儿 CT 扫描

下面讲述的是儿科 CT 扫描的一些事情。

我看了有关报告说，现在儿童使用 CT 扫描的频率是以前的 5 倍，于是询问了我的丈夫。在美国如此频繁地给儿童使用 CT 扫描，我有些担心这会给孩子带来辐射。一次 CT 扫描，是用一系列 X 光快速连续拍摄身体，形成身体结构影像。

虽然 X 射线和 CT 扫描能够挽救生命提高诊断准确性，但在获得这些资料时，儿童受到的辐射还是要尽量减少。对于辐射，儿童比成年人更敏感，因为他们的身体处在生长发育期。儿科放射学学会提醒说："我们现在所做的会影响他们一生。"下面是西雅图儿童医院放射科医生乔纳森·斯旺森博士写的关于小孩 CT 扫描的文章。

如果我的孩子奥登或芬恩必须要看急诊（ED），我一定会送他去最近的儿童医院，以避免孩子暴露在不必要的高辐射中。这是我自己的偏好：因为我是一名在儿童医院工作的放射科医生，同时，相关研究也支持我的决定。

我的同事大卫·拉尔森（医学博士、生物伦理硕士）在 2011 年的《放射学》杂志上发表过一篇文章，证实了我们儿科医生长期以来的一个猜测——在过去 10 ～ 15 年中，儿童急诊（ED）中使用 CT 扫描的趋势一直在增长。根据他们对 1995—2008 年资料的研究，儿科急诊中 CT 扫描使用次数从 33 万人次增加到了 165 万人次，增加了 5 倍。也就是说，如果现在你的孩子去看急诊，做 CT 扫描的概率要比 1995 年前高 5 倍。让人惊讶的是，老一辈的医生有时会叹息，喃喃自语："物理检查到底怎么了？"

我在研究中还发现：90% 的 CT 扫描是在综合性医院做的，只有 10% 发生在儿童医院。是的，虽然儿童医院不是到处都有，但是我猜一定不止 10% 的家庭容易去儿童医院。我猜想，一些家庭可能会在看完社区医院后才最终选择儿童医院，不管出于何种原因——住得近、急诊等待时间、广告——他们选择了社区医院。

根据研究，综合医院和儿童医院在儿童 CT 扫描使用上都表现出相似的增长速度，所以选择儿童医院也不一定能避免 CT 扫描。但文章指出，我也认可这一点，孩子在综合医院做 CT 扫描的时候，接受的辐射剂量可能要高。

医院放射剂量各不相同

- 拉尔森写道：综合医院的设备有自己的竞争优势，由于儿童体积小，在这样的医院里对儿童做 CT 扫描效果不是那么好。
- 拉尔森等人还引用了 2001 年（皮特森等人）的一项研究，大部分的社区医院在对儿童做 CT 扫描的时候不会特别调整辐射剂量。换句话说，儿童本可以使用低剂量辐射 CT 扫描就能得到与成年人使用完整剂量辐射扫描一样的效果，但社区医院都不倾向去做调整辐射剂量。

- 另外，有研究发现，由小儿放射科医生来监督做 CT 扫描时，他们会常规性地为儿童调整辐射剂量。
- 让小儿放射科医生处在专注于成年人的社区医院里，结果也会大不一样，也不是不可能，毕竟个人会受到整个放射科集体影响。

为什么儿童会在综合性成人医院受到高剂量的辐射？

- 儿童医院有多种舒服的选择，低剂量也能够取得理想的扫描效果。就拿阑尾炎来说，儿童医院会首先使用腹部超声（B 超）进行检查，而超声中电离辐射值是零。如果是去成年人集中的社区医院，首先使用的会是 CT 扫描。为成年人配置的腹部超声仪器用在儿童身上很难得到理想的图像，所以 CT 扫描是更可靠的选择。
- 当使用成年人的设备来检查儿童时，医生常常会觉得不舒服。孩子是急诊室里的稀客，而不是常规病人。以我作为放射科医生的经历来看，如果医生感觉不太好，往往会要求多次检查或者做另外一个检查来取得想要的信息，其中有可能是诊断并不需要的信息。在放射科里，这也可以看作是高于要求辐射剂量的 CT 扫描，因为高剂量可以形成更清晰的扫描图像。我们放射科医生都喜欢更清晰的图像，问题是更清晰的图像并不能提高诊断的准确性。

如果你家附近真的没有儿童医院，在孩子做 CT 扫描的时候，建议你向放射科医生要求调低剂量扫描，避免孩子接受不必要的辐射。Image Gently Web 是一个不错的网站，里面有丰富的资源和有效的工具，可以供社区医院参考用来降低儿童 CT 扫描辐射剂量。

我们小儿放射科医生也需要与社区医院保持紧密合作，帮助社区医院克服障碍降低儿童 CT 扫描辐射剂量。我们也要与 CT 扫描仪厂家合作，希望扫描仪使用成人剂量辐射时不可以扫描儿童。

医生妈妈醒神提点

真相：每天我们都在接触自然界中的辐射。我们乘坐飞机旅行的时候也会受到辐射。每一次跨州飞行受到的自然辐射只有一次常规 X 光胸透的一半。

父母权利：如果你的孩子要接受 CT 扫描，大胆说出你的要求，请求医生使用最低剂量的辐射。

16

溺水：比你想象的更快、更悄无声息

2010年暑假，纽约两名10来岁少年的死亡让我非常震惊。他们并不是死于枪击、车祸，也不是自杀，而是在一个炎热的夏天，就在布朗克斯河上一个非常受欢迎的游泳区里淹死的。我很讨厌看到这样的故事，也非常讨厌听到，憎恨报纸把这样的新闻放头条，这完全是预防不到位的结果。

在诊室里每一天我都会跟病人谈论溺水，以后我要更频繁地说。溺水是导致1～19岁孩子意外身亡的第二大原因。在美国，大部分溺水事件发生在夏季，此时户外非常炎热，湖泊、小河和水塘就变得非常有吸引力，即使对那些不会游泳的人也是如此。

我经常跟家里有婴幼儿的父母亲说溺水事件，提醒他们注意，以后我要多花些时间提醒那些家里有青少年的父母。我一直在强调要注意吸毒、性早熟和摇滚乐，这两位少年的死亡让我耿耿于怀。

溺水，并不是你想的那样。溺水者不会在水里不断挣扎以引起注意，他们既没有大声呼救，也不会激起水花引人注目，更没有任何大动作，跟电影里的场景完全不一样。

真的，实际情况真的不像那样。

一个蹒跚学步的孩子迷失了，滑入水里，会非常平静。没有任何吵闹声，没有气泡，也没有水花。

一个青少年也不能将下巴保持在水面多长时间，随后就会被淹没，慢慢地沉入湖底，也是悄无声息的。

所有这一切直到家人或朋友意识到，才会有真正的嘈杂声。

孩子如果在水里，我们要确保孩子一直在视线里。说到10来岁的青少年的风险——如果他们在游泳时喝酒的话（游泳的时候喝酒，风险急剧增加）——一定要禁止游泳时喝酒，这样也许你和我就可以阻止死亡。有些事情我们可能从来都不知道自己曾经做过，这就是预防的魅力——就好像给了世人一笔匿名的捐款。

- 小孩常常淹死在游泳池里，即使是从超市买回来的小小的充气游泳池也有可能，而且我们很多人都有这样的游泳池。
- 青少年溺水更多是在湖泊和河水里。
- 溺水本能反应不像我们想象的那样，真正的溺水者是不会乱动的，在旁人看来就好像是站在水中，看起来并不像要快被淹死了，通常他们不能挥手向你求救。年幼的孩子可能连话都来不及想说就溺水了。
- 1 ～ 4 岁的孩子最容易发生溺水事件。如果孩子在水中时，千万不要让视线离开他们，即使是小水池也一样。

医生妈妈醒神提点

链接：阅读这篇由马里奥·维托内写的文章，从一个令人难以置信的角度描写了溺水，标题为“溺水看起来不像溺水”，参见 http://bit.ly/mdm-SilentDrowning.

真相：溺水并不像你想的那么少见。2008 年，美国共有 745 名小于 14 岁的孩子溺亡，而且 84% 的孩子是淹死在家里。

小贴士：如果家里有男孩，要确保安全措施到位，男孩发生溺水事件的概率是女孩的两倍。

17

我为什么讨厌充气城堡

我讨厌充气城堡，真的，我确实不喜欢它们——当孩子在里面玩耍的时候，我总是觉得不舒服，紧张到肚子痛。充气城堡给我带来了育儿困惑。当我自己在充气城堡里的时候，我的心跳加速到 160 次 / 分，血压绝对会升高到 150/90。当孩子们在里面蹦蹦跳跳的时候，我身体内部会有一种不舒服的、类似高空飞行时的反应，这也是父母的本能。我一直都在尽职尽责地照顾孩子们，虽然也想说我其实也不讨厌充气城堡，也希望像其他妈妈那样平静，在外面聊聊天，而让孩子们在色彩鲜艳的、超级大的气球里面自由欢欣地尖叫。

我知道这完全是不正常的。很多医生也喜欢充气城堡，我有很多医生朋友都会在充气城堡里为孩子们举办生日聚会。一位小儿急诊科的同事不久前就跟我说她非常喜欢带她儿子去充气城堡玩。当她跟我说的时候，声音非常平静，于是我就有些嫉妒了，我也想让孩子们开开心心地在里面玩，而我却不会被紧张担忧折磨。但是当奥登或芬恩在城堡里的时候，其他大一些的孩子跳得很高，身体像飞起来一样，我就开始担心了，这种感觉好像怎么也无法抹去。当收到在充气城堡举行生日聚会邀请，同时还说明对于孩子玩耍时受伤或死亡不负责任的时候，你就知道了……

这就是父母背后担忧的问题。当然，男孩子们毫无理由地、绝对真心地喜欢充气城堡，但麻烦的是我对它们有偏见。我曾经治疗过在蹦床上和充气城堡受伤的孩子。还记得我当住院实习医生时，一名导师就坚决不让孩子玩蹦床。我的丈夫一直在见证着孩子们在蹦床上受伤或骨折。还有就是，年幼的孩子还不懂得判断和调整自己的节奏，不会跟其他大孩子一起蹦跳。并不是我想让孩子们生活在一个与世隔绝的真空里，而是在蹦床上摔断脖子的画面不断地浮现在我的脑海里，刺激着我要做一个“直升机妈妈”（指像直升机一样无时无刻监管孩子的妈妈。——译者注）。“让孩子们做孩子吧，妈妈，歇歇了！”这样好吗？不幸的是内心却这样回答：我真的不喜欢充气城堡。

最大的麻烦在于，孩子在充气城堡里受伤的统计数据也证实了我的担忧。然

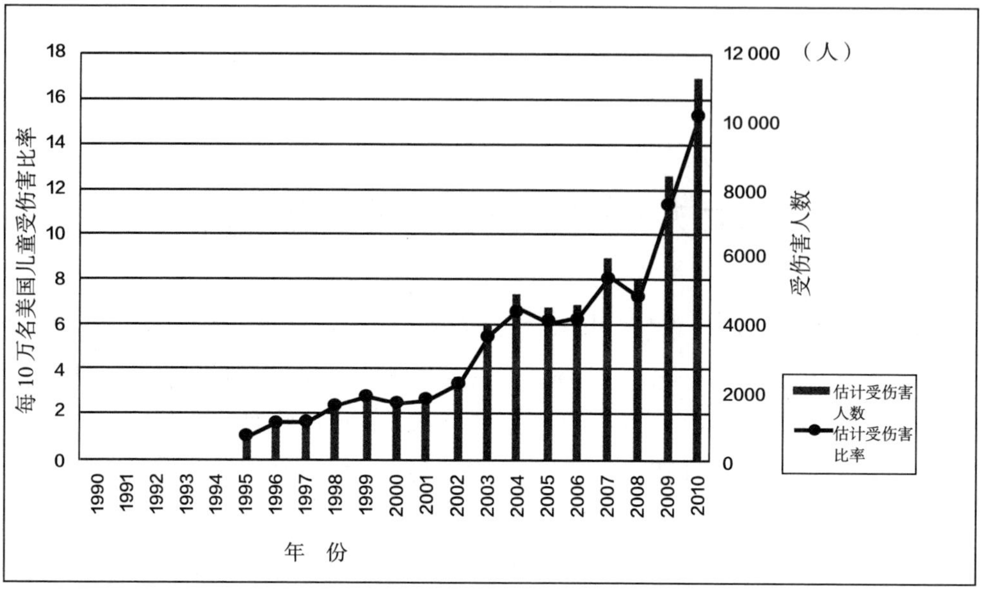

注：估计每年与充气蹦床有关的受伤比率，根据美国医院急诊科接受治疗的每10万名受伤儿童中来计算，数据时间为1990—2010年。1990—1994年，每年估计受伤率和受伤人数没有计算，因为这几年中受伤人数都小于20人，使得估计不准确。资料来源：2010年《儿科学》（*Pediatrics*）杂志。

而，在孩子们玩充气城堡这件事上，最终我妥协了，定下了新规矩。我待在家，不跟着他们出去。这样对大家都好。

从1990年到2010年这20年间，有近6.5万名儿童在充气城堡里受伤住院治疗，而且时间越近，受伤率越高。在2008年到2010年这两年的时间里，充气城堡里受伤率增加了两倍，最新的数据显示目前在美国每天都有31名孩子躺在急诊室里接受治疗，就是因为玩充气城堡受伤的。

最近在西雅图有一间欢乐聚会充气城堡屋申请破产保护，就是因为官司诉讼。虽然这一行业目前发展还不错，但是前景却仍然有些暗淡。

你不可能像我那样讨厌充气城堡，那就带孩子们好好去玩吧！下面有一些保护孩子的小技巧。

五条规则，最大化地保护孩子在充气城堡中的安全

- **提前制订玩耍规则**。跟孩子们说清楚，一旦犯规，就要取消玩耍城堡的权利。
- **年龄范围**。建议小于6岁的孩子不玩蹦床。对于充气城堡，我也不清楚年龄界限，但是我认为学龄前的孩子最好不玩。然而现实中很多幼儿园的孩子都在充气城堡中举办聚会，这就有问题了。年幼的孩子协调性发展得还不是很

好，缺乏保护自己的判断和技巧，在充气城堡里的时候，他们需要监督，需要大人对他们的行为及时反馈。所以好好看着孩子，让他们知道你在意他们的每一个选择；如果孩子玩累了，让他们好好休息。

- **尽量让孩子单独跳，或者跟年龄、体型差不多的孩子一起跳。**蹦床上有 10% 的受伤是碰撞导致的，特别是在公共场所、大型充气城堡中更容易受伤！尽量避免小孩子和更大的孩子或成年人一起玩，因为体重的差异，他们的弹跳幅度不同，体重轻的孩子很容易被反弹失去自我控制，从而发生碰撞，这就让人非常担忧。
- **别和孩子一起蹦蹦跳（观点如上）。**如果你进入充气城堡中，需要在旁边观看孩子。要记住，即使你就站在旁边也不能完全保证孩子免受伤害（有 50% 的伤害是大人在场的），但是你的出现，对孩子来说会是很大的帮助，可以让孩子遵守规则，明白为什么你要在背后。
- **注意充气城堡的门，要小心开关。**孩子非常容易在门的附近跌倒或者受伤，因为孩子们喜欢在那里来来回回地跑。

18

关于肠胃炎的 7 个事实

肠胃炎是一种很讨厌的病，很容易从学校带回家里。作为一名儿科医生妈妈，下面分享我知道的关于肠胃炎的 7 个事实和应对的小秘诀。这样，当胃肠感冒袭击你家时，你会更有信心应对。

1. **洗手**并保持干净是抵御肠胃炎的最好方法。不要惊讶，在你接触拥抱孩子或者是为孩子准备食物的时候，尤其要注意。一些病毒能在我们身体表面存活好几天。有些病毒，如引起肠胃感冒（病毒性的肠胃炎）的诺如病毒，用洗手液不能杀死，必须使用肥皂和流动的清水才能洗干净。虽然有些可笑，但也要认真注意卫生。每位家长都知道，孩子呕吐的时候呕吐物可能会喷射出来，很难控制每一个漂浮颗粒，所以尽量做好就行了。安顿好孩子之后，要立刻更换床单，清洁呕吐区域，温热的肥皂水是非常有用的，可以用来清洗床单表面，然后再用热水洗，随后高温烘干。
2. **24 小时（左右）：**一般而言，大部分儿科医生会告诉你呕吐不超过 24 小时是典型的胃肠炎。偶尔也有例外，很多孩子并不遵守这条规律。一旦病毒进入孩子体内造成胃肠炎，呕吐就会开始。孩子比成年人更容易呕吐，我还真不知道这是为什么，部分原因可能是简单的呕吐反射。大多数由病毒导致的“胃肠感冒”，当感染从胃部下行移动到肠道后，呕吐一般会在 24 小时后停止。但也不总是如此，如果你给孩子喝水过快或者吃东西过多，可能是一两天后的某一餐，孩子还可能会呕吐。如果出现上面这种情况，请小口喂孩子喝水，慢慢增加食量。如果孩子呕吐在 24 小时后还加剧，请与孩子的医生联系。
3. **恶心和害怕：**照顾呕吐的孩子会让你觉得害怕和恶心。这不仅仅是因为你要清除孩子吐到地毯上、床单上、衣服上那些恶心的呕吐物，而且还要安慰呕吐的孩子，害怕自己也会被传染上同样的病毒。此刻，你并不是孤身一人，看见自己的孩子生病、不舒服、干呕绝对是让人非常难受的。想象一下都觉得可怕：要好好照顾生病的孩子，但又担心自己也可能染上这难受的病毒。所以尽量勤洗手，让爱一直延续。我们大家都知道，当夜里3点清除了一大堆呕吐物的时候，也可能就是情况好转的开始。

4. **药物：**孩子肠胃炎的康复很少需要用到药物。虽然可以给孩子用一些抗恶心的药物，但大部分的孩子是不需要用药的。如果孩子呕吐超过24小时而且开始脱水，请打电话给儿科医生。记住，呕吐是孩子的身体在进行自我保护，是在清除感染。
5. **肥皂、水和漂白剂：**"肥皂、水和基本常识是最好的消毒剂。"把家里打扫得干干净净是避免传染的必要措施，并不需要什么昂贵产品，只需要有警觉意识。一些传染性高的病毒会导致呕吐，只要有10个这样的小粒子进入体内就能致病。所以多使用肥皂和水，有时候还可以用消毒剂来清洁家居用品。
6. **侦查工作：**有时候你永远不知道病毒来自哪里，但这并不能阻止你去追寻它的来源。真的，有时候我经常幻想病毒小分子是如何进入孩子体内的，我真想回到那一刻，我就能阻止病毒进入，阻止这些捣乱的小坏蛋。然而事实上，一切都是徒劳的。
7. **甜蜜黏人时光：**这是可怕胃肠炎的一个意外收获，这也让我们面对生活更加乐观。当孩子生病时，他们会表示只需要父母，而不是地球上的任何其他东西。我的朋友克莱尔博士是这样形容这一刻的："真是有魔力哦！"我完全同意——亲密在疾病中剧增。在我的孩子奥登呕吐的时候，我会取笑他为"黏黏鬼"，他简直离不开我，一直黏在我身边，真是神奇。

胃肠炎孩子康复期间喂养要点

- 呕吐之后，孩子喝水、喝汤都要慢慢来。不要相信3岁的孩子知道怎么慢慢喝水，一次只给一小口，开始可以是清淡的，加了少许糖的电解质溶液、水、汤或少量橙汁。开始10分钟一小口，或者是1小时100毫升左右。
- 在孩子可以小口喝水6个小时后，可以适当增加一些温和柔软的固体食物，如咸味小薄饼、面包、面条或米饭，不要吃油腻的食物。如果正常吃饭之后没有问题，可以慢慢增加食物品种和数量。记住要慢慢增加孩子的饮食，直到恢复正常。呕吐再次发生也是有可能的，所以要小心照顾，没有必要给孩子断牛奶，我从来不这样做。
- 对于婴儿，母乳和配方奶粉是最佳食物。大部分情况下都不需要添加果汁或电解质溶液。

什么时候要去看医生？

如果发现孩子哭的时候眼泪很少或是尿量明显减少，孩子皮肤干裂或口干舌燥，就要担心孩子脱水，请联系医生或者带孩子去医院。

如果孩子发高烧，有不正常的疼痛，或超过一天没有喝水，必须尽快去看医生。相信自己的直觉，跟医生随时保持联络。

医生妈妈醒神提点

小贴士：引起“胃肠感冒”的诺如病毒最主要的传播途径就是被污染的食物。生病或者“胃肠感冒”痊愈后3天之内不要为孩子准备食物。

小贴士：消毒方法：使用15～20汤匙消毒剂和4升水混合，用稀释后的消毒水清洁卧室、柜子和玩具。不要犹豫，消毒水要用到你和孩子康复后，因为孩子便便中可能仍然有一些传染性极高的病毒。使用最长时间的程序清洗所有的衣服，再用高温烘干机烘干，进一步杀死可能残存的病毒。

父母权利：当孩子和你都生病的时候，小口慢饮来保持需要的水分。不要一开始就给孩子吸管杯或者一大瓶水，建议使用小汤勺。

19

学骑自行车

好奇通常伴随着恐惧。当芬恩 5 岁的时候，一个假日周末，他得到了一辆崭新的自行车。对于我来说，开始时满怀信心的恐惧和担忧，慢慢才转化为发自内心的自豪。对于芬恩来说，这表示他翻开了人生的新篇章——童年时光正式开始了！他将抛弃骑了一年的儿童自行车，开始骑真正的自行车了。这是一辆理想的自行车，金属车身、大轮子、蓝色油漆闪闪发亮，前轮甚至可以离地，骑上它上路、去公园都不成问题。当他骑上这辆崭新的自行车时，可以看出他虽然会有些恐慌，但更多的还是兴奋。他使劲蹬脚踏板的时候，你能感觉到他好像在飞。让孩子张开翅膀飞翔是父母的义务和乐趣，但是，对于我来说，却是恐惧、紧张和高兴并存，虽然新自行车让我的小男孩一瞬间就长大了，但对于芬恩来说，这辆自行车还是太大了。

有时候我认为我的担忧是来自我的工作。我看到过也一直在见证着很多孩子骑自行车受伤。我猜测是我的见证，对孩子们的照顾治疗，还有和他们父母一起难受的经历让我变得如此敏感。我必须说，我根本就没有想到当他决定去买新自

行车时我会变得如此脆弱。在星期六下午我们前往自行车店的时候，我不知道我是如何跨过这道坎的。

下班后，我喜欢和孩子们一起去附近的公园里消磨时光，我们漫步在小路上，骑行在巨大的蓝色天幕下。在太阳投下它最后几缕斜斜的光线时，雷尼尔山的阴影慢慢笼罩在我们身上，在寂静的灌木丛中我们开始打喷嚏，天有些凉了。我们停下来，把自行车放在路边，开始玩捉迷藏的游戏，或孩子们在草地上打滚。这就是我们的快乐时光。伴随着我对自行车与日俱增的喜爱，我越来越相信这是一个豪华的新篇章（孩子们骑自行车），拓宽了我们的活动范围，开拓了我们的视野，更是激发了孩子们蕴藏的潜能。前面还有更多新地方在等着我们呢！

一个新时代——眨眼间我就有了一个这么大的男孩，这么宽广的道路，这么好的时机。我的脑子里想的全部都是对孩子们好的事情，虽然这也让我的心提到了嗓子眼里。

为了让这人生的新篇章顺利地一页一页翻下去，我必须说说安全头盔。安全有效的保护措施能够降低像我这样的“直升机妈妈”的焦虑和担忧。首次让两个孩子骑自行车让我恐慌不已，而安全头盔则是像我这样的妈妈的最佳选择。

每年都有发生孩子骑自行车严重受伤的事件，我们大家都知道的一件事情就是出去要为孩子们戴安全头盔，更重要的事情是要确保头盔合适。这并不像你想得那么简单，不合适的头盔随时会给孩子造成危害，所以不要拿邻居做例子。

给孩子挑头盔，要像妈妈们给自己挑文胸一样，戴起来需要确保每个部位都舒适，例如，带子既不能太紧也不能太松。

合适的自行车头盔

- **时间：**推出自行车前，戴上头盔。脚开始蹬，使劲一踩就出了大门，这个时候不存在任何紧迫感，你有时间把头盔调整合适。更好的做法是，在家里跟孩子们一起戴好，然后再展示成果，比比谁戴得最好。
- **眼睛：**没有镜子，孩子也要能看见头盔。戴上头盔后，确保孩子舒服，视线不会受阻。头盔要方方正正地戴在头顶上，在眉毛两个手指距离之上。一定要让头盔盖住孩子的前额，要让头盔像个头盔，不要戴成像一个棒球帽或者圆顶小帽子。如果头盔没有罩住前额，当孩子向前跌倒的时候，前额就没有保护容易受到伤害（安全头盔就完全没起到作用）。

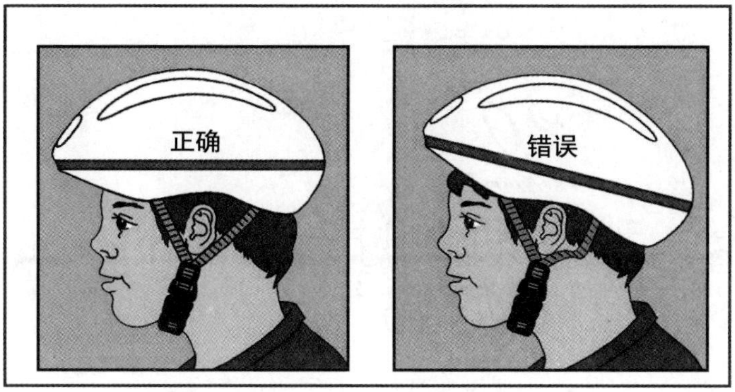

- **耳朵**：孩子的耳朵应该处在Y字形带子的正中间，我想这可能是调整安全头盔最难的一部分了，因为你需要从各个方向来调整头盔带子。慢慢来不要着急，如果需要的话可以重新来。确保孩子的耳朵是在Y字形带子的开口上，带子紧贴孩子脸部。
- **嘴巴 / 下颚**：虽然固定Y字形带子对你来说是最难的一部分，但是对于孩子来说，最不舒服的可能是下巴的带子了。你需要把下巴的带子紧紧扣住，确保头盔能稳稳地戴在头上，可以好好保护孩子的头部。嘴巴闭着的时候，下巴和带子间要留有一个手指宽的距离，这样当孩子张开嘴尖叫、大喊或咀嚼的时候，会微微地拉紧顶上的头盔。注意带子也不能扣得太紧，不能戴过之后皮肤上出现痕迹。

医生妈妈醒神提点

小贴士：自行车头盔上的CPSC（美国消费品安全协会）贴纸表示已经通过安全认证，对于骑自行车是安全的，但并不适用于滑冰、溜滑轮或滑板运动（需要ASTM，也就是美国材料与试验协会的认证）。如果你的孩子要戴着它参加各种运动，请购买拥有双重安全认证贴纸的头盔。

事实：佩戴安全头盔骑自行车或电动车，可以减少80%以上的事故伤害。

小贴士：在公园和游乐场要摘下头盔。带子很容易被其他东西钩住或卡住造成孩子窒息或者呼吸困难。

20

涉及安全，我必须做时刻监管的“直升机妈妈”

当我们把芬恩自行车上的辅助轮取下来的时候，我还是有些紧张。别担心，其实芬恩已经不需要辅助轮了，在他还骑带辅助轮的自行车时，他就学会了如何平衡两个轮子的自行车，就在还是小小孩玩那种有辅助轮自行车时。但不知道为什么，他还是想继续拥有它们，而且认为如果继续使用它们他会更快乐，但问题是，如果让他一直骑有辅助轮的自行车，到时候就很难说服他不需要了。然而让我去拧松取下它们也有些困难。一天我们终于决定要把辅助轮卸下来了，记忆中的那天是这样的：明媚的阳光照耀在西雅图的大地上，这个夏天就只剩下最后两天了。孩子的爸爸说，是时候不再需要辅助轮了。就在他爸爸用扳手拧螺丝的时候，我和芬恩在旁边等得好紧张。

就像我说过的那样，我害怕这样的单车，害怕过快的速度，害怕失去控制权——无法再控制我的小男孩免受摔倒的伤害了，更害怕面对这个巨大的变化，他可以骑着自行车独自离开家了。有时候这样一辆自行车更像是一个成长的标志，就像我允许他长大了，而我只能拖着双腿在后面追他了。

我知道任何事情都有两面性，孩子受伤也不例外——可以从错误中学习，见证不专注的后果，还有可能就是摔破膝盖，见证童年的活跃。对于医生来说一切都好像很简单，但是对于妈妈来说却是那么难。

直升机妈妈，那还用说！至少有时候我就是这样的。

我真的不在乎你们怎么称呼我（好了，其实还是有些介意的）。但是我讨厌别人对父母的养育风格和决策方式贴标签，特别是在研究领域。我很讨厌2011年媒体闪电战的那次风险研究，里面把潜在危险描述成“直升机父母”和肥胖。我的意思是，这样的分类对大家并没有任何好处。有时候我确实是直升机妈妈，但下一刻可能就是漫不经心放养的妈妈了，今天可能是亲密无比的妈妈，明晚就是大声咆哮的妈妈。

但是一旦涉及安全问题，就算我们一直盘旋在孩子头顶也还是不够。孩子们确实需要从错误中学习，学会自我保护，但是注意不要让孩子跌得伤筋动骨，而我也是一直这样做的。随着孩子渐渐长大，对伤害要防范的范围也越来越广。还记得曾经在“青少年医生”上读过一篇博客是这样说的：把你的手放在电脑上，然后看着事故发生；这是描述在教青少年开车时候的危险和恐怖。谢天谢地，我还有 11 年的时间来准备，希望以后能更从容地面对这些事情。

21

了解婴儿猝死综合征的风险

关于降低婴儿猝死综合征和婴儿不明原因突然死亡的风险。2012 年的《儿科学》(*Pediatrics*)杂志发表一项研究，有了最新研究成果，综合分析了所有相关的风险因素——减少这些风险因素可以减低猝死综合征的死亡数量。这对避免多发或同时发生 SIDS(婴儿猝死综合征)的风险造成的婴儿非常有用，尤其是那些还受到家族史、遗传、早产、产前暴露等因素影响的小宝宝。而且，就在研究发表的那一年，美国公共卫生杂志也证实了睡眠环境(同睡、床垫过软、与成年人或宠物同睡)直接影响婴儿猝死综合征的发生。

发生婴儿猝死综合征时，70% 的婴儿不是睡在婴儿床上，而是睡在不适合婴儿睡觉的地方(如大人床、沙发、椅子)，其中 64% 是同睡造成的，而且有超过一半是与大人同睡。我们可以控制婴儿的睡眠环境来降低猝死发生的风险。1 岁以内，都要让宝宝仰睡，床上也不要有柔软的用品(床围、枕头、毯子)。

三重风险模型图很好地解释汇集了各种风险，也提醒了父母亲哪些是可以控制的因素。

2012 年的这项研究结果，是在分析不同风险因素和不同风险类型中得出来的。它使用的是作者说的三重风险模型图，阐述的是婴儿突然死亡的原因，我们认为死亡原因来自三个不同方面。

了解婴儿猝死综合征的三重风险模型

生长的关键期

不足 2 个月

2 ～ 4 个月

外部风险	**内部风险**
睡眠姿势	遗传因素
柔软的床上用品	早产儿
盖住脸	男婴
与大人同床	产期暴露
过多束缚	香烟、酒精

第一是家族历史、遗传或产前暴露。例如，我们大家都知道，妈妈孕期处于香烟和酒精环境中、家族有猝死历史、早产且是男婴，这些婴儿发生猝死（SIDS）的概率要更高。

第二是年龄段。我们知道婴儿的年龄也是发生风险的重要因素。要知道，我们只会把婴儿出生到1岁之间发生的不明死亡叫作婴儿猝死综合征（SIDS），而且最容易发生婴儿猝死综合征的关键时期——一般是1～4个月之间。我们希望家长要特别注意这个年龄段的宝宝。

第三就是外部因素或者说是环境因素风险。这些就包括宝宝睡觉的地方，上面有什么东西，是否有人在床上或谁陪着宝宝？床上有没有毯子？宝宝是不是仰睡？宝宝有没有含着安慰奶嘴？

这些研究证实把这些风险因素汇总归结成3大类能够更好地帮助我们理解和降低发生婴儿猝死综合征（SIDS）。我们知道自从让宝宝仰睡后，每年死于猝死综合征的婴儿减少了50%，这是非常惊人的。但是我们想知道的是如何才能进一步地减少死亡风险。

2012年的研究发现，那些死于婴儿猝死综合征的婴儿中有90%至少处于一个风险因素中。超过一半的至少有两个外部风险因素和一个内部风险因素；只有5%是完全没有任何风险因素的。这说明发生婴儿猝死综合征的孩子有95%是处于一个不安全的睡眠环境中。因而我们父母亲要做的就是控制婴儿的睡眠环境，尽量减少风险因素，避免发生猝死。

降低婴儿猝死综合征风险，父母能做什么：

- 让宝宝仰睡在光光的婴儿床上。
- 如果宝宝喜欢，就让宝宝含着安慰奶嘴。
- 确保床上没有柔软的用品——没有床围（包括网状围栏）、枕头、毛绒玩具、松软的毯子。
- 保证屋子里没有人吸烟。
- 如果是同睡，保证宝宝这边没有软软的物品，尽量不要父母同时与宝宝同睡（如果同睡，不要超过一个大人），尽量让床保持干净，给宝宝留一个单独的环境。

温迪微语

不建议使用宝宝监控器来追踪宝宝的呼吸，没有证据表明这样能预防婴儿猝死综合征。很多的趣事显示，这只是表现出了父母亲的焦虑。

22

为什么不用定型枕

我不喜欢婴儿定型枕，它们既不安全也不实用。如果你家里有或有朋友亲戚正在使用它，赶快丢掉吧，丢到垃圾桶去，扔得远远的，或撕成碎片不要再用了！很少有这样的事情，把东西丢到垃圾场，会让你感觉良好。

在实际生活中，我甚至不知道世界上还有定型枕这种东西。当很多父母亲告诉我他们在用定型枕的时候，我非常惊讶。我们被厂商引导相信定型枕能赋予宝宝更安全的睡眠，能让婴儿保持仰睡。1994 年以来，仰睡运动已经让父母们提高了警觉，都知道要让婴儿仰睡了。就在儿子出生后，看着超市货架上那一排排的奶瓶、婴儿床单、价格昂贵的硅胶奶嘴和溢乳垫，我终于知道为什么父母会如此迷惑了。

当被问到如何营造一个安全的婴儿睡眠环境的时候，我总是回答："简单、光秃秃、满足基本要求。"

在婴儿睡眠这一块，我发现了很多专门为此设计的产品，但是我却不建议使用，从来不推荐，如睡眠定型枕、头部固定器、婴儿床的软毯子、围栏和毛绒填充玩具。那么多的产品却违背了我在学校和医院里学的儿科知识理论，就像我们生活里或医学方面的其他事情一样，少即是多。当被问到如何营造一个安全的婴儿睡眠环境的时候，我总是回答："简单、光秃秃、满足基本要求。"

2011 年，美国儿科学会更新了一份预防婴儿猝死综合征（SIDS）的指南。就在美国消费品安全委员会和食品药品管理局发出警告之后，美国儿科学会又重申了定型枕的危险之处。即使定型枕明明违背了安全规则和医学建议，厂家仍然让其上市销售。这是为什么呢?

恐惧。很多专门为婴儿睡眠设计的产品，更多的是瞄准了父母亲对于婴儿猝死综合征（SIDS）的恐惧。老实说，这也是针对我们大部分人。像婴儿睡眠定型枕这样的产品，号称能让宝宝保持仰睡，其实完全违背了我们所知道的保护婴儿避免不明原因死亡或预防婴儿猝死综合征的医学常识。

坏消息是婴儿猝死综合征虽然极少，但仍然是新生儿期间的头号杀手。

好消息就是在过去的 15 年里，由于儿科医生和公益人士的大力宣传要让婴儿仰睡，使得婴儿猝死综合征的发生率减少一半。丢掉定型枕就是一个变化，一个可以防止可避免死亡的新变化。定型枕通常都是由柔软的床上用品材料做成的。简单，就是婴儿床上没有任何装饰，只有固定的床垫，这样才是完美的婴儿睡眠环境。

简单，光秃秃，满足基本需要，这样才是最好的。

在你出院回家时，需要的东西不多：母乳（配方奶粉）、光光的婴儿床或摇篮（床垫固定）、尿布和湿巾、几套衣服、一张薄毯子。还有最重要的非物质形式的爱，这是自然而然的。

婴儿猝死综合征（SIDS）发生的原因我们还了解不多。下面的信息不是为了恐吓你，而是为了帮助你尽量减少风险。

如何预防婴儿猝死综合征

- **睡姿：**总是要让宝宝仰睡。要知道 20 世纪 90 年代医生建议仰睡后，婴儿猝死综合征（SIDS）的发生率降低了一半。毫无疑问，一直要让宝宝仰睡。如果一开始让宝宝仰睡，但他后面自己翻转了，没有必要重新调整睡姿。
- **人员：**告诉奶奶、看护、保姆和那些会帮助你照看孩子的朋友：要让宝宝仰睡。一直保持仰睡的孩子，突然由不同的照顾者让其趴着睡的话，发生婴儿猝死综合征的概率会大大提高。
- **床上用品：**宝宝一岁以内，避免使用过于柔软的用品，包括定型枕、头部固定器、床围、毛绒玩具、厚毯子和枕头等类似的东西。如果你有任何疑问或想澄清什么，请跟儿科医生说。保持简单、光秃秃、满足基本需求的原则。
- **生活方式：**如果父母中有人吸烟，婴儿发生猝死的概率也会高。避免在孩子面前吸烟，帮助爱人戒烟，孩子是一个最好的理由。
- **安慰奶嘴：**安慰奶嘴能降低发生婴儿猝死综合征（SIDS）的可能性（这个建议背后的依据还有争议）。如果宝宝有一个月大了，喂饱奶之后，可以给他一个安慰奶嘴。如果安慰奶嘴在夜晚从宝宝嘴里掉了出来，也没有必要再塞回去了，好好睡觉吧！
- **温度：**家里面有宝宝，不要把温度调得过高或过低。宝宝睡觉最舒适的温度是 18.3 ～ 20℃。最新的研究显示使用风扇（不要对着宝宝吹）可以加快空气流通，提高室内空气质量。夏天的时候，要保持屋子里凉爽，可以使用循环风扇保持房间舒适。

- **地点**：美国儿科学会建议宝宝睡在自己的婴儿床或摇篮上，6 个月以内的婴儿床或摇篮需要放置在父母卧室里。这样夜晚喂奶也更方便（来回方便）。
- **告知**：了解相关知识，这样你就不会犯假设性的错误和增加忧虑。与人分享知识。

医生妈妈醒神提点

事实：婴儿猝死综合征很少见，但是在有家族史或者父母吸烟的家庭中要常见些。通常发生在宝宝 2 ～ 4 个月大的时候，90% 以上的事件是发生在宝宝 6 个月之内。

小贴士：使用光秃秃的婴儿床，小心谨慎，让宝宝仰睡，一直到 1 岁。

小贴士：不建议使用任何形式的床围，包括网状的。这个有安全隐患，而且没有任何好处。

23

安全座椅

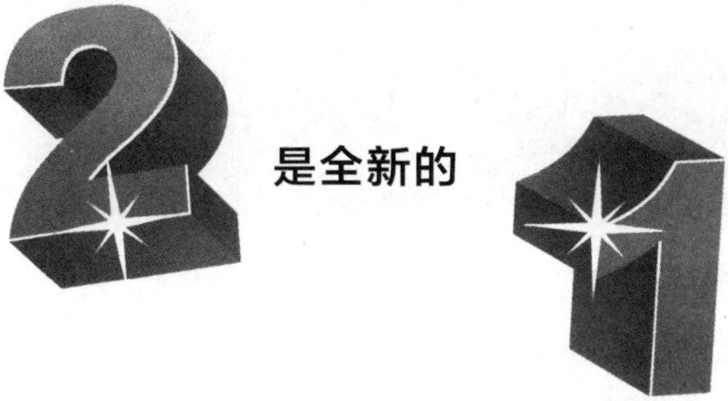

事情有点类似于“棕色是一种崭新的黑色”，但是又有所不同，这个更重要。2 岁才是一个全新的开始，这个时候宝宝会走了，而且至少有 20 磅重了，也会常常坐在车里。

尽管我们一再要求父母使用背向式安全座椅直到孩子 2 岁，但是调查发现很多父母在孩子不到 2 岁时就换成了面向前的座椅。

仔细听好而且要与朋友分享，向着屋顶大声叫喊吧！因为故事里既有好消息也有坏消息。

> **汽车行驶过程中，如果孩子使用背向式安全座椅，你的小宝贝遭遇车祸死亡或者严重伤害的可能性会降低 75%。**

当然是先说坏消息——不建议给 1 岁左右的孩子使用面向前的五点式汽车安全座椅，至少 2 岁时才可以使用。是的，我知道，你之前的孩子都是这样过来的，我也是这样的。我也不知道还有什么更好的理由来解释，社会一直在进化，科技也在进步，又有新的发现出来，现在我们知道了面向前的安全座椅对于 1 岁左右的孩子并不是最佳选择。

继续给 1 岁多的孩子使用背向式的安全座椅。如果你的孩子 15 个月大了，孩子的安全座椅是向着前面的，那么赶快上车去调整，把座椅朝着后面。让那种想与你 15 个月大的孩子在后视镜中击掌的想法赶快消失吧！

很惊讶吧！

最新的指南建议所有的孩子乘车都要面向后方，直到2岁，即使孩子们的腿会踢到后排的座椅。在这一阶段，孩子面部向后的安全性是向前的5倍。美国儿科学会会士、医学博士玛丽莲·布尔带领她的研究团队完成了相关研究，而且美国儿科学会也给出这样的建议。她说，从有记录以来，如果孩子面部向后，我们很少看到有脊柱受伤的案例。她还说道："我们可能会看到头部受伤或其他部位受伤的案例，但是严重伤害的案例大部分发生在孩子面部向前的时候。"为了证实这个结论，她还使用了美国国家公路交通安全管理局在1988—2003年对于交通事故中造成2岁以内儿童伤亡的统计数据来分析。

接下来是好消息：在孩子12～24个月期间，使用背向式安全座椅，假如遭遇车祸，儿童的安全性是使用面朝前座椅的5倍。

5倍的安全，减少75%的死亡或严重伤害的可能性。

把孩子转过来吧，有脑子的人都知道怎么做了，固执坚持的人也没有几个了吧！

一些科学和理论基础

- 当急速刹车或车辆发生撞击时，由于惯性，身体会以汽车行驶的速度向前飞行。这听起来像是高中的数学题，是吧！婴幼儿由于头部巨大，而与身体比例不协调，当汽车减速慢下来的时候，孩子的头部却继续向前迅速移动，身体却在汽车安全带里停了下来，这样会使孩子的颈椎和脖子处于严重伤害的风险中。

- 使用背向式座椅，头部、颈部和整个身体可以同时吸收冲击。背向式座椅可以预防孩子颈部受伤导致瘫痪。

所以前面几年我们都说错了，让 1 岁或体重 20 磅的孩子使用面部向前的安全座椅是错误的。

2 岁才是一个真正的新起点。

医生妈妈醒神提点

小贴士：不要着急，如果一个背向式座椅使用了 3 年或 5 年，孩子愿意坐，即使腿踢到后排座椅，也没有必要换成面部向前的。因为背向式座椅能让孩子更安全。

事实：每次为孩子更换汽车座椅——从婴儿座椅，到增高座椅，到汽车后排，再到 13 岁时能坐汽车副驾驶——都是在减少防护措施。

父母特权：如果你担心孩子的汽车安全座椅不匹配你的汽车，可以先做一个安全座椅检测。这个网站 www.seatcheck.org 可以告诉你最近的检测站。

小贴士：这个是由我的朋友、美国儿科学会会士阿莱娜·莱文博士提供的：在墙上 1.45 米高的地方做一个标记，孩子的身高在这个高度才可以不使用增高安全座椅，直接坐后排座位。孩子慢慢长大，进入学校，他要求不用增高座椅，你可以这样问他说：“你有那么高了吗？”

24

优先考虑睡眠

我很好奇——我们能优先考虑睡眠吗？我是认真的，我们有真正重视过睡眠吗？睡眠是人类生活中非常重要的一部分，虽然不像其他东西（如食物、锻炼、氧气和房子）的重要性那么明显，起码在我们熟睡的时候，就没有人来给我们的睡眠打分。拿一个11岁的孩子来说，人们会表扬孩子取得的成绩，却不怎么关注他的自我保护技巧。

就像所有忙碌的妈妈一样，我也有过这样的经历——常常睡得晚起得早。即使是在凌晨2:30被狗叫声吵醒后无法立即入睡，早上闹钟一响，我还是会马上爬起来，一天的睡眠不足6个小时。很明显优先安排睡眠是我们自己的事情，没有人会来为我们安排这些。随着孩子不断长大，我们怎么安排睡眠和怎么建议孩子安排至关重要。我们大家都知道睡眠不足只有坏处而没有任何好处，会影响我们的日常表现，开车时可能会打瞌睡，与朋友交谈没有精神，还会影响我们的情绪，甚至是我们的腰围，越来越胖。

在诊所，我经常问十来岁的孩子晚上什么时候上床睡觉，睡觉会不会带着手机，早上能否听到闹钟响，是不是很容易睡着这些问题。如果孩子还比较小，我也会问父母亲这些问题，不过我更加关心的是十几岁的孩子的睡眠问题。那些不到6个月大的夜猫子，他们的本能会解决这个问题。而这些身负重任，压力过大，期望过高（或低）的青少年呢，他们则需要一些时间来考虑……

问过日常上床时间后，我还会问他们周末睡得怎么样？原因就是我想知道他们一周的睡眠债。睡眠债就是你所需要的睡眠时间和实际睡眠时间差距的累积。比如说，你需要8.5小时的睡眠时间，而你只睡了6个小时，那么就有2.5小时的睡眠债。跟其他的欠债一样，把它们累加起来，就是一周的睡眠欠账。幸运的话，你可以在周末通过更长时间的休息来弥补一些，如小睡一会儿，或周末睡个懒觉。如果整个星期都很累的话，我很好奇你会怎么做？有相关的研究也在调查这一点。

青少年的睡眠债通常都很高——美国2006年的一项调查发现将近四分之一的孩子会在学校教室里打瞌睡。另外一份报告指出，只有15%的孩子说他们整个星期每天睡觉时间超过 8 个小时。如果孩子是在晚上 11:00 左右上床睡觉，早上 7:00 就要上学，这样就不可能有足够的睡眠。十来岁的孩子每晚一般需要 8.5 ～ 9.5 小时的睡眠时间。作为儿科医生，一部分职责就是帮助这些孩子明白睡眠债就是他们一周睡眠时间不足的信号。我的工作就是鼓励他们优先安排睡觉，这是最难的一部分。

根据观察，大部分孩子睡眠都是不足的，普遍存在睡眠债。大部分青少年都说会在周末时补充睡眠，你呢？我记得我的周末通常是在赶作业赶工中度过的，无论是高中、大学、医学院还是实习医生时期。现在我还有两个孩子在身边——严重睡眠不足——看起来年轻的父母似乎都没有时间来睡觉。就在我一边忙着完成工作的时候，严重睡眠不足也成了我生活里极大的一部分。我不是个好榜样，整个美国文化也是如此。

青春期充足的睡眠对于孩子社会心理功能、行为成熟和认知发展都非常重要。

新学期一开始，我就会跟青少年谈论优先安排睡眠，就如同安排时间锻炼、交朋友、运动和学习一样。尽管我不知道成效如何。在传统文化认知里，我感觉我们似乎在倒退。我们总是表扬那些一天只睡 4 个小时的人，我们惊叹那些熬通宵第二天还正常上班的外科医生。我们赞同孩子在白天多运动而把作业留到夜晚来做。我们的社会文化过度关注工作，关注成绩，以至于都忘记了要优先安排睡眠和自我照顾。我们不会表扬那些晚上乖乖睡足 9 个小时的孩子。该如何说明睡眠不足的后果呢？理论依据如下。

2011 年的一项研究发现，整个星期都存在睡眠债的孩子，在要求集中精神和注意力的测试里表现不佳。在韩国开展的一项研究里，工作人员工调查了 2600 名青少年，得出以下结论：

- 青少年一周平均每晚睡 5 小时 42 分钟。让我来说，睡眠这门功课完全不及格。
- 周末青少年平均睡 8 小时 24 分钟，平均有 2.5 小时用来弥补其他时间欠下的睡眠债。
- 青少年在周末补眠越多，在要求集中注意力的作业中就越容易犯错。
- 研究人员还发现，睡眠债时间的增加还能预测孩子表现不佳，在那些要求集中注意力的任务中，一个星期都睡眠不足的孩子比那些每晚都睡得足够的孩子表现要差。

所以问问孩子的睡眠债是个好开始。孩子周末睡的时间多可能是一个信号，能让我们知道孩子这周在学校里也过得比较辛苦，更重要的是要让孩子们知道剥夺自己的睡眠时间的严重后果。

温迪微语

学龄期孩子没有得到充足的睡眠。有 73% 的 9 ～ 10 岁孩子在测试中说累，美国孩子排在榜首：bbc.in/10FkKd3。

医生妈妈醒神提点

信息：来自全国睡眠基金会的青少年睡眠信息：http://bit.ly/mdm-Teensleep.

学习：研究发现，青少年周末睡眠时间增加，是平时睡眠不足的一个指标，同时还会在要求注意力的任务中表现不佳。也就是说：即使孩子在星期六的时候睡到中午 12:00，他们这一整个星期的睡眠还是不够的，而且他们在学校也会表现出煎熬难受。

数字：青少年每晚需要睡 9 个多小时，这样才能让身体得到充分休息。如果他们要在早上 6:00 起来，也就是说，需要在晚上 9:00 左右上床睡觉。

父母权利：保证青少年有充足的睡眠的最好方法也许就是推迟上学时间，下面的链接可以查看全国各地学校上学时间：http://schoolstarttime.org.

25

开车不玩手机

注意，这是在咆哮。最近，当我开车行驶在西雅图儿童医院前的时候，看见一辆车行驶得非常缓慢，我们都在等信号灯，即使绿灯了，那辆车还没有动。我看过去，发现司机正在看手机写短信。于是我按响了喇叭，并指着她的手机大叫！她看起来很惊讶，感到非常困惑，完全不知道自己做了什么危险的事情。我想她一定很好奇为什么我会如此激动。

没有人受伤，这天早上也没有人受到伤害。想象一下，就在司机处在进入或者离开医院前面的十字路口这个交叉点的时候，心里想的最后一件事情是什么呢？肯定是关于道路、交通信号灯、孩子和父母。

与专心开车的相比，边开车边发信息，发生撞车的可能性要高23倍。我希望我以前有说过这些。

过去6年里，边开车边玩手机已经导致了1.6万人死亡。开车不专心，仅在2009年就导致了超过5000人丧生，还有近50万人受伤。

你知道我的意思了？在路上，随时都会看见那些边开车边发短信的人。在马路上，在高速公路上，我们随时可以看到有些车辆在转弯、转向时没有跟随车流，或是不使用转向灯突然转向。如果我们看过去，就会发现司机正在玩手机或者发短信。通常，这些不怎么光彩的做法人人都能看见。

如果你是一心多用的狂热爱好者，你要知道，边开车边玩手机等同于自杀。

与此同时，我也在跟那些边开车边玩手机的人这样说：赶快停止不专心的驾驶行为吧！欧普拉也非常认同这个观点。

我从不认为恐惧能起作用，而且很不幸，我在书里咆哮也不是一个完美的解决方案。关注安全也许并不是解决问题的最佳方案。就如一位儿童安全研究人员告诉我一样，“人们心里总是存在一丝侥幸，认为并不需要时时刻刻都想着安全。”她接着说，谈论安全问题并不是提高安全意识的最好切入点，把精力花在弄清楚哪些因素影响我们的行为上，也许会更好（改变道德规范信仰或者加大执法罚款力度）。

确实，焦虑在任何时候都不好！

边开车边发信息的确是一种不负责任的表现，分心驾驶是一种非常自私、危险而且不公平的行为，是单方面把其他人（车里和车外的）置于危险之中。对2009年以来的数据研究也证实了我的观点。弗吉尼亚理工大学交通学院研究了分心驾驶的影响，他们分析研究真实的驾驶行为，追踪司机驾驶卡车或者小汽车发生碰撞或者即将撞车的事故来进行研究（通过隐藏的摄像机行车记录仪来观察）。他们研究了那些行驶超过600万英里（约960万公里）的驾驶员的行为，得出以下结论：

当驾驶的是卡车时：

- 边开车边发信息，发生碰撞或者接近碰撞事故的可能性是23倍。
- 使用或者能够拿到一个电子产品，发生碰撞或者接近碰撞的危险性是6.7倍。
- 边开车边打电话，发生撞车事故或者接近碰撞的可能性是5.9倍。

当驾驶轿车时：

- 边开车边拨电话号码，发生撞车事故或者接近碰撞的可能性是2.8倍。
- 边开车边接听电话，发生撞车事故的可能性是1.3倍。
- 边开车边去拿其他东西，发生撞车事故的可能性是1.4倍。

通过这些数据，我们可以看出危害最大的就是边开车边发信息了。研究人员也清楚指出，使用手机本身并不是非常危险。他们认为，原因在于“让眼睛一直盯着路面才是保证行车安全的关键因素”，研究结果也证实了这一点。使用手机打电话和听电话都（只是声音活动）并不是十分危险，听到铃声响拿手机也是。但如果边开车边发信息的话，那就真的是非常危险，眼睛要长时间地盯着手机，不能看路面（一般是4.6秒），以55英里（约88公里）每小时的速度来算，这相当于驾驶车辆行驶了一个足球场那么远的距离，司机的眼睛却没有看路面。

你会选择让手机置于触手可及的范围之内，还是打算让汽车发生撞车事故呢？

医生妈妈醒神提点

小贴士：养成习惯，一上车就把手机、钱包、背包全部放在后排座椅。在行驶的过程中，强迫自己不要使用手机。

事实：在2013年12月美国疾病预防和控制中心的报告中指出，全美国有超过45%的青少年承认自己有过边开车边发短信的经历。

父母权利：制订“家庭驾驶规则”并严格执行。有证据表明，结合这些规则和父母的执行力度，可以减少青少年边开车边发短信的行为，可以降低发生撞车的风险。

26

医生如何筛查自闭症

儿科医生、护士和家庭医生，都会在孩子第一次体检中，对孩子进行自闭症（ASD）或沟通障碍筛查。作为一名儿科医生，婴幼儿在体检时的反应就是我们筛查的最好指引。在诊所里，我们会观察孩子怎么咯咯笑，怎么向父母亲寻求安慰，在我们对话的时候怎么引起妈妈的注意，怎么指点和挥手，对自己的名字有什么反应，甚至可能是当我在场时他为什么或怎么哭。这些观察结果，再结合家族遗传史、体检结果和极具价值的父母的看法，都是我们筛查孩子是否有自闭症风险的重要依据。

*然而，还是要推荐孩子在18个月或24个月大的时候做一次更专业的筛查。*在很多诊所里，医生都会使用婴幼儿自闭症修正检查清单（M-CHAT），一份由父母填写含有23个问题的问卷。通常，父母都会要求医生解释这个问题（“你的孩子会在自己的面前做不正常的手指运动吗？”），除此之外，其他问题都很好回答。使用这份专业的筛查表，一般医生可以判断出哪些孩子有自闭症风险，会迅速地与父母沟通，谈话内容一般是关于孩子语言发展延迟，行为关注要点，或学步期高风险孩子的处理方法，还有可能要求额外的遗传、神经系统或发育测试。

*需要明白，筛查并不等同于诊断。*如果孩子的自闭症风险筛查结果是阳性，也并不意味着孩子就患有自闭症。需要注意，即使孩子的筛查结果正常，但你仍然有这方面的担忧，这也是可能的。筛查结果就是这样，筛查并不等于确诊孩子就患有自闭症。M-CHAT的测试结果也不是百分之百的准确，所以我们医生需要配合体检结果和家族史来判断孩子的风险。我认为，孩子父母的意见是不可替代的，是非常重要的。

如果你担心孩子可能患有自闭症而且还没有做过正式筛查，请跟医生谈谈并要求做正式筛查。一般医生都有很多筛查工具。如果你对孩子沟通能力和行为有任何担心，或家族里有自闭症病例，或孩子有自己特别的说话方式，或其他人对孩子行为有异常评论，不要等到更多情况出现才跟医生说，要立即跟医生说。如果第一个医生没有引起重视，建议换一个。

医生妈妈醒神提点

工具：婴幼儿自闭症修正检查清单（M-CHAT）见 http//bit.ly/mdm-MCHAT.

小贴士：发现得越早，治疗效果越明显。自闭症是一种遗传性障碍，没有什么单一的疗法或者药物可以治愈，然而尽早识别和干预可以帮助孩子们获得更高质量的生活。

27

哪些情况不需要担心自闭症

在这个时候或那个时候，很多父母都会担心孩子的生长发育状况。就拿我的两个孩子来说，某些时候我也会担心他们的沟通能力，认为他们的语言发育迟缓，甚至把他们的行为跟一些严重的情况联系起来。这只会增添我的忧虑，我身为妈妈的担忧。养育孩子之间比来比去的行为让我们都有些疯狂，而且很难停止拿我们的孩子与亲戚朋友家的孩子做比较的举动，这让我们所有人都觉得不安。

下面一些迹象表明孩子的沟通技巧正在飞速发展。然而，在任何时候如果你担心孩子没有很好地表达开心、交流想法，或者表示对你的话没有理解或有视觉或行为异常，都要告诉医生。如果你跟医生谈完之后还是觉得担心，那就再安排一次见面。如果还是觉得担忧，可以试试另外的医生听听他们的意见。在为人父母期间，直觉是非常重要可靠的。孩子如果出现下面的这些行为，你可以大大地安心。

婴幼儿发育里程碑，让妈妈更安心

- 9 ～ 12 个月大时，对自己的名字有反应。
- 2 个月大时会微笑，4 ～ 5 个月大时会大笑和咯咯地笑，6 个月大时会对你的幽默表现出巨大的兴趣。
- 9 个月大时很喜欢玩躲猫猫。
- 在婴儿期间会与人眼神交流。
- 12 ～ 18 个月的时候，试着重复说你说过的话。
- 18 个月的时候，能够说 5 个字。
- 重复你的动作，如指点、鼓掌和挥手。
- 模仿你，例如当你给他一个碗和调羹的话，会假装搅拌；玩手机的时候还会假装在打电话。
- 会摇头表示“不”。
- 15 个月会挥手拜拜。
- 18 个月会向你展示有趣的东西或者吸引你的注意。

28

预防蛀牙的 5 个妙招

对于大部分孩子来说，蛀牙绝对可以预防。为了保护孩子洁白健康的牙齿，我们需要考虑孩子的饮食喝水方式，培养孩子刷牙习惯，还要知道孩子喝的水是否对牙齿有益。虽然现代医学科技非常发达，医生可以使用机器人来实施外科手术，也可以放置微型相机来窥视体内秘密，但是我们还是很容易忽视简单易行、经济实惠的可以改善人们生活的这些方法。也许是我们已经在这些预防工作中退缩了，也许是其他的事情……

2012 年，美国疾病控制和预防中心（CDC）在过去 40 年来第一次发表声明，学龄前孩子发生蛀牙的病例比过去 5 年里还多。而且很多孩子不止一颗蛀牙，在看牙医的时候，医生可能需要处理两位数以上的牙洞，需要实施全身麻醉来进行修补。仅仅 1 个月，我就被要求好几次去给门诊患者做牙科麻醉手术术前沟通。

在此我必须重申一件事情，孩子蛀牙增加，一部分原因是文化因素，是父母的养育责任。也就是说，很多父母可能没有给孩子刷牙，就因为孩子抗拒想要家里和谐而没有要求孩子刷牙。还有一些父母认为瓶装水比自来水更干净、更安全，然而对于牙齿来说，并非如此。

有时候，我们确实需要像大人一样给孩子用牙线。

孩子蛀牙数量激增是一个养育问题，是父母的责任，而非其他什么事情。尽管我们知道有很多因素会影响蛀牙的形成，如看牙医越来越方便、误解饮用水中氟的安全、孩子含着奶瓶睡觉，还有其他家庭风险因素等，但这些都与我们父母有关，我们起着重要作用。下面一些事情我们可以做到，可以帮助孩子预防蛀牙。

孩子预防蛀牙的 5 个妙招：我的 2S 原则

1. 在孩子 1 周岁的时候，带孩子去做一次牙齿检查，就算只有两颗牙。美国儿科学会建议孩子第一次看牙医不晚于 1 周岁（不是 3 周岁）。如果牙医让你回去等孩子 3 周岁的时候再去，那就换一个新牙医。

2. 使用自来水：可以过滤或烧开后使用，不需要为孩子们购买瓶装水。自来水中的氟化物会保护孩子的牙齿。孩子睡前最好不喝奶，如果喝了就要给孩子刷牙，千万不要奶睡。一定不要把奶瓶留在孩子的婴儿床上，吃完最后一顿一定要刷牙。
3. 你知道 YouTube 上艾丽西亚 · 希尔福斯通（Alicia Silverstone）的喂养视频吗？我猜你一定看过了。其中她就有说到事先咀嚼食物再喂给孩子吃。我的建议是不能这样做，你会把口腔中的细菌传递到孩子口中，增加蛀牙风险。很明显，名人的做法也不一定全对。
4. 牙膏！只要宝宝长了牙齿，就要使用含氟牙膏。如果你喜欢，可以购买宝宝含氟牙膏，总比单独使用水刷好。宝宝出了牙，可以使用一点点牙膏（米粒大小）直到孩子 2 周岁学会了吐出来；孩子会吐之后，可以使用黄豆大小的牙膏。
5. 我的 2S 原则：每天都要帮孩子刷牙，一天 2 次，每次 2 分钟，直到孩子上 2 年级。使用蒸蛋计时器来计算时间，非常有用，对于一个 2 岁好动的孩子来说，就算 2 分钟也好像一个世纪那么久。如果你的孩子想尝试自己刷牙，很好呀，让他去刷，但是记得要在你刷干净之后。

每天使用牙线为自己和孩子清洁牙齿，能给牙齿健康加分！我自己也这样做。

温迪微语

只要宝宝长了牙齿，就可以使用一点点（米粒大小）含氟牙膏。详情见链接：http//bit.ly/MIFEfg.

29

致命的分心——别把孩子单独留在车里

并不是单纯为了推荐这篇特别的文章，而是因为它的的确确改变了我和我的偏见，还有我对健忘、养育和风险的理解。《致命的分心》一文的作者是吉恩·温佳腾（Gene Weingarten），这是我读过的印象最深刻的文章之一（文章链接请看后面的“医生妈妈醒神提点”）。

早上父母一般会开车送孩子去上学，可能因为某些原因而把孩子单独留在车上，这样就会发生车内温度过高导致孩子死亡的悲剧。温佳腾先生是这样写的：

“事实证明有钱人会这样，贫穷的人也会这样，中产阶级也会这样，任何父母都可能会犯下这致命分心的大错。无论哪个年龄和种族的父母都会这样，母亲也跟父亲一样会这样。它可能发生在长期心不在焉的时候，也有可能是在你精心思考的时候，还会发生在受过高等教育父母的身上，也可能发生在文化不多的父母身上。过去10年里，单独把孩子留在车里这样的事故，牙医做过，邮递员、社工、警察、会计、士兵、律师、电工、基督新教牧师、大学生、护士、建筑工人、校长助理都犯过，甚至精神健康咨询师、大学教授、厨师、儿科医生还有火箭科学家都发生过。”

一旦体温超过42℃，孩子就可能死于体温过高中暑。2010年，全美一共有49名孩子被单独留在车里最后死于体温过高，2011年也有33起这样的事故，2012年发生了32起，这些数据来源于气象学家简·奈尔和公益保护组织KidsandCars.org。事故中的孩子绝大多数小于2周岁。从20世纪90年代开始，考虑到孩子在前排容易遭受安全气囊冲击，专家建议让孩子乘坐汽车后排之后，越来越多的婴幼儿由于监护人的疏忽而被单独留在车里。

美国每年都会发生多起孩子被单独留在车里最后中暑死亡的事故。当然最多的是夏季，然而其他每个月都可能。

我猜你一定在想，你肯定不会做这样的事情。你从来不会忘记自己的孩子……然而这些孩子就被遗忘了，车窗关起来了，孩子们死于体温过高中暑。他们体温升高，大声哭喊求救，但是没有人听到，很难相信会有这样的事情吧！

这就是你为什么要读一读这篇文章的原因了。

孩子特别容易体温过高中暑，因为他们的身体温度升高要比成年人快 5 倍。原因在于，孩子身体体温自我调节能力比较差，主要依靠出汗冷却和高表面积与质量比例来减低体温。

最终，孩子被单独留在车里中暑死亡的惊人的增长趋势引起了安全专家的注意。在实际生活中，我们大家都需要建立防御系统来避免这样的事情发生。

无论孩子是否在车上，离开车的时候，要养成习惯检查一下后排座椅。

你可能在阅读的时候觉得这样的事情与你不相关。

你在想，这样的事情不可能发生在我身上，我从来都不会把孩子忘记在车里。在你说服自己的时候，先读一读 2010 年普利策奖获得者吉恩·温佳腾的这篇文章。它改变了我的生活，仍然是我读过的印象最深刻的文章之一。我并没有夸大其词，很多读过这篇文章的人都这样说，无论如何，记得跟你那些可能带孩子开车的朋友分享吧！

这篇文章是如此让人难以置信，但它说的却是事实，是可能发生在我们每一个人身上的事实。在闷热的汽车里，孩子问题事故激增，就在我们为了安全而强制年幼的孩子必须坐在后排座椅之后。把孩子遗忘在汽车里这个问题已经跨越了州界、种族、社会经济和教育的界限。

为人父母给我们带来如此多的重任，让我们不堪负荷，这个时刻有这样的任务，那个时候有那样的功课。当然我也是如此的健忘，下面就是来自我自己而又有说服力的例子：

- 有时会忘记留下半空的牛奶吸管杯在车上好几天。我们会戏称这个为“死亡牛奶瓶”。
- 忘记拔出大门钥匙（不需要大家提供解决方案了，已经得到教训了）。
- 把钥匙留在车顶上，把钱包忘记在家里，开车去了错误的地方。
- 忘记理发约定。很平常也很简单，就是因为某些事情分心而忘记了。

这些看似愚蠢的健忘例子，在我们边工作边带孩子，忙得无暇兼顾的时候，非常容易发生。我们都在寻求一个平衡，不一定理想永恒。就如同文章里说的那样，压力确实会改变我们大脑的工作方式。

我们都会分心走神，不仅仅发生在我们开车时，就在我们准备晚餐时或打电话时都可能发生，我们的日常生活就是这些一件件简单的事情串联起来的。一天里，接打电话，查看邮件，发信息，接诊看病人，接听病人电话，朋友生日提醒，付电话费账单闹钟，早会，还需要记得芬恩喜欢绿色杯子和牛奶而奥登喜欢紫色杯子，这么多的事情很容易让人忘记某一件。

世界上是没有后悔药的！

5 个技巧帮助你避免这致命的分心

- 锁车之前要检查，看看后排座椅。每次离开车时，要查看后排座椅。养成习惯，做到这样做已成为本能，如果还没有开始，从今天开始。如果第一次你还没有这样做就离开了，记得走回车边看看。把这当作硬性规定，如同开车要系安全带。
- 开车时把钱包、公文包、手提袋都放在后排座椅上。这样可以迫使你去查看后排座椅，帮助你养成习惯，而且可以避免开车使用手机发短信的危险行为。
- 与朋友和家人分享吉恩·温佳腾的文章。大家一起讨论这个故事，可以加深理解，印象更深刻。
- 不要让孩子在停止的车里玩耍。
- 如果发现孩子无人照看而且留在车里了，不要犹豫，立即拨打紧急救援电话 911。

医生妈妈醒神提点

链接：吉恩·温佳腾《致命的分心》：http://bit.ly/mdm-FatalDistraction.

事实：如果室外是 27℃，1 小时之后，封闭的车内温度就可以达到 50℃。即使室外是 16 ～ 21℃，中暑仍然会发生，根据经验我们得知，仅仅 10 分钟，车内的温度就会升高 11℃。

小贴士：上学的日子里孩子没有准时出现在学校的话，要求学校及时联系你。建立特别安全保护措施来预防。

30

制作一个足以维持 3 天的急救包

老实说制作这样一个急救包让我倍感压力，希望我的经历对你有用，可以帮助你更好准备。虽然不希望有灾难发生，但是制作过程还是收获颇多。毫无疑问跟家人一起做这样的准备感觉非常棒，同时也把家里好好地整理了一番。

正如《经济学人》杂志在冰岛火山爆发之后所说的那样，“灾难是考验人们和他们的准备的，而非自然盛况”。

所以留给我们的只有准备。

随处可见的 3 个应急步骤

- 制作一个急救包（详细见下面步骤）。
- 拟订一个计划（如何沟通和寻找你的家人）。
- 保持消息畅通（你居住的区域最可能发生什么灾难，如何寻找信息）。

尽量寻找同盟者，最好是找一个合作伙伴。

我的合作伙伴是我的朋友苏珊·美赞（Suzan Mazor）博士，也是一名急诊科医生。我们俩差点被这个任务压垮——因为灾难毫无任何预兆，尽管我们知道做好准备绝不多余。

好消息：随着你为家人做的准备一步一步实现，感觉也会越来越好。

坏消息：这会花费一些金钱和时间。我总共花费了 300 ～ 350 美元和超过 15 个小时来完成这个急救包。

一步一步来，不要急。

首先，不需要自己重新拟订清单，大家已经写出了很多紧急情况清单而且很好。在浏览了相关网站之后，我觉得红十字会的最好，因为它已经详细地写出如何自制工具包和沟通计划。

平静下来，并不是要你一天就完成这些。我也没有整天做这个，一天一点点，完成这个急救包大概持续了快 1 个月的时间。你需要去一趟杂货店，一趟五金店，一趟银行，一次药店，还有可能要去诊所一趟，还需要跟家人保持紧密沟通来完成通讯计划。在紧急情况下，你真的需要一个可靠的计划来实现家人团聚。

除了水之外，我想沟通计划是最重要的了。

制作急救包最开始的五个步骤

1. 首先购买两个 75 升左右的有盖子的塑料容器，乐柏美公司的就可以。拥有了这个，你才有地方来装备你的急救包。
2. 制作一些更新提醒卡。把这些卡片贴在你的急救包上，要注明什么时候需要更新急救包的东西。在其他地方可能不需要这样做，但是作为父母我们整天忙忙碌碌，需要这样的提醒。制作一个索引卡贴在瓶子上面，标明急救包里的东西什么时候到期。例如，我购买的水有效期就是 2016 年，食物都有有效使用期限，这些都写在了我的清单上。在手机里面设定闹钟提醒自己，什么时候需要更新急救包里的东西。
3. 如果你有钱购买制作好了的家庭 3 天急救包，那就赶快在网上购买一个。然后额外添加衣服、扳手、灭火器、药品和文件就够了。我买的急救包，唯一不满意的地方就是包含了水，我相信水是可以在其他任何地方都可以购买得到。而且，买来的急救包里的水有效期才 1 年，在超市购买的水一般有效期都有 2 年。当然购买现成的急救包，可以节省你的时间。
4. 跟家里其他成年人沟通，制订计划，告诉大家你存放急救包的位置，理想的地方是车库或者门旁边的矮架子上，室外不适宜储存包里的食品。
5. 如果家里使用的是管道天然气，记得入屋管道的总开关位置，学会怎么关闭阀门。购买一个 12 英寸（约 30 厘米）的活动扳手或老虎钳子，使用这些工具来关掉屋子外面的阀门。

如果没有马上做完这些也没有关系，建议你在接下来的几个月里开始着手做。计划先去采购——去一次商店、网上购买一些、去一趟五金店，还有一次银行。

商店购物清单

- **饮水：**每个人或每个动物 3 升水。家里面每个活着的生命每天需要 3 升水。这是急救包里最重要的东西。如果有哺乳期的妈妈，需要为她多准备一些。

注意水的有效期，真的，水也有有效期的，这点不需要争论了，相信标示出来的有效期。如果你储存的是自己烧开的水，那就记得每 6 个月更新一次。

- **食品：**购买一些罐装、高热量的食品供全家人吃三天，如辣椒酱、吞拿鱼、蔬菜、汤、花生酱、饼干和零食，还有一些给人安慰的食品，如巧克力和糖果。购买有效期比较接近的食品，那样方便一起更新。如果家里还有婴幼儿，不要忘记为他们准备奶粉和耐储存的牛奶。
- **药品：**现成的急救包里没有药品，特别是没有儿童药品。我的建议是包里一定要有对乙酰氨基酚（如泰诺）和一瓶防晒霜（SPF30 或以上），而且还有写下孩子服用泰诺的剂量，因为有些包装瓶上没有标出来。在紧急的情况下，你也可能会忘记。大人或孩子使用的任何药品，需要准备 7 天的分量。这看起来有点不切实际，因为保险公司可能不允许这样开药（例如，他们可能规定一个月拿一次药）。如果你的孩子正在接受重要的日常治疗，请求医生开好一个星期的药品。记得在更新提醒卡片上标明药品有效期。

网上购买

- **急救包：**建议在网上购买急救包。基本的急救包一般 25 美元一个，确保包里面有几副手套、纱布、胶带和抗生素软膏。

五金店购买清单

- **工具：**两样工具对于我来说最重要，一是关闭天然气阀门的扳手，还有一个是开罐头的开罐器。因为如果地震发生的时候，虽然你为家人准备好了罐头食品，但是却没有开罐器，只能眼巴巴地看着，你知道自己会有多么恼火的。当然还需要手电筒、电池、手动操作收音机、多功能小刀、防水火柴、灭火器——家里面一层楼一个——非电动开启的，还有口哨，家里一人一个。
- **卫生用品：**瓶装漂白剂、洗手液、尿布和湿巾、垃圾袋。

家庭任务

- **衣服：**每个家庭成员准备一套完整换洗的衣服和鞋子，还有帽子和手套。如果孩子长大了，记得要更换大一些的。把这个也要写入更新提醒清单。

- **文件：**把家里重要的文件复印出来，装进一个防水文件袋里。这个完全让我疯了，尽量做吧！
- **娱乐：**老少皆宜的娱乐活动，如扑克牌、填色书或动物毛绒玩具。也许只有老游戏才能放在急救包里。

我向你保证，你永远都不会后悔这样做。

不堪重负吗？我也是的。不着急，慢慢来，为你的荷包省点钱，准备一个更高级的急救包。

一些有用的链接

- 美国儿科学会儿童与灾难网页（www.aap.org/disasters）：提供专业的儿童健康照顾信息给所有家庭。
- 美国红十字会（www.redcross.org）：可以找到相关信息，如沟通计划清单。
- 美国红十字会购物网站（www.redcrossstore.org）：这里我购买了一个适用 3 天的急救包、一个手动式收音机、一个紧急逃生专用梯子，还有车用的工具包。我没有要求加快送，但是所有的东西都在 48 小时内送到了，送货速度还是很快的。

医生妈妈醒神提点

先关链接：

- 美国疾病预防控制和预防中心关于人员准备和安全存储用水的信息：http://bit.ly/mdm-safeWter.
- 美国促进文化多样性社区应急准备国家资源中心 3 天 3 种方式灾害防备手册：http://bit.ly/mdm-prepare.
- 美国联邦应急管理局工具包：www.ready.gov/build-a-kit.

31

孩子头上长虱子，该怎么破

我真的不能，也不会把这件事情藏着不说。有一年圣诞节假期，我发现我们家孩子头上长虱子了。就在我们准备坐飞机去和家人团聚过节的前一晚，我正沉浸在节日的疯狂中。在这一点上我感到非常自豪——觉得没有太多压力。而且在诊所的时候，我潜意识里认为回家收拾度假行李一点儿都不是问题。我认为只有面对病人的时候，才会让我深感压力存在。比起面对病人手臂骨折或者是呼吸道合胞病毒（RSV）的支气管炎来说，收拾行李真的不是什么难事。那天晚上我的丈夫要值夜班，当然晚上6:30回到家里的时候，收拾行李只能是我一个人来做。我需要收拾好全家度假的行李，还要完成一些写作，把礼物包装好，写好假日问候卡之后还要准备晚餐。在出发去飞机场之前，我还有12个小时。这就是我们作为父母在生活中的一些片段，特别是在假日来临之前。

然后麻烦就找上门来了。

就在保姆离开之前，她告诉我，芬恩在抱怨头皮好痒。后面的事情就是这样了……

我说：“芬恩，真的吗？亲爱的，过来让我看看你的头。”停下来，等着他过来……“你是在跟我开玩笑吗？圣诞节虱子。”

芬恩：“哦——嗯！”

芬恩头上长了虱子了。是的，就在一个星期前我们还收到一封信，弟弟说他们家的上幼儿园的孩子长虱子了。这封信说得非常严重，就好像我们在故事里听到一个朋友因性交感染了艾滋病一样，或者是被“邻居家的孩子”咬了似的。我知道确实是有孩子在幼儿园被传染了虱子，威胁确实存在，也不要太在意，生活还在继续。2010年，美国儿科学会就针对孩子长虱子发布了新的建议指南，不建议学校让孩子回家或者在校进行隔离。我也赞同这样的建议，因为家里的父母都需要工作，就因为这样不太严重的“非健康问题”让孩子不上学也不好。难道就是因为这样，“幸运”就降临到我头上了吗？

就在这时候，门铃响了，这听起来是不是像在演情景喜剧？一位新来的邻居就站在我们家的门前，脸上挂着热情的微笑，她来邀请我参加一个临时的假日聚会。我能去吗？会有大一点儿的孩子来帮我照看孩子，我可以过去喝一杯红酒，吃些点心，见见邻居们，谈谈假期怎么过。

我很虚伪地笑了笑，其实我不喜欢点心，但是喝一杯红酒听起来很不错。我没有告诉这位节日聚会上满心欢喜的邻居我们家里发生的事情。我的意思是，当有人第一次站在你家门前，认识一下邻居，并提供点心和红酒，你好意思告诉她你家孩子头上长满了虱子吗？

我关上门说我尽力去参加（这是事实），就开始了我的计划。

首先，我认为（以前认为）虱子很难辨认。一项研究发现很多被医生、护士、老师或父母认为是“虱子”或“虱子幼虫”的东西交到实验室去辨认，最后发现都是一些头皮屑、头发喷雾颗粒、头皮结的痂、脏东西或其他虫子（如蚜虫）。我是医生，一开始我也在疑惑。老实说，在医学院读书和医院实习期间并没有学到什么关于虱子的知识。因为这并不是一个医学问题，所以一般家庭都不会向医生求助。其实要找到虫子也很容易，但是要在一个坐立不安的小孩子头上找到虱子还是需要一些技巧的。虱子移动迅速而且畏光，只有在药店购买了超级电动除虱梳这样东西之后，看到有杀死的虱子尸体了，心里才最终确定，我们要处理的是假日虱子。

大多数儿科医学文章或典型教材对于虱子的描述都跟美国儿科学会一样：“头虱不会危害身体健康也不是卫生问题，与身体上的虱子不同，也不会传染任何疾病。”然而作为父母感觉却不是这样的，不，当虫子爬满孩子身体的时候，你感觉到的不是疾病，第一感觉是危险。

真相有助于你保持冷静。既然你已经读到这里了，有没有觉得头皮开始发痒了呢？

头虱真相

- 3～12 岁的孩子头上长虱子很普遍。1997 年的一份报告估计美国每年大概有 600 万～1200 万的传染案例出现（这也有可能重复统计了，数据是来源于杀虱药或工具的销售统计）。美国儿科学会说：“有民间报告指出，20 世纪 90 年代以来，整个美国估计每年花费在虱子上的成本有 3.67 亿美元，包括治疗和其他消费成本、工资损失和学校系统开支。”所以确实是一笔很大的支出。
- 头虱离开头皮之后，在室温里存活时间不会超过一天，当室温低于头皮温度，虫卵也不会孵化。所以虱子从孩子头上掉下来也不会有什么危险。不需要清洁地毯和消毒孩子的玩具，也不需要把家里从头到尾地清洁一遍。2010 年 8 月美国儿科学会发表的声明可以证明这一点：“在一项研究里，对 118 间教室的地毯进行了检查，没有发现存活的虱子，反而是在使用这些教室的 466 名孩子头上，找到了 14000 个活着的虱子。还有另外一项研究发现，对头上长虱子的志愿者使用过的枕头进行检查，发现只有 4% 的枕头上有活着的虱子。”所以美国儿科学会建议控制活动的主要目标应该是减少头上的虱子数量，以及减少头部接触风险。

- 头上有第一只虱子后，会在 4 ～ 6 个星期后发觉头皮发痒，因为虱子需要大量时间来繁殖，这会导致头皮过敏发痒。虱子贴着头皮生长，靠咬破头皮吸血维生、孵化虫卵。虫卵或虫卵壳是最容易发现的，虫卵壳在有些文章里是指虫卵，有时候是指已经孵化出幼虫后的空壳。
- 头虱不是卫生问题（我这样说并不是因为我的孩子长了虱子）。研究发现长虱子与卫生状况或者社会经济水平没有任何关系。也就是说，即使是那些非常讲究卫生天天洗澡的家庭，孩子也有可能长虱子。
- 虱子是爬的（它们不会跳也不会飞）。直接接触后，它们会从一个人头上爬到另外一个人头上。无论你是否相信，虱子很少通过共用帽子、梳子传染。

头虱应对方法

- **电动除虱梳**：这个是我最先要说的。我先去了附近的药店跟他们的药剂师说了孩子的情况，药剂师推荐使用电动除虱梳。梳子可以杀死虱子和虫卵，而且没有化学有毒物质，唯一要小心的是不适用于有癫痫或者装有心脏起搏器的孩子。回到家里，我就时不时听到啪啪的声音，那是电梳在杀死虱子和虫卵时发出的声音，一个小时内，我就听到 38 次声响，那表示杀死了 38 只虱子。我帮孩子梳了又梳，大概持续了 1 个小时，20 分钟后就没有明显的收获了，然后就停了下来。满意又疲惫，我认为自己已经完成了。还有一件事情就是虱子行动迅速而且畏光，它们总是能够成功逃到你没有梳到的头皮上。这让我有点抓狂，我不停地梳来梳去，结果呢？第二天我再帮孩子梳的时候（已经跟爷爷奶奶在加利福尼亚州），我还是发现了两只活着的虱子，这让我决定要使用除虱药了。圣诞老人已经在路上，我觉得自己没有其他方法了。虽然我觉得电动除虱梳也很好用，但是效果不是百分之百。一直梳来梳去也很单调乏味，而且你永远不知道是否有效果，因为虱子行动敏捷，总是能逃到安全的地方。如果你选择使用电动除虱梳，需要重复使用 7 ～ 14 天，每天都要帮孩子梳——这是一项巨大的工程而且很耗时间。关于电动除虱梳，我也没有找到什么研究和数据支持，况且美国儿科学会是这样说的："任何一种类型的梳子都没有做过随机的、对照案例的相关研究。"

- **百灭宁：**这是能杀死虱子和虫卵的化学药品。在美国除头虱的首选用药就是1% 的百灭宁（如 Nix）的洗剂，声称可以有效杀死虱子和虫卵，药效长达 14 天。由于现在的洗发水和护发素都含有硅基添加剂，而且有残留在发根和头皮处，从而影响百灭灵黏附在头皮上，进而影响除虱效果。所以很多专家建议，在第一次使用之后，第 7 天需要再次使用，第 13 天到 15 天的时候需要使用第三次。
- **热空气：**2006 年《儿科学》（*Pediatrics*）杂志上发表的一项研究发现，使用一种叫作"虱子克星"（LouseBusters）的热吹风机 30 分钟（个人认为类似理发店里的风罩），可以有效清除头虱。该研究发现，使用 30 分钟除虱效果达到 88% ～ 100%（取决于使用什么牌子的吹风机）。我并不反对使用这个，但是担心你所做的地区很难找到。在它们更容易找到之前，很难知道它们的效果和用途怎么样。
- **苯甲醇：**美国食品药品监督管理局在 2009 年批准可以使用 5% 浓度的苯甲醇用于除头虱。该产品不是神经性毒素，而且能杀死虱子（窒息）。研究发现，超过 75% 试用者在第一次使用后，头上完全没有虱子。其效果不是很完美，也不是很差。但是它不能杀死虫卵，即使你手里有电动除虱梳，还是需要在第 7 天和第 13 ～ 15 天的时候重复使用，需要处方才能购买。
- **林丹：**我不建议使用这个，因为它是神经性毒素，而且很多报道说使用后会诱发癫痫发作。上面有那么多选择，所以避免使用它。使用它，还不如让虱子继续在头上。

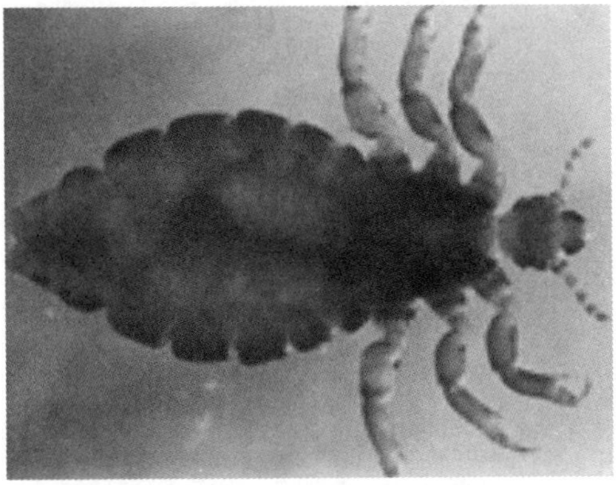

那么如何清除虫卵?

就在杀虱药杀死了活着的虱子和虫卵后，直到现在，我也还没有找到合适的方法来清除黏附在头发上的虫卵。你可能不需要再用梳子了，想从梳子中解脱取决于你再次除虱的选择。事实上，杀虱药也不能百分之百杀死虫卵，所以建议在再次除虱后要尽量清除虫卵（特别是贴近头皮1厘米处的）。清除虫卵非常单调而且有挑战性（我会这样说）。然而，帮孩子梳理每一寸头发都是值得的。美国儿科学会指出，有研究发现，在经过梳理和刷去虫卵之后，虱子很少还有存活的。所以至少你要使用梳子和百灭灵或梳子加苯甲醇两种方法。

很多城市都有美发沙龙，而且会提供特别服务，可以帮助你清除虱子——而且很多都打包票。如果你还没有买电动除虱梳或者氯菊酯洗发香波和后面的清除虫卵，你可以去美发沙龙试试。我知道很多朋友都去做过了，而且都很满意。我承认，如果我们家孩子再次被传染长虱子的话，我会选择去美发沙龙，既然大家都满意。

虽然使用梳子梳理头发和把头皮浸泡在百灭宁中，整个经历并不是很理想，但是这更像是一种仪式，一种只有父母才能经历的特别仪式。最后重复一句，虱子并不是疾病，只是具有令人难以置信的恶心和破坏性。

医生妈妈醒神提点

小贴士：孩子头上长虱子，最重要的事情就是全面地梳理和清除虫卵。

事实：头虱不会跳也不会飞。它们只会通过接触从一个人头上爬到另外一个人头上。宠物在头虱传染中不起作用，不要冤枉狗狗。

第二章

如何培养一个内心强大的孩子

本章提要

“西雅图医生妈妈”博客和我所写的文章都适用一条原则，一条我在实际育儿生活中所学会的原则，那就是“父母亲只想做正确的事情！”我们对孩子不顾一切的爱会帮助我们做更好的决定，但有时也会促使我们做坏决定。我相信天底下所有的父母都在积极地追寻着这些问题的答案：为什么要对孩子们好？我们对孩子的爱到底是什么？怎么做才是真正对孩子好？孩子们究竟是谁？这些都是我们爱孩子的本质。通常这并不是一个简单、孤立的问题，但也不会像我们想象的那么复杂。网络上丰富的信息，鱼龙混杂，常常引起我们的恐慌。在写作中，我想呈现的是儿科真实状况，少即是多，预防才是关键。

父母亲只想做正确的事情！

那么如何定义正确的事情呢，有时候答案是难以捉摸的。

在实际生活中，我们都需要充足的信息来帮助做更好的决定。拥有养育两个孩子的经历，让我对什么是正确，看得更透彻。在满足孩子的日常生活需要的同时，还要给孩子提供深思熟虑的、有见地的、一致的且明智的建议，这确实很有挑战性。在生活中，我是儿科医生，也是孩子的妈妈，我发现经常去看看别人的做法，听听他人的故事，学习别人的智慧，非常有助于更好地养育孩子。我真的相信孩子身上有无穷的潜力去发挥，能实现更好的自己，但是他们也要尊重周围的人。

我会分享我的故事和真实的感受。我也向同事、伙伴和朋友求助，收集有益的经验教训，在此分享给大家。在网络上我会尽量分享有用的信息，分享那些我从他人那里学会的行之有效的方法，有医学上的也有非医学上的，这些都曾经让我获益良多。当然我也希望，这些能够帮助所有的孩子更健康地成长。记住，爱孩子比我们想象得容易得多，它不是捉摸不透的。

培养一个心理健康的孩子

天下所有的父母都希望自己的孩子能够长成一个健康、快乐有出息的人。但是，作为父母，我们该怎么做呢？下面有一些简单的方法，可以帮助孩子们健康成长，培养积极乐观的性格。

学会分享

一天中最美好的时光（BPOD）

每天，让家里的每个人都来说说自己一天当中最美好的时光是什么。

尊重自我

倾听内心深处的声音

让孩子明白自言自语（自己内心深处的声音）的存在及其积极作用，帮助孩子缓解压力，寻找到内心的平衡。

慷慨大方

鼓励孩子慷慨大方

让孩子在公开场合帮助他人（积极参与学校捐赠活动），同时也要鼓励孩子偷偷地匿名帮助别人（送礼物不留名）。

积极承担责任

神奇的周六盒子

任何东西（包括父母的）乱扔在家里，一段时间之后还是没有人收拾，都会被装入神奇的盒子里：直到周六才能被拿出来。在家这个最小的社会群体里面，这不失为一个培养孩子负责任的好方法。

自我调节

学习接受失败

拥有竞争精神是非常了不起的，但是要提醒孩子，所有的人都想赢，所以幸运女神不会总在你身边。

坏脾气的生存之道

孩子发脾气时，不要问封闭性问题（是或否），适当给予孩子一些选择的权利，可以帮助孩子冷静下来。

分离焦虑

现在开始练习分开。不管是去奶奶家，还是为将来第一天上幼儿园做准备，可以现在开始练习分别仪式，让孩子学会父母不在身边时该怎么应对。

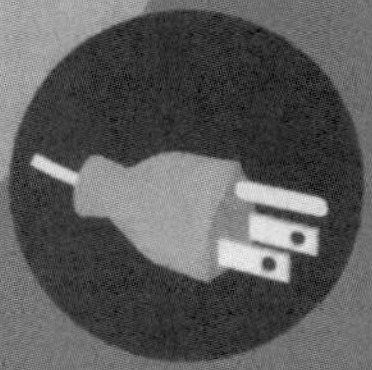

玩耍

多去室外玩耍

每天都带孩子们去室外玩耍，记得一定是没有屋顶的哦！ 天气糟糕不能是借口。

只是玩

给一些时间，让孩子只是玩，没有任何目的，没有任何要求。让孩子自由自在地玩耍，自由想象创造，鼓励孩子们在一起玩！

试试不插电的生活

从星期五太阳下山之后一直到星期六的这个时候，保持手机、电脑、平板电脑关机，试试不插电的生活。

正念

正念养育

正念（无为之术）是父母成长的关键时刻，同时也是孩子成长的宝贵时机。

选择正确的养育之路，帮助孩子健康成长，这是一件非常有趣也有意义的事情，更是父母和孩子在一起最美妙的时光。

32

一天中最美好的时光

让分享成为孩子日常生活的一部分，诀窍就是让它成为生活中的日常习惯。开始的时候，可能需要花一些时间，研究表明习惯在于坚持，一旦习惯养成，分享就会自然而然地存于孩子的一言一行中。简单才是持久永恒的基本条件。现在我们全家都钟情一个新传统，它增加了我们的幸福感。在现实生活中，我们都会意识到——有些人、某些经历和一些机会似乎有非凡的力量。

我们家的新传统始于 2012 年。就在每一次晚餐全家人都坐在桌子旁边的时候，我们大家会都说一说各自的 BPOD（Best Part Of Day）——“一天中最美好的时光”。它是如此令人着迷，从此以后我们每晚都这样做，无论是否有其他家庭加入我们的晚餐，无论身边坐的人是谁。开始的时候，芬恩和奥登总是说一样的事情：如果我们去郊外放风筝了，我就知道他们俩都会说这个，知道他们在晚餐的时候宣布这就是他们的 BPOD。

但是现在，事情有了一些真正的变化。就在这个新传统开展一年多的时候，孩子们开始关注他们不同的生活了。我知道，当这样的事情发生时，这是令人非常兴奋的一天。他们开始思考，会在图书馆里说，甚至会在中午的时候，说：“嘿，这就是我的 BPOD。”

能够注意到如此美妙的事情，说明孩子们已经拥有了分享的习惯。

有时候宣布自己一天中最美好的时光仍然是晚餐时的保留节目，有时候不是，这真是一个神奇的转变。我们在以一种不同的方式期待晚餐时间的到来，每一次当我们围着桌子坐下，其中一个孩子就会提醒我们，现在是宣布自己 BPOD 的时间了。

考虑一下在你的家里开始 BPOD 的传统吧！这个传统是分享大家一天中最美好的时光，分享快乐，分享幸福。我们把它称之为 BPOD，也一直在坚持着，让分享长存于每一个孩子心里。

医生妈妈醒神提点

小贴士：养成每一天宣布 BPOD 的习惯。一个星期之后，你就不需要再提醒孩子们了，孩子们会提醒你的！

视频：看看这个视频：http://bit.ly/mdm-BPODvideo，就是我所说的 BPOD。

33

帮助孩子缓解焦虑：吹彩色泡泡

焦虑和不安是每一个孩子童年时正常的一部分。然而，让每一个孩子焦虑不安的原因又是不同的。通常孩子们会在过渡期间或者临睡前容易感觉到压力和焦虑，而且有些孩子真的很难在睡前平静下来，虽然不一定是焦虑，但是还是会影响孩子的睡眠。

我有一个小把戏，可以帮助孩子缓解焦虑，理清思路，恢复平静。这些年来，病人也常常反馈回来说，这个方法很有效果，那就是——吹彩色泡泡。有时候用于那些不能平静入睡的孩子身上，有时候也用于帮助孩子缓解焦虑，有时候还用于平息孩子从学校带回来的激动情绪。深呼吸吹泡泡是一项伟大的运动，它能锻炼正常的腹式呼吸，保持时间和空间上的专注，帮助控制激动情绪。下面来看看它是否有效。

伟大的事情——这是一个非常好的工具，幼儿和青少年都很容易学会，而且可以随时随地使用。很多孩子会因焦虑而感到羞愧，且不好意思开口求助。向孩子们保证，他们吹泡泡是不会有人知道的，也没有人会发现他们在改变房间的颜色。在孩子焦虑不安或无法控制自己情绪的时候，提醒孩子吹泡泡，可以是在家里、在床上、在学校，也可以是在跟朋友一起的时候或在别人家过夜时。

焦虑紧张的时候，呼吸只能抵达胸部，短暂而急促。我们可以从婴儿身上学习如何进行腹式呼吸，这些深深的呼吸，能够抵达腹部的膈肌，使得腹部上下移动。这样呼吸能够加快血液流动，帮助孩子平静下来。

教会孩子如何吹彩色泡泡

- 告诉孩子所在房间的长、宽、高及这个空间的空气含量。
- 跟孩子说，在冬天特别冷的时候，呼出来的空气是可以看见的；帮助孩子建立事实，伴随着他的每一次呼吸的实现，房间里的空气就会被交换。
- 然后想象每一次吹出来的空气都是不同颜色的，是一个个色彩各异的泡泡。教会孩子做腹式呼吸，吹这些彩色泡泡。

- 让孩子去想象这些泡泡会填满整个房间，可以是橙色的、黄色的或绿色的。

有些孩子甚至会说他们把一个房间从蓝色变成紫色了，这些孩子真正得到了放松，有时候还会进入梦乡。

医生妈妈醒神提点

视频：下面链接是我主讲的相关视频：http://bit.ly/mdm-BlowingColors.

34

同性恋家庭的孩子

类似这样的标题“父母有责任，孩子更出色”通常会让我激动。生活在这样一个大时代里，大家都在尽力为孩子们营造一个安全、充满爱心、健康的成长环境——当然我也非常愿意这样做，而且觉得非常自豪。过去十几年里，美国的社会生活发生了巨大的变化。2013 年，皮尤调研中心发布的数据显示：在针对同性恋婚姻公众意见调查中，支持率发生了显著的变化，超过 50% 的人支持同性恋婚姻合法而只有 43% 的人反对，特别引人注意的是，年轻人（年龄在 18～32 岁之间）的赞同率更是高达 66%。

很多研究表明，整个美国大约有 200 万名孩子由同性恋家庭抚养，他们的表现都很出色。实际上，美国儿科学会也说，“过去 30 年里，超过 100 项科学研究表明，孩子的心理健康更多是受到孩子与父母间的亲密关系、父母的责任心和

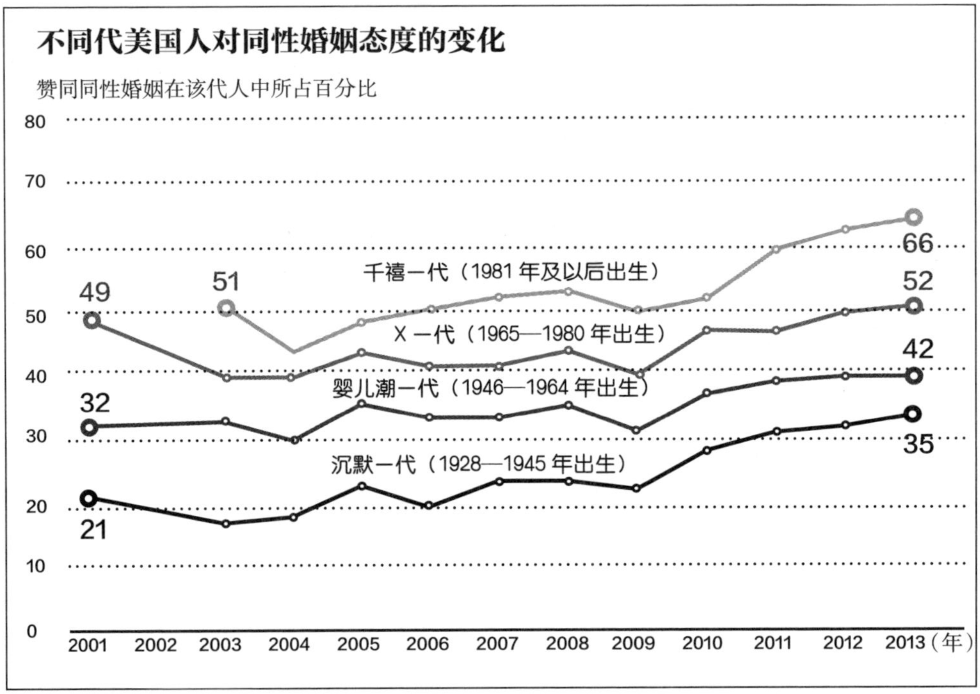

安全感，以及父母提供的社会经济支持的影响，而不是性别或者父母的性取向影响。”

这份声明深刻表明孩子们的健康生活应该是在一个充满支持、爱意的家庭中。但它们也并不是证据，能够证明同性恋家长抚养的孩子更健康。

《联邦婚姻保护法》(DOMA) 对于同性恋的态度历来挑剔苛刻，之前一直剥夺同性恋家庭抚养孩子的权利（美国现在有 13 个州，加上华盛顿特区，都已经允许同性恋结婚），剥夺同性恋家庭孩子享受正常的权益和福利，如社会保障、住房保障、食品优惠、就业福利和军事利益，还有以孩子名义申报的联邦税收减免优惠。因此，为了家庭和孩子的健康，美国儿科学会支持美国《联邦婚姻保护法》进行修改，因为它违背了宪法人人平等原则。

幸运的是，2013 年 6 月，美国最高法院裁定《联邦婚姻保护法》违宪。从此，限制同性恋家庭抚养孩子的规定从源头上被废除了，这是一个巨大的进步，保护孩子在一步一步得到实现。

美国儿科学会的正式声明和相应的研究报告这样说（里面分析了全面的数据）：“法律限制同一性别的人结婚和抚养孩子，这一规定带给他们和孩子诸多的痛苦和障碍，包括法律上、经济上、心理上、社会上、健康方面的不公平。”

我赞同美国儿科学会的做法，它一直致力于保障所有儿童的权益，推动政策修改、提供安全保护、提供经济援助、健康咨询、支持联邦计划来保护我们国家所有的孩子健康成长。在这样开放的大环境下，同性恋家庭和他们的孩子也生活得越来越好。由于美国现在仅仅有 13 个州（再加上华盛顿特区）支持同性恋婚姻，还有更多的州歧视同性恋，不允许他们结婚和收养孩子，因此修改《联邦婚姻保护法》的本质是保护我们国家所有的孩子拥有相等的权利。

对于孩子来说，稳定才是最好的。稳定其实也非常简单，如孩子跟家人一起吃饭，正常上学，能够得到良好的医疗服务；稳定也许就是生活在一个家里，能准时上床睡觉。就稳定来说，父母是孩子永远的依靠。废除《联邦婚姻保护法》对同性恋的限制，这是保护孩子方面取得的一个巨大进步。

35

拥有两个孩子，父母的爱如何分呢

在我怀第二个孩子的时候，对于自己会有多爱他，我没有一点儿概念。要我像爱第一个孩子那么爱他，看起来好像不太可能。即使是我躺在床上期待他来临时，在我盼望着他快快长大时，我对于他的爱意和感觉还是非常有限。我有想象过自己会如何爱他，就像爱第一个孩子那样，全心全意地去爱第二个孩子。这只是一个复制，一个我对第一个孩子宠爱模式的复制，再没有其他模式了。在想象里面，我觉得一切都很熟悉。尽管想象和期待充满了整个孕期，但我仍然心存疑虑，我能否像爱第一个孩子那么爱第二个孩子呢？ 在某些时候，这看起来似乎不太可能。爱其实是一种感觉，是无限的，是不受约束的。任何父母亲都知道，父母对于孩子的热爱很难简单量化来衡量。

如果有什么要说的话，就是希望孩子能够觉得我对他们的爱是平等的，尽管我不知道该怎么实现。有一部分来自我母亲的说法，在我和弟弟的成长过程中，我的母亲总是这样说，她对于我们的爱是平等的。这样的话经常出现在我们姐弟大战中，就在我们不分享玩具或者争着想要同一样东西的时候，还有可能是谁去扔垃圾的时候。

当然，我也相信母亲的感觉是复杂的，但是她对于平等的主张，就是我现在想法的根源。

2008 年奥登出生了，如同其他人说的那样，我不顾一切地爱上了他。

但我的爱却并不简单，完全是不一样的，直觉告诉我不需要模仿任何模式，不需要复制对第一个孩子的爱。在现实生活里，奥登是独一无二的，由此我和他之间就建立了不一样的联结。

对于两个孩子的爱，无论是在高度、重量，还是长度上，感觉都是不一样的。对于奥登和芬恩的爱完全是无法比较的，就好像是两种不同颜色、不同语言、不同质地、不同音调一样。对于两个孩子的爱，在我心里占据的空间都是无限的，是相互独立的，偶尔可能有重叠。我并没有爱哪个孩子多一点儿，我也无法用不同的方式来说清楚我对于他们的爱，但我的确爱他们不同。

你对孩子的爱是否会等于其他呢？

36 正念养育

2013 年 1 月，在电视上看到奥巴马总统宣誓就职的那一刻，我思绪万千。总统先生在国会大厦的圆形拱门处停了下来，随行的家人和议员也停了下来。这个时候无数麦克风伸了过来，他说出了这样的话，“我希望能够再看一次！”然后他回头看了看国会广场，似乎要把这一切印入心里。只有几秒钟，也可能是半分钟，总之不久，却似永恒瞬间。静静地，大家的眼睛都睁得大大的，看着他，他也看着广场上那数以千百万的人群，那些都是来祝贺他当选总统的民众，来亲眼见证他将担起总统责任。然而我的眼睛却没有看他，目光移向他的女儿玛利亚，我看见她也在观察。

这也许就是正念养育时刻。

对于一个局外人来说，到底是谁在看谁很难说清楚。自从我以一个医学生的身份认识了心理学教授乔恩·卡巴金（Jon Kabat-Zinn）后，思考就成为一种日常消遣。每天的工作生活中，我都在使用从他那里学会的知识和技巧。跟上千名家长坐在一起，听着卡巴金教授和他妻子米拉讲正念养育的知识，确实是一件很开心的事情。旁边有我的丈夫、朋友、同事，还有其他儿科医生，更是非常荣幸能跟小病人的父母同坐在一起，这简直就是一个小小的社区。对我来说，聆听这样的讲座，更像是一种必要验证标准，也像是一种善意的提醒，提醒着我们生活是忙碌的、发人深省的、让人兴奋且并不完美的。

第二天，有幸能跟卡巴金教授共进午餐，当然还有一大群心理学家和儿科医生，我们一起讨论正念在育儿中的运用，享受美食。

卡巴金教授关于正念养育的五点提示

- 正念不是任何事物的对立面，也不能简单说，会有什么不好或者病态的东西会妨碍你进行正念养育。事实上，就在讲座当场，观众的最后一个问题，就是问实施正念养育最大的障碍是什么，然而卡巴金教授却无法真正回答。准确地说，恰恰是因为正念的简单性，它关注的就是开放、热情和爱。在讲座的开场白中，乔恩就让我们思考：是什么能让我们冒着倾盆大雨、下班高峰期、一日忙碌后、丢下家里需要我们照顾的孩子而聚集在这里？真相就是，我们潜意识里认为这里能找到如何为人父母的答案。他却提醒我们，说是爱把我们带到这里，来聆听正念养育的讲座。我们大家在一起分享，这就是为什么说正念可以发生在每一个人一生中的任何时刻，每一分钟都可能是一个新的开始。

- 某个时间，卡巴金教授低头看手表。乍一看，还以为他是在查看讲座的进度，然而随之而来的却是他的大声问话，“如果你们想知道现在是什么时候了，现在就可以看！”这是一个非常有趣的提醒，每时每刻，都在提醒着我们会有新的事情发生。我们正在见证着时间可以创造无限的可能性。我们还有机会实施正念养育，保持开放的心态，还可以呈现无限的可能性。是的，就是现在，米拉也这样说，“每一刻都可能是一个新开始！”确实，每一分钟都孕育着新机遇。
- 父母的养育首先是爱的养育。然而要记得，时时刻刻都是爱也不太可能。他们还提醒到，无论孩子还是大人，痛苦是人生中必不可少的一部分。然而，在蔚蓝的天空下，孩子们眼里的世界却是无限丰富多彩的。卡巴金教授重申说，孩子让我们知道，生活才是人生的导师。想想孩子的心灵每时每刻都在吸收，都在学习，想到她随时可能带你进入不同的世界，就会知道为人父母是多么荣幸，孩子是我们最大的财富，然而养育好孩子也确实不容易。孩子可能会自然而然地教会我们什么是正念养育，而且很有可能让我们震惊，认为上课学习是另外一回事，虽然他们也一直这样强调，这是完全不同的事情。再仔细思考一下，当你认为自己正在完美实施正念养育理论，下午给孩子准备一个美好野餐，然而孩子却可能有自己的新发明，或要寻找丢失的球或要求吃零食，这些人生的“小老师”常常带给我们惊奇。
- 正念养育其实是无为的艺术。在此，没有什么规定，也没有真正的要点分享。相反，需要提醒的是，我们的社会也不以此为荣——无为既不性感，也不让人兴奋，而且没有任何市场，如果真的什么也不做就不会有任何产出。无为，其实只是某一时刻的延伸，是自我成长的一种方式。其实这也适用于我们的孩子，不仅仅是成年人。正念养育的模型时刻都存在，孩子们在观察的时候，不要试图进入或干扰，只有找到属于自己的那一刻，才是最有意义的一刻。想想奥巴马总统；想想他目光敏锐的女儿，当他停下脚步回头注视支持他的群众时，她也在观察着他；再想想我们自己拥有的力量，停止评判，放开胸怀，我们的孩子，无论处于什么年龄，都在观察着。

- 卡巴金教授还提醒说，我们可以因为任何人生气愤怒。不要自我孤立封闭，40 天大的婴儿，40 个月大的孩子，40 岁的成年人都可能会激怒我们，这就是爱在作怪。当怒火被点燃的时候，这与年龄和身高没有任何关系。“对于我们最在乎的人，我们必须保留愤怒！”育儿过程中，认识到这一点非常重要。感觉到愤怒、沮丧、深深的失望和对于心爱的人满腔怒火，这些都是人之常情。虽然有时可能不被宽恕，我们需要空间和时间来发泄自己的愤怒，最后找到出路，每一分钟都可能是一个新的开始。

温迪微语

40 天大的婴儿，40 个月大的孩子，40 岁的成年人，都可能会激怒我们。

正念养育不是分散注意力的对立面，也不像微博上说的妈妈扔掉手机就能获得新生活那么容易，也不似其本质那么简单，反而要复杂得多。它给予成长中每一刻无限机会，一次又一次，这些都是唯一的、独一无二的，完全是苍穹赋予孩子们的。每一天都是一个崭新的开始。

医生妈妈醒神提点

书籍： 关于卡巴金教授正念养育理论，可以查看他的著作《每日祝福》（*Everyday Blessings*）和《多灾多难的人生》（*Full Catastrophe Living*）。

37

自言自语：内心自我成长

自从大儿子上幼儿园之后，我才有机会听心理学博士吉米·韦伯（Jim Webb）的儿童心理需求讲座。

在讲座里，他提到了孩子的自言自语。自言自语，其实是我们在不断地对自己的所作所为进行自我评价，这个世界怎么样，最终是我们感觉怎么样。这些声音会告诉我们何时需要努力奋起直追，在事情搞砸的时候需要反思检讨，在整日做白日梦的时候让我们认清现实，回到日常生活轨道中。

大部分人的自言自语都会有消极的影响，而且很多始于儿童时代。

韦伯博士是一名心理学专家，他分享了一个小窍门，孩子们也可以像大人一样梳理自己内心的声音。我们不仅可以告诉孩子们自言自语的存在，还可以示范，如何倾听自己内心的声音。我们还可以告诉孩子，心底的声音会一直告诉我们：我们在哪些方面做得对，哪些方面做得不对。

心声是我们行为的指明灯，它会一直在那里，我们可以顺从它。我自己内心的对话更像是一个评论家，而不是一个教练。

韦伯博士让我明白，我们可以更清楚地认识内心的自我对话，也可以帮助孩子认识它，而且从中受益。如果以前没有记错的话，没有人教过我这些，心中的自我对话如何让自己成长。我在想如果有人引导过我的话，那么现在内心的对话是不是会更宽容些，更慷慨些……也许我们可以帮助孩子认识自己内心的自我批判，让这种内在对话更像是高效的教练而不是挑剔的评论家。知道内在对话的存在，就算是一个评论家，这也是一个非常伟大的开始。

尽早教孩子认识内在对话，倾听心声

- 告诉孩子自我对话的存在。一旦孩子开始上学，就要开始有意无意地告诉他们内在对话的存在，知道内心的声音，内心会不断地更新成长。帮助他们认清楚自我对话，尽可能参与进去，问问这样的对话对他们是帮助还是绊脚石。
- 在自我对话中，帮助孩子认识错误。思考一下自我批评的语气——一天中的自我对话中是积极部分多还是消极部分多，各占多大比重？把一整天想象成一个饼图，如果你同大多数人一样，那么自我对话中大部分是消极的。

- 跟孩子讨论一下韦伯所说的自我“错误备忘录”。这可以帮助孩子更好地记录错误并从中学习。想想我们平时犯错误或者说错话的时候是不是比取得胜利和做得好的时候多？自言自语，特别是对那些追求完美的孩子来说，有助于缓解焦虑和沮丧。我们的社会一次又一次证明这是真实的，例如，一个善意的谎言可以掩盖一万个真相。当论及内心自省时，我们可以帮助孩子塑造一个更完美的形象。跟孩子们谈论如何进行自我批判，这样能让孩子受益良多。

把自己的内心对话树立成为模范——合适的时候——让孩子们也参与进来，让孩子知道内心深处存在这样的自言自语。

自言自语是非常私密的，也会一直存在。但是有一件事我们可以教给孩子们，可以帮助他们更好地自我成长——聆听自己的心声，听听内心深处的对话，让自言自语更像教练，或像评论家，或二者兼有。

38

到室外去，到没有屋顶的大自然

我学到了一个新规矩，是从一位在明尼苏达州长大现居住在西雅图的妈妈那里学会的。首先声明，地方不同气候不同，这都不是理由。

在很多地方，我都说过这样一个事实：养育孩子没有绝对正确的方法，只有一些重要的安全常识。作为一名母亲和儿科医生，我认为养育孩子没有什么谁是谁非，只有很少一部分大家都要遵守的安全常识，如定期给孩子接种疫苗，正确使用儿童汽车安全座椅和系好安全带等。除此之外，育儿过程中更多的是仁者见仁智者见智，没有绝对的错与对。在养育孩子上，大部分人都表现不错，也没有什么严格的规矩。出于爱和本能，我们都把孩子养育得很出色，健康长大，拥有完整的自我和睿智的思维。我们庇护孩子，保护孩子，一口一口地喂大他们，为孩子们遮风挡雨，保护他们免受伤害且提供学习和发展机会。

通常阅读育儿知识有助于打破自己的思维模式，有利于认识现状和激励新想法。尽管最近一位医生朋友告诉我他订阅了《足够好》父母杂志，我也赞同这样的做法，然而这个星期，我无意中发现还是有第三种“正确”的可能性（相对错误而言）。如果你们认为我有任何不对，请写邮件或者推特私信告诉我，因为我不希望反对意见仅仅停留在概念上。

> 每天陪伴孩子到室外去，去到没有屋顶的大自然里。

随着生活对数字化产品的需求越来越多，科技也一步一步渗透到生活的每一个角落，而带孩子到室外活动，让孩子接触自然，亲近自然，仍然是保持生活健康的基本方式之一。最好能让孩子自由自在漫步在自然里，或观察，或玩耍。这样不仅能让孩子得到锻炼增强体质，而且还能激发孩子对自然的热爱，体验自然界的奇妙。自然，其实就在我们身边，可以是道路旁边的树枝，或者大街旁边的草地，自然也可以是你看到的、听到的、闻到的或者是摸到的，总之不是人造的就是了。所有这一切，每天都存在。在我看来，现在的人好像遗忘了自然，更加忘记了要让孩子优先跟自然建立联系，跟我们的地球亲密接触。

即使在室外的时间只有 15 分钟，也要优先安排时间带孩子们到外面去玩耍。

所以好好准备好外套、手套、帽子或防晒霜。只要孩子没有生病，做好适当的保护措施，尽量每天都带孩子到室外活动活动吧！

多带孩子去没有屋顶的大自然中！

医生妈妈醒神提点

小贴士：去朋友家吃晚餐，选择只买单程票去，或请求配偶、伴侣开车顺带你和孩子到朋友家去；晚餐后和孩子约定一起步行回家，下雨天也不例外。

事实：儿童肥胖比青少年肥胖要多 1 倍，而且比过去 30 年里增长了 3 倍以上，这里部分原因是儿童缺乏运动的后果。

事实：自然缺失症是由理查德·洛夫在他 2005 年出版的书《林间最后的小孩》（*Last Child in the Woods*）首次提出来的。洛夫相信人类，特别是孩子，在室外活动的时间越少，就越容易导致行为问题。

39

学习接受失败

在两个孩子分别是3岁和5岁大的时候，很多周末我们都是在家玩牌度过的，玩得最多的是这两种游戏：优诺牌和二十一点。那个时候，大儿子芬恩表现得非常好胜，希望猜中所有的出牌，希望次次都能赢。他真的很喜欢玩优诺牌，当他手气好时，就在他扔出“逃过”或“+4”的牌时总是会得意地咯咯笑。同时他也表现出非常讨厌失败，事实上他很少判断错误，所以大部分出牌还是在他的预料之中。他一直是一个非常有礼貌的孩子，一旦出现让我们失望的行为，还是会非常认真对待。他也不喜欢让我们失望。

在一个星期四的下午，连续输了两次之后，坐在椅子上的他开始崩溃了，把手里剩下的牌乱扔到桌子上，还发出无奈的叹息。几分钟戏剧性表演之后，我打断了，并告诉他，必须在我们下次玩游戏的时候好好坐好，即使输了，也不能发脾气。我跟他解释说，“如果跟朋友一起玩牌的时候，他们赢了，你却不跟他们庆祝，他们以后就不会想再跟你一起玩了”，还有“玩牌的每一个人目标都是一样的，都希望赢，有时候你的手气也会不好，不可能一直都赢”。

我告诉他，做法非常简单，保持礼貌，在别人赢的时候表示祝贺就可以了。

接下来的游戏，他继续玩，然后是奶奶赢了。在奶奶赢的时候，芬恩就开始说：“奶奶，祝贺你，非常棒！”他手握着自己剩下的牌，微笑着。虽然是我在逐字逐句地教他说，脸上的微笑也有些勉强，我也承认，这样的做法并不是很理想。老实说，我也不知道自己这样做到底对不对。

就在我们玩游戏2个小时后，丈夫乔纳森读了一篇《纽约客》的文章给我听，讲述的是彼得·蒂尔和他想赢的渴望，在儿童时代就造就了他非凡的数学能力和对围棋的爱好。

彼得·蒂尔长大后成为一名数学天才，也是美国名列前茅的国际象棋手。后来他又成了一名非常成功的企业家和投资者（他创立了网上第三方支付贝宝，同时也是脸书的原始投资人）。他的人生可以说是真正解读了赢的渴望和成功之间的关联。

纽约客的文章是这样描述的，蒂尔的象棋盒子上贴着他的座右铭“天生的赢家”。然而在上大学期间，在少数几次输掉棋赛的时候，他被人称为“暴君”，他把棋子怒扫落地。在青春期发脾气的时候，他还有可能说过，“给我看看一个好的失败者是怎样的，我也可以展示给你看！”

还好你还在看，这个男人，在孩童时代也是无比渴望赢，长大后成为一名卓越的企业家。于是，我疑惑了，一个人失败了，还可以怎么表现好呢？什么样的竞争战斗精神才能让我们的孩子发挥最大的潜能，取得非凡的成就？有时候就像芬恩刚才机械式地重复说“恭喜你，奶奶”，并不是很好的做法。是的，孩子要有礼貌。在我心中，尊重是必要的，我们大多数人都希望过一种相互尊重、相互理解、丰富多彩的生活。但是，在失败的时候教孩子说“祝贺你，奶奶”，第一次真正给我留下了育儿的困惑。问题的本质在于，你是希望孩子在面对失败的时候会怎么做，做一个顽固的天才赢家，还是做一个有礼貌的失败者？我不得不承认，自己也不确定，但我相信还有第三种可能性……

40

规划一次度假

随着“阵亡战士纪念日”（一般是 5 月 30 日）的来临，我们也开始想象夏天该怎么度过。通常这个时候，我们会计划外出野营或者出去度假。说到旅行，那就有很多方式来打发炎炎夏日。精简版：今天就开始计划一次度假。停止现在所做的事情，在日历上做一个标记，保留一些时间给家人。相信我，这会让你倍感幸福。

快乐，追求快乐，感觉 / 体验快乐，通常是我们做决定的一个激励因子。尽管我们所有人无时无刻不在追求幸福快乐，但是仍然只有少数人觉得幸福。在阅读关于幸福的文章时，经常会说到专注，专注当前和尽量做到最好。这样看来，如果我们停止了对未来的规划和思考，或对过去的失落和遗憾，会发现自己更明白，更幸福。然而对于夏天度假来说，调查数据显示却有所不同。

根据 2010 年荷兰的一项研究发现，为度假做准备，比度假本身还能让你觉得幸福。如果希望拥有一次美妙的假期，就必须精心安排好假期规划（度假计划）。休假的积极影响不会持续很长时间。以往的研究发现，休假前我们经历的职业倦怠期和工作压力，会在休假后 3 ～ 4 周又恢复到同样的水平。

荷兰的这项研究可以指引我们，如何真正最大化利用这有限的人生时间。

- 研究人员调查了 1530 人，询问了他们的度假计划、休假时间、假期里的压力、休假频率、健康状况、他们的性格类型（外向型）及幸福模式。试图寻找到底是假期的哪一部分让人觉得幸福。
- 为度假做准备的期待与度假后的满足是完全不同的。统计发现，在家为度假做计划时的开心和假期里的欢乐有明显的差异。然而，随着假期的结束，这两者之间的差异也会慢慢消失。
- 有调查数据显示，在夏天（或一年）里做多次短期旅行，比一个长假期能让人觉得更幸福，就是因为假期准备时的满心期待。与短期旅行相比，时间长达两个星期的假期看似“更悠闲”，然而总的来说，一旦我们返回工作，长假期的效果也不会长久持续或有任何不同，因为工作中无尽的邮件、会议和琐事会把我们淹没。

备注：准备一个周末假期（或多个短期旅行）与准备一个长达两周的海滩假期，幸福感觉是一样的。

人们在一年两次或者多次短期度假中获得的快乐，比一年一次长假期中收获的要更多。

所以，旅行前的准备时刻——也是欢乐开始的时候。尽管带着孩子出去旅行会比较麻烦（我喜欢把带孩子一起出去玩叫作旅行而不是度假），而且开心也不是唯一的目的。带孩子出去旅行，是一起留下美好回忆，一起探索世界，一起满足好奇心，是珍贵的家庭聚会时间，可以体验不同的风俗文化。因此旅行的前期准备也是非常重要的一部分。

为孩子们保留一段时间，一起去创造记忆中永恒的美好片刻。为了让我们感觉更开心，更幸福，提前和孩子们一起精心准备度假吧！从今天开始算起，我们可以获得更多的准备假期的欢乐，即使是外出一天的假期，也同样值得期待。

41

为什么小马没有赢

就在讲完睡前故事，坐在芬恩的床前时，我经常思考这个问题：为什么小马没有赢？那时候芬恩 4 岁半，脑子里充满了无数稀奇古怪的想法。今天我们度过了一个童话般的上午，在邻居家参加了一个复活节聚会（有好多巧克力），在公园里搜寻复活节彩蛋，还有装饰复活节兔子，还有很多气球玩，而且还可以骑小马——一匹可供孩子骑的小马。一天就要结束的时候，太阳已经下山了，我心满意足，觉得自己跟孩子紧紧相连。丈夫乔纳森在医院上班，而且要随时候命，所以大部分的时间只有我跟孩子们在一起。就在我们准备睡觉的时候，我和孩子紧紧依偎在一起。看着房间里熟悉的摆设，回忆起一整天的活动，读完故事之后，我问了芬恩一个问题，然后我们一起讨论，一起寻找答案。

热闹的上午后，我的母亲过来了。天气放晴了，太阳也出来了。这个时候芬恩却不想睡午觉，于是我邀请他跟外婆一起在院子里侍弄花草，请他帮忙挖洞，清理泥土，然后种下新植物。太阳照得很暖和，泥土也不湿，铲子也不大，刚好适合芬恩使用。他帮着种下新植物，把石头从泥巴里拣出来，然后给新栽的植物盖上松软的泥土。他完全是我们这个园林小组不可缺少的一员，我们非常感激他的加入。他的热情让我们不知不觉就度过了一个下午（其实我不太喜欢弄园艺）。

“今天你最喜欢的一部分是什么？”在离开他的房间，关灯睡觉前，我问他。

我的心好像漏跳了一拍，看起来他好像在回忆一整天的经历。

“园艺。”他信誓旦旦地说。

人生其实是一个非常简单的问题，就是你是谁还有和谁在一起，怎么过日子而已。正是这种联系，这种奉献，这种成就感，让我们勇往直前，这也是人生的加油站，即使骑小马那么有诱惑力的事情，也抵不过亲人之间的相互陪伴。看看吧，小马也不是总会赢哦！

医生妈妈醒神提点

小贴士：当你准备好如何度过完美一天的时候，事情往往很糟糕，就在你不抱任何期望的时候，奇迹就有可能出现，也许就发生在孩子不愿意午睡之后。

链接：看看下面的链接如何度过美好一天：http://bit.ly/mdm-BeautifulDay.

真相：很多孩子在四五岁之后就不愿意睡午觉，还有一部分孩子可能更早，在一岁半的时候就开始拒绝睡午觉，但在 5 岁的时候，仍然有 25% 的孩子需要午睡，这些都是正常的。

42

睡眠常识

想要孩子快快午睡，你一定知道要做些什么。可能是带孩子去公园玩，让他们在地上跑跑跳跳，而且玩的时间要长。就在孩子筋疲力尽的时候，回家路上，你把车窗关起来，调低音乐声，所有这一切都是希望回到家时孩子已经睡熟了。直觉告诉你，孩子玩累了能让他们快快入睡。

我们大部分人都会这样做，包括我自己也试过。我们认为孩子的睡眠模式跟成年人一样。根据经验，我们知道，成年人在经历一天的忙碌之后，如婚礼、跑步或旅行，能睡得更踏实。同样我们也认为孩子玩累了，可以睡得更好、更香、时间更长。

残酷的事实却并不如此：这样做可能没有用，至少不会一直有用。

这是一个少见的例子，说明直觉有时也不可靠。特别是孩子长期睡眠不足的时候。孩子有不同的睡眠需求，而且睡眠模式也跟大人不同。

一位朋友，也是同事，美国儿科学会会士梅达·陈（Maida Chen）博士，让我对孩子的睡眠有了更清楚的了解。她是一位小儿胸内科医生也是睡眠专家。她也像是一枚定时炸弹——一名母亲，一名心肺科医生，一位睡眠医生，一位反射科医生的妻子，也是一位临床医生。她懂得很多孩子睡眠知识，知道孩子为什么要睡觉，也知道孩子为什么不睡觉。

我们谈论起午睡。对妈妈来说，孩子午睡，那段时间是最美好的。这并不是因为你不爱孩子，而是因为你仍然深爱自己。这绝对是难得的宁静时刻，孩子就在家里安静地熟睡着。

你终于得到片刻解脱！

在养育孩子这忙忙碌碌的日子里，你一定不知道自己身在何处该向何方了。孩子小睡的片刻，可以让你寻回自我。也就是这一个小时（运气好的话可能是两个小时），你可以回到自己的生活轨迹中，而且不会被打断。即使是去付电话账单，也可以安心地支付。况且，你可以把这些时间用来丰富自我，如看看书，跟朋友打个电话聊聊天，写写文章，或者让身体好好放松，对于你们这些积极上进的人来说，还可以去锻炼。

孩子们长大了，不喜欢午睡了，就在我对孩子午睡完全绝望的时候，我的病人帮助我认识到每周仍然可以有一个小时的安静时间，就在周末的中午。

那就是把孩子们带到公园里，让他们玩到筋疲力尽，就会好好睡上一阵。然而这个方法有时候也不行，了解睡眠的科学知识可以帮助我们更好了解为什么不行。那我们就从医生称之为“睡眠结构”开始说起。根据睡眠状态的表现，有剧烈活动时期也有平缓时期，眼球快速运动和脑电波运动的时候，把这一阶段的睡眠称为快速眼动浅睡眠阶段，我们的睡眠会在这一阶段进进出出。把这看作是一条美丽的分界线。睡眠专家研究我们的睡眠结构，来评判我们夜晚是否睡得好，是不是得到了高质量的睡眠。每个人每晚睡觉的目的都是相同的，希望得到高质量、充足的睡眠，能让身体和大脑好好休息，第二天精神焕发。

温迪微语

睡整觉——最近儿童睡眠专家向我解释说，6 个月大的婴儿晚上大脑活动跟 18 岁的成年人一样。

慢波深睡眠是睡眠结构的另外一部分，处于这一阶段的人看起来就好像一具尸体，睡得非常熟，都不会动一下，是在真正地休息。想想孩子在车上睡着了，你还可以把他抱到床上，都没有醒，慢波深睡眠是与世隔绝的睡眠阶段。

一点儿也不奇怪，慢波深睡眠与年龄也有关系。与上学的孩子，或青少年，或成年人相比，婴幼儿拥有更多的慢波深睡眠。大部分的孩子（成年人）这一部分的睡眠会出现在夜晚睡觉的时候。然而，有研究发现运动员在跑完马拉松比赛后，睡眠会有更多的慢波深睡眠，从理论上说就是因为他们太累了。

婴幼儿，就算他们平时休息得很好，在经历长时间的大量运动或接近马拉松的运动量后，慢波深睡眠也会增加。但是也会有例外，陈博士说，“如果孩子长期睡眠充足，或者很累，已经建立起了正常的睡眠结构。”

“很多父母都错误地认为让孩子玩到累有助于改善睡眠，”她说，“但有时候可能相反。”剧烈运动，如阳光明媚的周末长时间徒步，可能真的可以增加慢波深睡眠。但是陈博士也说，“只有孩子在活动前休息好的情况下才可以。如果孩子长期都睡眠不足，一直都比较累，增加孩子的运动量，可能会让孩子更兴奋，只会让孩子睡得更少。”

我把这理解为，让孩子剧烈玩耍可能会让孩子更疯狂。要知道，对于婴幼儿和学龄前孩子来说，像这种疲惫—疯狂—激烈的运动的模式，不知道什么时候才会让他们筋疲力尽。

所以，如果你自己睡眠不是那么有规律，而且家里还有一个熊孩子，那就不要开车带他去游乐场或迪卡侬全能运动场，不要一玩就是四五个小时。让孩子安静地待在家里，给他读读故事，尽量让你们的午睡时间一致。不带孩子去迪卡侬全能运动场，才有可能让你们美美地睡个午觉。

43

愤怒的陷阱：坏脾气

发脾气是孩子成长过程中非常正常的一部分。通常 1 ～ 3 岁的孩子最爱发脾气，就如大家知道的那样，有些孩子就像火药桶，一点就着，有些孩子则不怎么发脾气。在孩子会说话前和学说话的时候，更容易发脾气。孩子会说话前，在他们感觉沮丧、挫折、饥饿或者不满意的时候，发脾气会让他们更快得到满足。

我们知道发脾气是沮丧和愤怒的混合体，也知道随之而来的就是难过和忧伤。我们习惯性地认为发脾气通常以生气愤怒开始，以难过悲伤结束，然而新的研究发现，发脾气虽然是一瞬间的事情，但真的有一定的节奏和模式的。我们越了解发脾气的模式，就越能控制自己；在孩子的坏脾气成为真正的问题或麻烦时，就能够有效破解这个谜题。如果你对孩子的坏脾气有任何疑问，认为需要医生的帮助的话，直接跟儿科医生说。

面对孩子的坏脾气，你还是有很多事情可以做。现在，我们大家都需要平静下来，这也可能是最难的事情了，但是一定要找到方法去平息自己的怒气，自身的挫败感也会传递给孩子。有一些研究人员把这称为“愤怒的陷阱”。这种说法来源于此：如果孩子正在生气，如果你向他提问，你也跟着生气，只会让生气愤怒升级，延长发脾气的时间。孩子生气的时候，尽量忽略，装作看不见。

孩子生气的时候，如果要问孩子，就问具体的问题，不要问开放性问题。要问这样的问题“你是要橙汁还是牛奶呢？”尽量不要在孩子生气的时候提问，给孩子一些时间，用来平息他们自己的怒气。我们都在学习如何应对坏脾气，但是发脾气肯定会有难过和伤心。就我自己来说，当我静下来就会提醒自己不要乱发脾气，也开始运用一些新技巧来帮助孩子平息怒气。这些技巧很有用，而且对孩子来说效果也很好。

温迪微语

两岁孩子的脾气就如史诗般波澜壮阔，刚刚就发生在我们家里，以防万一你不知道那高昂的尖叫声来自哪里。

有时我们确实很难平息孩子的愤怒，但是下面两种情况不能忽视：

- 如果孩子发脾气时，冒着生命危险跑到街上去或者处于危险之中，一定要紧紧地抓住他，或抱住他，让他清楚不能拿自己的生命当赌注。
- 如果孩子又踢又咬的话，请立即停止，清楚告诉他，伤害自己和他人都不可以。

须知要点：孩子 3 岁以后，坏脾气会有所收敛改善，虽然有时候还是会发脾气。在孩子 1 ～ 3 岁期间，即使是面对正常的需求，也有可能会发脾气。如果你对孩子的行为有任何担忧，请跟医生说。面对孩子的坏脾气，尽量保持冷静，向朋友和家人寻求帮助。了解如何保持镇静，如何做到最好去安慰孩子。

2012 年 6 月，就在加拿大奥克兰机场办理登机手续的柜台前，我们经历了最恐怖的一次坏脾气。不知道你有没有碰巧听到？我真的需要紧紧地抱住孩子，要不然他就跑到危险的车流中去了。孩子大发脾气招致很多路人的凝视和回避，有时候这些凝视感觉好像是批判，让我们感觉很糟糕。平静下来后，我跟不到 3 岁的孩子解释说，他刚才的行为就好像动物一般。我觉得越来越尴尬，越来越沮丧，这是我们从来没有想到过的，也是非常难忘的时刻。原谅，也很容易。你有没有读过《恐龙是如何说我爱你？》（*How Do Dinosaurs Say I Love You*？）这本书呢？这本书能帮到你，非常好看，完美地捕捉描绘了这种情绪。

事实如此，奥登比他哥哥更像是一个火药桶，脾气更大。这一方面，从养育他哥哥身上我真的是一点儿都没有学到。就在机场脾气爆发后不久，奥登又发了一次大脾气，这次导致我错过一次会议，孩子的坏脾气就像龙卷风一样把我困住了。后来我花了大量周末时间来陪伴孩子，以此来避免孩子发脾气。说到发脾气，我们都知道应该冷静下，但这是很难的。我们的孩子会发现所有隐藏的底线，能让我们的愤怒迅速升级。你不可能每一次都能避免，但是下面这些点子可以让你更从容应对孩子的坏脾气。

八招巧妙应对孩子发脾气

- 给予孩子足够的关注，照顾好孩子的情绪。在孩子表现好的时候，奖励要具体。也不要认为，一个孩子比另外一个孩子爱发脾气，就是因为没有给予足够的关注。孩子爱发脾气，也与本身的性格有关系。
- 孩子发脾气的时候，让孩子在小事情上有控制（提供一些小的，导向性选择；而非是或否的问题）。

- 转移注意力，换一个地方，给孩子一些安全的玩具，也可以傻一点儿，唱歌给孩子听。
- 尽可能温柔而坚定地包容孩子。有时还要向孩子低头来平息怒火，这也未尝不可。然而，日子一天天过去，保持一贯的良好态度才是减少孩子发脾气的次数和降低程度的关键。所以还是留给时间吧，1 ～ 3 岁的孩子最爱发脾气，然而有些孩子上小学了，也还是爱发脾气。
- 清楚孩子的底线。显然，有些日子是比较难过。有时候我们就是没有做完需要完成的任务。昨天还有人在推特上发私信跟我说，火星在逆行，我也不知道为什么会如此凄惨……
- 不要忽视孩子这些行为，包括打、踢、咬和丢东西，对于这些要采取零容忍态度。
- 适当满足孩子的需求。如果出门在外，孩子是因为肚子饿发脾气，就带些健康的零食在身边；如果孩子是因为累了发怒，那就让孩子好好小睡一阵儿，就算会错过一些事情也没有关系，有时候这样对大家都好。
- 如果需要，让自己也好好休息一会儿。当你觉得挫折沮丧的时候，可以与家人朋友轮流照顾孩子。

医生妈妈醒神提点

链接：剖析坏脾气：http://bit.ly/mdm-tantrums.

小贴士：你也可以因为孩子发脾气而生气，不过要等孩子睡觉后哦！

44

分离焦虑

这篇文章将讲述分离焦虑：这是孩子成长过程中重要的里程碑，久久难忘。其实，孩子对于自己失去的东西都有记忆。一旦孩子已经开始认人了，熟悉的人突然离开他，就会导致他们焦虑不已。大约在 9 ～ 10 个月大的时候，大部分的孩子都开始表现出分离焦虑情绪。从这个时候到 18 个月，这种分离焦虑随时会出现在孩子身上，有些孩子可能只会持续 3 天，有些则会持续 3 个月，有些还可能会更久。

需要知道的事情

分离焦虑一般出现在转变期间，所以尽可能地保持一致。要知道孩子在你离开之后，一般还是会平静下来，恢复日常生活。给孩子一个过渡期的玩具，让他可以随时抓着。然后解释，你会什么时候回来。不要说“我会 3 点钟回来”，要告诉孩子，你会在他午睡后回来，这样他就真的能理解你会在什么时候回来，然后一定要遵守诺言准时回来。当你告诉孩子你会在他午睡后回来，那就要这样做，这样才能真正赢得孩子的信任，孩子也会开始学习离开你该怎么独立。

分离焦虑在孩子之间也有很大差异。有些宝宝可能会变得歇斯底里，即使很短时间没有见到妈妈，而有些孩子则会表现出持续的分离焦虑症状，从婴儿期，到幼儿期，一直到学龄前，我家里就有一个这样的孩子。面对孩子的分离焦虑，需要准备充分，离开时要快，同时也需要时间来解决这个问题。其实在我们跟孩子分开的时候，对双方来说都是一种煎熬。我们常常这样说服自己：孩子一定会在离开几分钟后就不哭了。就在孩子抱着你的大腿，哭着请你留下来，不要走的时候，你们是不是觉得自己做错了呢？作为一名职场妈妈，分离焦虑一直困扰着我。虽然这是一种非常正常的行为，也是我们和孩子亲密无间的美丽标志，但是分离焦虑还是让我们忧心忡忡。下面讲述分离焦虑的真相和在转变期间，缓解孩子分离焦虑的六个技巧，这都是我的亲身经历（每一个都是我从错误中学到的，说起来都是血）。

分离焦虑的真相

- **婴儿期间：**分离焦虑出现在孩子具有识人辨物的能力之后。一旦宝宝知道你真的要走（就算你还没有离开），这都可能导致他不安。虽然有些宝宝在四五个月大的时候就表现出会认人了，那么分离焦虑就会出现更早，然而大部分的宝宝则是在9个月左右时，才发展到有识人辨物的能力，才会真正表现出分离焦虑。如果孩子饿了、累了或者是不舒服，分离焦虑会更严重。如果这天真的非常艰难，那就缩短分开的时间，尽量让这成为生活中的惯例。
- **幼儿期间：**很多孩子在婴儿期间并不会表现出明显的分离焦虑，而是在15个月或18个月的时候开始出现。在孩子饿了、累了或者生病的时候，会更难分开，这也是幼儿期间最难度过的一段时间。伴随着孩子独立意识的发展，这时候他们可以更清楚知道分离是什么。这个时候分开，他们可能会表现出大哭大闹、哭泣不已的行为，而且很难制止。
- **学龄前孩子：**到3岁时，大部分的孩子已经非常清楚他们的分离焦虑和请求对我们的影响了。这并不是说孩子们就不紧张了，而是他们也在寻求变化。记得保持一致的立场，不要因为孩子的请求就回来，更不能因为孩子的焦虑而取消计划。因孩子请求而提前回来的做法，无异于在破坏之前持续的做法和解释。

如何缓解分离焦虑？

- **建立快速告别：**即使你是要做棒球大联盟那样夸张的动作，也要记得在房间里给孩子三个亲吻，再给孩子一条小毯子或一个玩具，在你离开后它们可以代替你陪伴宝宝，让分别时刻短暂而甜蜜。一旦停留，就会延长分别时刻，孩子更容易焦虑。
- **保持一致：**每天在固定的时间，做相同的分别仪式，尽量避免突发因素。让分离成为一种日常习惯，这样可以减少悲伤，也能帮助孩子建立信任，学会独立。
- **充分关注：**在分别时刻，给予孩子足够的关注、爱抚和情意。然后快快地说再见，离开，尽管孩子可能会滑稽地或哭着求你留下。
- **遵守承诺：**当你遵守诺言准时回时，其实也是在建立孩子的信任和独立，孩子也会变得更自信。在这方面，我犯过的最大错误，就是在凄惨的分别后，一个小时后又回来看他。我非常想念他，回来看他虽然非常好，结果不但延长了分离焦虑，还重复了一次分别过程。就在几天后第二次分开的时候，场面凄惨好像核爆炸。

- **承诺要具体，孩子听得懂：**在你们商量何时回来时，要说得具体，让孩子能理解。如果你知道自己能在 3 点钟回来，要根据孩子的作息规律来说，例如说“我会在你午睡后下午吃点心前回来”。定的时间是他能明白的，如果是要出差 3 天，不要说“我会在 3 天后回来”，而要说“我会在你睡 3 个夜晚后回来”。
- **练习分别：**带孩子去爷爷奶奶家，安排好时间，周末请朋友或者家人帮你照顾孩子（即使一个小时也好）。在孩子上日托或者幼儿园前，多多练习分别仪式，等到实际分别的时候，孩子就会很熟悉。给孩子机会，当你不在的时候他有充分的时间来准备，来体验，来学习。

对于学龄前孩子来说，每天持续出现分离焦虑还是比较少见。如果你对孩子的适应能力有任何担心，可以跟儿科医生好好谈谈。在这种情况下，毫无疑问儿科医生可以安慰你，给你支持，帮你消除不安，还可以制订计划来帮助你和孩子。

45

一封希望永远不会被读到的信

芬恩3岁开始上幼儿园，幼儿园要求把下面这封信增加到急救包里。为了预防真的发生灾难，幼儿园要求准备一个急救包，急救包里有一加仑（约4升）水，一条毯子，还有一封安慰孩子的信。要写这样一封信，我有太多太多想说的了。直到幼儿园发来跟进邮件，我都还没有写好发出去。一想到万一真的发生灾难，孩子有可能与我们分开，实在是太凄惨了，此时此刻，竟然真不知道该说什么。

亲爱的芬恩：

在你刚刚学会说话的时候，总是把“OK”说成“kokay”，我非常喜欢听你这样说。词语开头多出来的“K”是你的专属标志，而且一直持续到你2岁半左右。这个非常有趣且可爱，你是这个世界上唯一一个这样说“OK”的小男孩，是那么特别。整个幼儿园的孩子里，我只是听到你这样叫着“kokay”，从这个房间跑到那个房间。

现在你会说“OK”了，也知道是什么意思了，现在就说出来吧！芬恩，你很好！

今天是非常有趣的一天，但是我们永远在一起。就在你的身边，握着你的手，在你耳边说着悄悄话，触摸着你的指尖，我们鼻尖碰着鼻尖。你可能看不见我们，但我们却跟你在一起。就好像小羊驼故事说的那样，就算你觉得妈妈离你很远，其实妈妈就在你身边。

你很快就能见到爸爸妈妈了！我们微笑着，拥抱你，紧紧地抱住你。我们将会一起完成更多的奇妙旅程，直至天际。我们一起漫步在蓝色的天空下，一起观看日出，一起在日落时分跳舞。我们也会一起去爬那些山尖雪白的高山。你、奥登弟弟、爸爸和妈妈，我们一家会创造出更多更美好更奇妙的旅程。你要相信这一切很快就会来临。

做一个勇敢的小男孩，直到我们再相见。帮助身边的朋友，听从老师的安排，做一个善良、可爱、勇敢的好宝宝。

我知道你一定会说“kokay”的！

我们爱你比月亮还多，比太阳还更多，比地球上所有的水还要多！亲爱的，很快就能见到你了！

非常非常非常爱你的

爸爸和妈妈！

我尽量去写好这封信，以后奥登上幼儿园了，也要写一封给他。虽然写这样一封信，感觉好像我要永远离开他一样，但是在写完之后，还是轻松不少。如果真的有灾难发生，有这样一封信总是好的。对于自己写出来的东西，我还从来没有希望过不要被人读到，但是这封信，我却希望芬恩永远不会读到！

46

神奇的周六盒子

在繁忙的日常生活中，我们都希望能有一些趣事来增添生活的乐趣。我觉得星期六的神秘盒子是值得考虑的做法。

在我很小的时候，我们家就有一个这样的神奇周六盒子。那个时候我还刚开始上学，大概是三四年级，父母亲就在家里设置了一个周六盒子。母亲说她也记不清楚是从哪里学到这一招的，但是在那个时候就把它用上了。任何东西在我们家的公共空间里待的时间超过一定期限，都会被扔进这个周六盒子里，而且被丢进盒子里的任何东西，无论是哪天丢进去的，都要等到接下来的星期六才能取出来。

这样的做法可以很好地建立每个家庭成员的责任感，就在你们家里，在这个微型小社区里，这是一个非常好的开始。孩子们还会不负责任，任由自己东西乱放吗？生活在同一个屋檐下，孩子们能不能学会相互帮助相互尊重呢？不再会漠不关心了吧？愿不愿意在自己家里也设置一个这样的神奇魔盒呢？能不能从现在开始就把躺在地板上的玩具丢到这个盒子里呢？发现了一个早就该被丢进盒子里的球躺在地板上好几天了，会有人去做吗？孩子心爱的玩具会不会也被扔进去呢？那么爸爸妈妈的私人物品，如果在外面很长时间了，是不是也应该丢到盒子里去呢？

好好利用这个神奇的周六盒子来整理屋子，还可以培养孩子的家庭责任感。

并不是说我的父母就做得很好，那个时候大概是 1983 年，我认为这个星期六盒子大大超出了父母的期望。这个盒子激发了我们全家人的责任感，帮助建立了更民主的家庭氛围，还让我们家里变得更整洁了；减少了家庭争吵、失望、愧疚，消除了紧张气氛；大家都变得更有责任感，对于这个家更有主动权了，家里更有秩序了。更有意思的是，这个盒子不单单是为我和弟弟设置的。父母亲的很多东西如果不收拾也会被丢进盒子里，这也为我们树立了平等意识的概念。毫无疑问，偶尔我们也会争强好胜，我还清楚地记得有一次爸爸的钱包被丢进了盒子里，导致要紧急召开家庭会议……

47

给孩子足够的玩耍时间

在成为执业儿科医生的头几年里，给3～10岁孩子做健康体检时，我总是会问一个问题，这么多年来几乎是同一个问题。这并不是预先定好的，如同所有的医生一样，我会询问孩子的各个方面，引导他们描述自己的经历和信仰，倾听他们的语言，观察他们的发展。从这个过程中，就是从小朋友愿意说出的话语中，我可以更加了解他们，知道他们的语言接受能力（理解能力）、表达能力（他们怎么说——流畅、准确地说出完整句子）和认知能力（孩子们如何理解概念和理论）的发展。在检查室里，没有孩子会像在家里一样说那么多的话，儿科医生当然也知道，但是这些问题是了解孩子健康和认识理解他们的重要途径，当然也是我一天工作中最喜欢的部分。

几年后，问题更加标准了，有些事情也变得更清楚了，很多孩子对于这个问题的答案几乎一样，一字不差，到今天已经超过7年了。

问题就是："你喜欢在家里做什么？"

通常我期待的答案是这样的："看电视""打游戏"或"玩芭比娃娃和玩具屋"。并不是因为我的期望太刻板，只是希望孩子能说更多细节和画面，而且很多孩子都喜欢这些；然而事实恰恰相反，这么多年来对于这个问题，孩子们的答案似乎是统一的，而且只有一个字。这让我非常惊讶，这些孩子几乎都在说同一件事情。

这就是"玩"！只有一个字！

并不是"玩"什么，而是只有"玩"。让人感觉这好像是在定义他们的所有权、他们的自由和他们童年的幻想。就如我们大多数人一样，孩子们喜欢在自己的空间里创造、发明、想象和与朋友交往，就在单纯玩的时候。

当然，这也不全是惊讶。蒙氏教育的创始人蒙台梭利本人就认为孩子们的工作就是玩，孩子们通过体验不同环境，建立联系，以此促进自身的发展。

很奇妙，是不是呢？

学龄前儿童和玩

3～5岁的学龄前孩子，有四分之三在上儿童保育中心，而且超过一半的孩子是在幼儿园、日托班或托儿所中心。孩子3岁以后，大部分的活动时间并不是在家里，更多是在幼儿园里，早上6点早早离开家去到幼儿园，要到下午6点才接回家，很少有户外玩耍的时间。

运动是预防孩子超重、儿童肥胖最根本的方式，因此幼儿园怎么安排孩子的时间，一天有多少户外运动时间至关重要。在2012年美国儿科学会的一项研究中，研究人员采访了来自不同幼儿园的幼教老师和托儿所负责人（俄亥俄州），发现幼儿园限制孩子户外活动的因素主要来自这三个方面。

- **担心受伤：**儿童安全是幼儿园老师和孩子父母关注的主要问题之一。毫无疑问，老师感受到来自父母亲的压力，就会限制孩子剧烈运动，以免受伤。还有各个州对于幼儿园安全设备的规定也是非常严格，这也可能在实际中限制了孩子的户外活动。很多老师也说，幼儿园配备的攀爬设施和游乐设备容易让孩子觉得枯燥乏味，孩子们总是想创造出一些新方法、新花样来增添挑战性（比如滑滑梯）。每一个父母都知道，孩子们最喜欢的游乐设施往往不是为他们设计的，即使严格的使用说明也没有想象中那么有用。
- **财政限制：**很多老师说，有限的财政预算也限制幼儿园为孩子们提供最佳的运动设施。某些情况下，户外活动的设备都比较昂贵（一个攀爬设备要1万美元），而且很多孩子的父母都更重视“学业”，因此导致有些幼儿园没有优先安排孩子运动。最后就是学习课程优先于各种运动，老师们是这样说的。而且幼儿园里提供的运动场所也并不是一直最佳。
- **重视学习：**这也是有历史缘故的，父母历来比较关注学习而比较轻视运动。老师们说，来自社会上层和底层的父母尤为重视孩子的学习，增加了早期教育中孩子们的学习压力。父母对学习的重视，导致了对身体活动关注的减少。

与其把矛头指向那些望子成龙的直升机父母和不希望孩子输在起跑线上的火枪手父母，还不如思考一下，如何更多参与到孩子所上幼儿园的课程设置中去，如何更好设计孩子在幼儿园的每一天。与其站在一旁大放厥词，不如学着去接受现实，这就是孩子们生活重要的一部分。最新的研究数据显示，合理的运动确实有助于孩子们的学习。而且在学前班的课程安排中，我们都知道运动是保证孩子身体健康重要的一部分。道理非常简单，我们在户外运动的时间越多，生活质量相应也会提高，当然希望学龄前孩子也有丰富多彩的户外运动。

游戏活动课程

课程中安排的游戏活动，与孩子们在家里的玩耍又有本质的区别，幼儿园设置的活动都是经过精心设计、浓缩提炼的，而且我认为这两者是互补的。2010年我读到了一篇由埃里卡·克里斯塔基斯（Erika Christakis）和尼古拉斯·克里斯塔基斯（Nicholas Christakis）写的文章，阐述了游戏对于学习的重要性。埃里卡是一位早教老师，尼古拉斯是一名医学和社会学教授，他们在CNN的一篇文章里面，抓住了问题的本质——如何让孩子顺利读完大学。那个时候，他们两个在哈佛的一个社区里面担任舍监，他们说，“乐愿学”的技巧能让一个成功的幼儿教师或大学生更好地处理自己的情绪，学习也更主动。

孩子非常热衷于玩，而且也很享受玩的乐趣。我们要多找些时间，多安排些活动，让孩子们玩得更尽兴。

玩和休息

孩子们有自己独特的自我调节机制。我们的孩子有开心的日子也有不开心的日子，有高兴的时候也有难过的时候。学业取得成功的一个先决条件就是能够控制冲动，一部分孩子就是通过玩耍来进行自我心理和行为调节。

玩，并没有在有些学校得到重视。根据2009年发表在《儿科学》（*Pediatrics*）杂志上的一项研究，发现有30%学习不怎么好的孩子，也没有什么时间休息。根据比较休息时间，研究也指出，拥有较少休息时间的孩子多数是黑人，或是来自低收入和受教育较少的家庭，生活在大城市里面，从南到北都有，大部分上的是公立学校。

随着研究的不断发展，对于玩耍的作用和以玩为基础的课程更加重视，我们也看到学校在安排越来越多的休息活动时间给孩子们。2009年的这项调查，对比了那些拥有更多休息时间的孩子和较少休息时间的孩子，老师们普遍评价前者的行为有明显改善。自从发现休息活动（无论室外还是室内）能明显改善孩子在教室学习的专注力之后，还进行了好几个相关的研究。当我的孩子在2012年上学前班时，一天有3次休息时间，我觉得非常惊讶。当然孩子也非常喜欢这些休息活动，我们也知道这些研究正在指导如何科学安排孩子的一天。

在2013年早期，美国儿科学会发表了一项促进休息活动的指导方针《课间休息的重要性》（*The Crucial Role of Recess in School*）。美国儿科学会从社会心理、生理、营养和情感认知等方面解释了休息的好处：“通过课间休息的玩耍活动，孩子们能学习到非常有价值的沟通交流技巧，包括谈判、合作、分享和解决问题的能力，以及应对技巧，例如毅力和自制力。”

埃里克与尼古拉斯的工作和他们正在进行的研究——玩耍休息对学业成功和心理健康的好处，都在提醒着我们以玩为基础的课程是多么重要。通过以玩为基础的课程，孩子们需要学习如何适应、如何合作。克里斯塔基斯说，玩能让孩子们学会轮流、等待、谈判解决冲突、解决问题、分享目标，更加灵活和即使失望也会继续前行。

一切听起来不错，让我们为一天有 3 次休息的学校鼓掌，期待孩子们有更多玩的时间！

医生妈妈醒神提点

父母权利和链接：如果你觉得幼儿园或学校没有安排足够的户外活动或课间休息，要跟负责人说，分享 2013 年美国儿科学会发布的指导政策《学校课间休息的重要性》(http://bit.ly/mdm-recess)。

事实：玛丽·蒙台梭利说过，“玩才是孩子的工作”，对于孩子来说，玩是如此重要，也是受联合国保护的儿童权利。

小贴士：非结构化的、自由发挥的玩耍，是我们能给予孩子最好的礼物。

48

足球妈妈

观看孩子们踢足球，让我度过了一个不同寻常的周末。让孩子们每个周末都奔跑在足球场上，其实也并不容易，而且我也不是一个爱坐场边的妈妈。我已经在冰冷的球场边待了好几年，也没有看出孩子们在此收获多少。无数次我就站在旁边，手里拿着咖啡，心里衡量着孩子们上足球课的收益和父母付出的成本，咖啡凉了，也没有结果。非常幸运，事情最近好像有所进展。我很确定，不止我一个人注意到了，孩子们也似乎有了不同定位。虽然我有在网上看，似乎也对足球很了解（一个足球场，一群兴奋渴望或疲惫愤怒的孩子，一个教练），孩子们的表现却在提醒着我收益的多样性。他们看起来好像已经把这绿茵场当作自己未来的一部分了。一个伟大的教练真的可以让孩子无比自豪和兴奋地活着。

好奇心是无价的，孩子们固有的天真无邪也会给他们的童年增添色彩。孩子们通常相信一切都有可能。从这个角度看，孩子们时时在提醒我们这些大人，机会就在我们身边，每个人都有自己独特的潜能。

下面分享我最近经历的两件小事，它们大大刺激了我做足球妈妈的兴趣。

第一件：芬恩，我的大儿子，今年 6 岁，刚刚完成了练习。就在他走向车旁时，爸爸对他说："如果你一直努力，西雅图音速队的主教练可能会打电话给我们，邀请你去为他们队踢球呢！"很明显这里有一个长长的停顿，是一个善意的谎言。然而孩子的反应却是：眼睛睁得大大的，喉咙里充满了期望，放慢脚步，抬起头，好像在确定自己的理解一样，然后说："真的吗，爸爸？"

他是真的相信。

第二件：在球场上发了几年脾气之后，我们 4 岁的孩子奥登终于享受到了踢足球的乐趣了，球场上有他的好朋友，还有一个年轻的教练，他把喜悦带到了孩子眼里。这个周末，在他们完成热身和技巧训练后，还进行了一场 10 分钟的比赛练习。在比赛中，奥登突破了对手的包围，长距离带球，还踢进了一个球。他非常兴奋，自豪，也很稳定。虽然我们在足球上已经努力很多年了，也不把进球等同于开心，但他真的是做到了。对于他来说，这是一个里程碑，是一件非常重要的事件。就在我们离开训练场时，他抓住爸爸的胳膊问："当我跑到下场射门得分的时候，是不是你一天中最美好的 BPOD?"

这就是我们为什么要回顾，作为一个足球妈妈，我一次又一次地获得了满满的正能量。

49

孩子们的慷慨

我 5 岁的大儿子在学校画画时，老是忘记给人画手臂。自从 9 月入学以来，忘记给人画手臂的情形，一直持续到学校召开秋季家长会。我也觉得很奇怪——当他在家里画画时，就记得画手臂，我们也没有提醒过他。最近他弟弟生日收到了一个画架，芬恩就画了这样一幅画，画里的人好像要跳出来，我很喜欢这幅画。不单单是因为他记得画手臂了，而是这幅画表达出来的意思。这个小小人儿看起来是如此慷慨大方，乐意与人分享。

帮助我们的孩子理解回报、给予、分享和表现慷慨大方是非常重要的事情。之前我这样认为，让父母做孩子的榜样，如果我们在孩子面前表现得慷慨，孩子们就会学着大方。

2012 年耶鲁大学公共科学图书馆进行的一项研究很有意义，阐述了我们年幼的孩子做出给予行为时复杂而成熟的心理机制，这让我意识到，我们需要更加谨慎而坦率地跟孩子谈论慷慨。说到慷慨大方，这并不是成年人的专利，其实是关系到整个社会。

成年人似乎时时刻刻都在表现自己的慷慨行为，而且都是独一无二，非常特别。研究的开始是这样说的。孩子们真正的资源分享行为最早出现在 2 岁左右，虽然这个时候孩子表现出来更多的是独占。

为什么孩子会如此早就展示和表现出这些社会行为呢？

研究人员想要了解的是一个孩子的慷慨行为会如何影响其他孩子、他们为什么会慷慨大方及慷慨的程度。最根本的就是，也是研究人员最想知道的，说到慷慨，年幼的孩子是否会受到其他人的想法激励呢？他们指出，虽然有明显的证据表明，孩子也想在他人眼里留下一个好印象，可能会表现出来非凡的慷慨大方；但是到目前为止，还没有任何研究，系统地研究过观众和暗示在儿童调节社会行为中的作用。

当其他人知道孩子要做什么时，孩子会表现得更慷慨

研究人员设计了一个实验，在观众不同、暗示程度不同的情况下（例如，他人可以看到容器内部情况），对一群5岁大孩子的行为进行观察。他们设计了一个贴纸机制，有时候是透明的（贴贴纸的孩子和接受贴纸的孩子心中都知道该贴多少贴纸），有时候则是只有贴贴纸的孩子知道要贴的数目。在两种机制里，研究人员都会让孩子去贴贴纸，有时看得到接受者有时则看不到。

结果非常引人注目：只有在贴纸接受者和观众都非常清楚选项的时候（比如，4个或1个贴纸），孩子们才会表现出持续的慷慨大方。当贴纸接受者无法看到选项时，孩子们则是非常小气。是否有观众在场和贴纸数目是否透明都能够影响孩子决定。研究人员在结果中这样写道："在实验中还有一个要注意的地方，就是参加实验的孩子都是被认为吝啬小气的孩子。事实上，只有在完全看见贴纸接受者和分配结果的时候，孩子们才会在本研究中显示出亲社会行为，而在其他条件下，孩子们都是吝啬小气的，只会给对方最少的贴纸。"

研究人员总结说，孩子们的慷慨程度是有差异的，这取决于接受者是否知道要给多少及是否有人在场观察。基本上，接受者知道孩子们必须给出多少的时候，孩子们会非常慷慨。看来孩子们在可以掩饰自己的"财富"时，他们就不会那么慷慨了。当朋友知道他们的选择时，孩子们会更加慷慨大方。

我认为这项研究向我们展示了，在很早的时候孩子们就已经在学习如何在社会中定位自己。远在孩子们建立自己的社交网络和社会声誉（通常是在8岁左右）之前，在有人观察的时候，孩子们就把给予作为一种策略，用来赢得慷慨的名声。

早期如何鼓励孩子慷慨

我们应该认识到，孩子们的慷慨行为及程度是会受到旁观者及是否有观察和理解而影响的。

孩子们可能经常认为给予是发生在竞争中的。在讨论的时候，研究人员就很怀疑孩子们是不是无意识地就把这个实验看作一种竞争（例如，实验结束时贴纸最多的小朋友就赢）。大家都知道，一旦意识到是竞争，孩子们就不会那么慷慨了。

大人也是如此。因此，我们可以帮助我们的孩子明白什么时候是竞争，什么时候不是。如果一场足球赛的目的不是进球总数，毫不犹豫告诉孩子，允许孩子学习传球和与队友合作分享。如果是一场正式的比赛，也要说清楚，让孩子们尽情发挥，不要在意结果输赢。

孩子们会调整自己的行为去回应观众。我们既需要在公开的场合鼓励孩子给予（如向学校捐款，赠送食物给有需要的家庭），也需要在私下或匿名的情况下鼓励孩子慷慨（做好事不留名）。

提醒孩子收到感谢信会很欣慰，但并不是必需的。作为成年人，我经常听到有人抱怨没有收到感谢信。就好像送礼物就一定要被别人认可一样，其实最大的乐趣在于帮助他人。当我们赠送他人东西或帮助别人时，尽量让孩子们知道为什么要这样做——就是帮助人而已。这真的不需要任何认可，就算没有收到感谢信，对那些需要的人来说，礼物的价值和意义一点儿也不会减少。

50 送孩子上幼儿园的凄惨经历

有时候我们觉得一切都在掌握中——一所新学校、一个新的日程安排、一种返回工作的义务。我们可以提早起床，挑灯夜战，提前为孩子们准备好午餐，起来迎接挑战。有时候这一切都会很顺利，每个人都能平安度过这一天。

有时则不是。

有时候离开孩子返回工作是一种悲催、凄惨的经历。

凄惨无比！

这并不是说我不在乎自己的工作，或对工作缺乏热情、激情，缺少关注和动力，只能说明我们更在意孩子。

大约是在2012年，送孩子上幼儿园的那次经历一直清楚地印在心里。那天我早早起来帮芬恩准备好午餐，然后带他去等校车，随后准备好让自己工作。但是一开始就感觉不是那么好，心里有一点儿愧疚，开始喃喃自语，“有时候醒来觉得有一丝难过忧伤”。在孩子们离开前，我就开始想念他们了。

那一天，我有点不想做妈妈了。

我在厨房里闲逛，洗干净孩子们早餐用过的碗碟，然后尽力振作自己。今天轮到我送奥登，我们3岁的孩子去幼儿园。他跳过学校大门，径直向教室走去，我示意他过来。就在这时，定时炸弹爆发了……

就好像他可以看见我的犹豫一样，他死死地抓住我的大腿，看着我祈求道：“请……请……请不要把我扔在这里，妈妈！”

一切都失控了，他抽泣着，我也开始抽泣。真是悲催的场面——我们已经这样好几年了——为什么今天又发生了呢？大约三四分钟后，我开始意识到自己的做法不是很好。我亲了一下他的手，并要求他也亲亲我的手（他拒绝了），然后就上车离开了。那天就这样过去了，就是觉得那天的天空似乎特别阴沉。

有时候，和孩子分别是很凄惨的，分离焦虑会在这一刻爆发。感谢上天，时间的魔力能够抚平这些沧桑。

医生妈妈醒神提点

书籍:《魔法亲亲》(*The Kissing Hand*)讲述了一个非常美妙的小故事，能够缓解孩子上幼儿园的分离焦虑，帮助孩子爱上幼儿园。建议去附近图书馆借回来跟孩子一起阅读。

事实：任何年龄阶段的孩子都有不愿意上学的一天。有时候这只是你和孩子亲密关系的一个美好标志。

51

“光盘”其实没必要

一些新的建议鼓励父母少做，不需要做那么多。2013 年的一项研究发现，控制型父母可能会妨碍孩子养成健康的饮食习惯。最新公布的数据显示，不单是控制型父母，就算是对孩子饮食采取常规做法的父母，在帮助青少年控制体重方面，也没有起到多少作用。《儿科学》（*Pediatrics*）杂志上发表的这项研究发现，父母亲通常鼓励体重健康的孩子多吃，要求吃完碗里所有的食物，有时还施加压力；而对于超重的孩子则禁止吃某些东西，限制食物供应。其实这两种做法，对于养成良好饮食习惯和身体健康，都没有被证实有用。

我们真心希望孩子能够自我控制能量（食物）摄入，而且有很多证据表明，父母的控制会妨碍孩子获得这种技能。

黄金饮食四原则

1. **区分责任。**父母有责任购买和提供健康的食物给孩子，孩子则有选择吃什么和吃多少的权利，当然这些食物都是父母提供的。我们可以运用营养学家艾琳·萨特（Ellyn Satter）的区分责任法，各自确定好自己的角色。每个父母都知道你不能强迫孩子吃，最好的做法就是停止尝试。让孩子自己的身体来做决定。如果孩子这一餐不想吃，那就等到下一顿再给孩子吃，让孩子知道吃东西是为自己，而不是为了爸爸妈妈。关掉电视，让孩子能够自己知道吃饱是什么感觉。
2. **肚子饿了就要吃，饱了就不吃了。**当孩子还是小婴儿，在喝母乳和开始吃固体食物的时候，就已经会这样做了。从幼儿阶段一直到青少年时期，我们父母最好的做法就是顺从孩子本能。感觉到肚子饿了，就要去找吃的，吃饱了，就要停下来，这是孩子与生俱来的本能，也是孩子健康一生的重要资产。

尽快停止强迫，让孩子自己决定吃多少，学会自己满足自己。

3. **不要求孩子“光盘”**。对于发育正常饮食健康的孩子，完全没有必要，也没有理由，在吃东西方面给予压力。孩子吃完正餐后，不要提供其他食物（如甜点）作为奖励，否则孩子通常会吃得太饱。新的研究还发现，使用小碟子有助于控制食物分量，最终可以降低热量摄入。还有其他好处，就是不需要再催促孩子吃干净，使用小盘子，孩子自然而然地就会“光盘”。
4. **一起吃**。我们能够给予孩子最好的教育就是自己健康的饮食习惯和行为。从小宝宝开始，一直到他们长大离开家门，尽量跟孩子一起吃饭。一天至少有一餐跟孩子一起吃，不一定是晚餐。没有必要单独为孩子准备食物，在准备食物的时候可以邀请孩子参与，吃同样的东西，一起分享你们的爱心餐。

52

每周过一天“离线生活”

对于“不插电生活”我不想多说，但是却想谈谈数字生活中的休息日，因为这变得越来越重要了。

就在这刚刚过去的 5 年里，我们发现自己被各种各样的电子屏幕包围了。不管怎样，我们还是要突破包围。当我放下电话的时候，老是心神不定，害怕错过什么重要的电话或信息，所以我需要一个仪式，让自己能安心离开各种电子设备，好好休息。

我也享受这些电子设备带来的便利，就在我出差离家几千公里远的时候，可以通过网络电话或网络视频聊天给孩子们读睡前故事。通过智能手机，我可以随时知道孩子们的状况：在学校、院子还是足球场上。我不会干涉别人用电子设备（除非你在开车）。

但是休息呢？它们已经成为我的救星了。

在过去的这些年里，我也做过一些数字休息日，虽然不是很多，还是有一些。具体做法就是从星期五日落时分一直到星期六日出时保持离线，不使用电话，不登录任何一台电脑，不上网。离线的时候，我不写博客，不上推特，也不用脸书与人交流，不查看或回复邮件。作为一名数字时代的医生，这是一个难题，但是我做到了。

这样的休息是神圣且有魔力的。

其实道理也非常简单。24 小时没有任何电子设备干扰，非常宁静且舒服。在线而没有发生联系的损失绝对大于离线的收益。在现在这种处于特殊连接和工作时间里，不插电对我来说是一种奢侈品。

2010 年过完第一个数字休息日后，我是这样说的：“什么也不用做就能拥有离线时间。这段时间是丰富的，让我更加坚定需要数字休息日的决定。虽然我还是想网上那海量的信息、丰富的内容、非凡的智慧和从网络友谊中寻求安慰，但返回现实，没有任何干扰分心，家还是那个家。”

当爱不释手的手机不在身边时，我注意到了自己的不同。

在我回到家时，一切都是不同的。我有更多的时间跟孩子们在一起，会做不同的决定，走路的姿势都不同。生活随着时间自由展开，而不再是把生活切成一个个碎片，零零散散。周围没有任何竞争，我会看看自己的口袋有多少钱，会在头脑里先想好邮件和博客草稿。

《纽约时报》的撰稿人马特·里克特（Matt Richtel）曾经就数字化对我们的生活、大脑和身体机能的影响写了篇文章《你的大脑在电脑上》。虽然手机、手提电脑和其他设备能让我们持续不断地学习，但马特·里克特写道，“在我们使用数字设备时，其实我们的大脑一直在输入，如果能让其暂时停止，休息片刻，可以让我们的大脑得到更好的休息，学习效率会更高，能记住更多的东西，甚至还能想出新点子。”

想想我可能会懂得更多，如果我没有花这么多时间在这里的话。

这只是开玩笑。马特·里克特跟随过一群神经科学家外出三天远程郊游，没有携带任何数字设备，就在他们描述自己在注意力和处理信息的速度上，他们说的跟我的感觉一样。直到回到家，我才读到这篇文章。休息是非常给力的，可能很多人还没有意识到，特别是养育孩子的年轻父母。

后来里克特先生还写了一系列文章来描述数字化带来的越来越明显的影响，包括对于专注力、抗干扰能力及人们调节生活节奏和处理信息的能力。那种催促你紧急更新的生活方式是需要花费巨大的成本，虽然偶尔可能也有丰硕的回报。

暂时的忙碌是为了更多的休息，这种不期待、不上网的周末是要精心准备的。我知道这已经超出平衡范畴了。

安排数字休息日的技巧

- 如果可以，安排一个 24 小时的数字休息日。如果没有那么多时间，也别勉强自己，即使 6 个小时离线也非常不错。
- 寻求同盟，说服同伴（或许是 10 来岁的孩子！）跟你一起过数字休息日。我发现有盟友的加入，能够提高我们的忍耐力，能够更成功。
- 如果是度假或者有重要的事情，考虑断开 WiFi 连接，以免老是想着去查看是否有人留言，是否有更新。虽然这听起来很幼稚，但是就是有很多人有查看更新强迫症。可能会需要用手机合作或拍照，但是没有必要上网。

53

谷歌医生

对于执业医生来说，相信互联网能够拯救生命，心里拥有一种微妙的感觉。

我是一名医生，会鼓励家人去网上查看健康资讯，而且也相信科技能改善医患关系。然而，老式的检查室里没有网络，而且很多诊所也不允许内部视频流传到网上，更不允许医生和病人之间进行邮件交流。在问诊期间，讨论的信息也很难“发送”给病人，就诊的一二十分钟是非常宝贵的。说真的，就算病人不在诊所，医生和病人间的健康交流还是有很多。但大部分的保险公司不会对医生和病人之间的这种邮件问诊进行赔付，这样迫使医生要求病人去到诊所，再提供专业意见。最新的调查数据也许可以改变这种状况。事实就是我们大部分人都在使用互联网获取医疗健康知识。

至少有三分之一的成年美国人使用互联网进行诊断。

然而，不仅仅是保险公司对网上的信息非常谨慎，病人也如此。最近我读到一段病人在博客上的留言，虽然我有鼓励他们去阅读博客，但隐晦之意是好像我在推销博客一样。当我开始写博客的时候，在诊所里我都羞于和病人说起。我希望病人觉得舒服，觉得需要而不是出于压力去阅读。现在我已在网上发表了400多篇博客文章，都是关于儿童研究和健康知识的，这都是我的分享。我的意思是，如果是我跟病人在诊所的15分钟里，我们就可能会谈到这些话题，如一氧化碳监测器、窒息游戏、百白破疫苗、电视对孩子大脑发育的影响，为什么不提供更多的信息供病人及其家属了解呢?

无数的研究发现病人在医生诊所里学习到的疾病知识是有限的。于是就诞生了谷歌医生。

如同其他医生一样，我也希望小病人的家长能够更多地了解孩子的健康。互联网就是一个很好的渠道。我坚信，未来儿童保健医生的工作内容肯定会包括过滤和提供大量的儿童健康知识供家长阅读、查看，回复父母的咨询。

谷歌医生和现实医生

2013 年皮尤调查中心的最新调查，揭露了部分谷歌医生和大众的真相。该中心调查了超过 3000 名美国人，询问了过去一年里他们使用网络获取健康知识的状况。下面是他们的调查结果：

有 1/3 的人（大学学历的人有近一半）会使用网络进行诊断或者为自己关心的人获取健康信息，他们完成“在线网络诊断”后，很多时候发现猜测并不一定得到证实，其实大家上网搜索医疗信息也不仅仅是为了自我诊断或出于关心，而且会在看医生的时候，把学习到的知识与医生讨论求证。超过 46% 的人说通过学习网上的健康知识，意识到有必要去看医生。此外，那些去看医生的人中，有 41% 得到了医生的确诊。

女人比男人更喜欢上网搜索健康知识，有的是为了自己，有的是为自己关心的人。年轻人、白人、有大学文化程度或家庭收入月超过 75000 美元的人更喜欢上网学习健康知识，在线诊断。

不过，还是有一些问题需要关注，最明显的就是信息质量，是否正确可靠。1/4 的人说在网上搜索健康知识的时候，都遭遇到信息收费。这就表明病人和他们需要的信息中间有障碍。有些人说他们会上推特向医生询问哪里有可靠的医疗资源，但是这样做的人不多。在那些遭遇障碍的人群中，在那些无法进入医疗研究中心去阅读想要信息的人中，有 83% 的人会继续在其他地方搜索需要的信息。结果就是深夜网络搜索造就了大量的网络诊断者。

77% 的人说会一开始就使用搜索引擎去寻找相关的健康知识，只有 13% 的人说会直接去健康网站（例如“西雅图儿童医院”“儿童健康中心”“梅奥诊所”“美国健康在线”）。一点儿也不奇怪，还有 1% 的人说会先求助于自己的社交网络（如脸书）。

老实说，这些数据一点儿也不惊讶，虽然皮尤调查中心说这是经过一次小型、简单、全国性的调查得出来的结果。

这和我的临床实践和经验稍微有些区别（通过年龄、教育程度、社会经济状况和种族来分类）。声称会上网搜索健康知识进行诊断的人（总共 35%）比预料中要少。我在诊所里接待过的大部分家长都会在网上阅读儿童发展、免疫、睡眠或饮食等相关知识。而且很多新手父母在宝宝来临之前就会进行大量阅读。我的看法是，不要忘记了我们阅读的安全预防知识（睡眠安全、疫苗、宝宝安全饮食方法、如何避免宝宝接触化学品、如何避免流感），其实也是健康知识。很多人狭义地认为健康知识就是去解决问题、治疗疾病——在需要治疗疾病、焦虑和痛苦的时候，才认为是在做网络医疗研究。我的观点是预防才是关键，而且互联网更是重中之重。

事实上，现在很多人在去医院之前都会先看看谷歌医生。

谷歌网上搜索

看到有 80% 的人说会首先用搜索引擎来寻求诊断，我一点儿也不惊讶。我们工作繁忙而且缺乏耐心，搜索引擎能够快速寻找对应信息——毫无疑问大家都会从此入手。即使是病人在诊室里，我也经常告诉孩子的父母先用搜索引擎去寻找相关信息。

更好地为病人服务的复杂性和技巧性其实是在下一步中，在病人网上搜索到相应资料诊断后，接下来会发生什么呢？接下来点击哪个网站能提供高质量的信息，方能产生持久影响呢？这里就非常需要医生了——我们需要帮助病人知道去哪里寻找那些高质量的、进行过科学研究的、有数据支持的建议。

通过网络学习，父母更了解自己的孩子

大多数家长都不是通过去儿科医生办公室来了解自己孩子的健康状况。我想很多父母是一发现新情况，如婴儿头上出现一个肿块或新出疹子，就会去网上搜索。根据经验，在我的病人中有近三分之一到一半的人会在看病的时候告诉我他们在网上搜索了相关信息。相反，那些过来看咳嗽、中耳炎或感冒的病人，他们的父母就很少说在网上查看过。

在线诊断技巧

- 尽量保存浏览记录。当我们在线浏览时，经常会忘记我们是在哪里看到的，还有不知道听谁说过。当家庭成员不记得是在哪里得到这样的信息时，就可能会根据自己个人逸事、听说过的故事来改编，导致混淆，出现困惑。很明显，互联网上的健康信息并不都是为父母设置的。那就只有一个解决办法：把东西打印出来，或者是在下次去看医生的时候把链接告诉医生，这样就可以跟医生一起看网上的信息。
- 寻求专家（心理学家、医生、专业研究人员）建议。作为父母或病人，我们并没有足够的科学知识来为健康做决定，一旦真的需要做决策时，就需要正

确的信息资源。医生就可以帮助你，所以问问医生哪些网站是他认为信任可靠的。

- 查阅隶属于医疗学术中心和健康机构的网站。通常这些网站的诊疗知识和研究内容都与自己的专业研究人员或临床医生有关。鼓励家长不要去看那些频繁做广告的网站，那些网站的内容常常被改编，为的是迎合广告的语气、范围或观点。
- 我认为医生最不应该做的一件事其实就杜绝病人的网上搜索。互联网是一个崭新的世界，医生必须跟病人站在同一阵营，因为有超过一半的人都在使用谷歌搜索来诊断。我们必须引导亲朋好友去信任那些有价值的声音，帮助他们确认或更新网上学到的知识。

第三章

疫苗接种：每个家长都要面对的问题

本章提要

对疫苗和替代性接种计划的思考

这一部分，我将和大家分享关于疫苗接种计划、疫苗安全和孩子为什么害怕打预防针等信息。当然这里的讲述也不是很全面，就是让大家都对这些知识有接触，希望能够起到抛砖引玉的作用，希望提供一种全新的方法供你查看网上疫苗知识，一个独立的角度去思考如何使用。

经常听到儿科医生这样说："如果是我的孩子，我一定要让他接种所有推荐的疫苗。"提出建议很简单，因为大多数儿科医生都相信没有比这更简单又安全的方法来照顾孩子了。但是很多父母亲对此建议仍然犹豫不决。

当然，事关自己的孩子要打针，有些紧张是正常的。就是我自己的孩子在打预防针的时候，锋利的针头刺进孩子的皮肤，而且可能还不止一次，看着我都觉得疼痛焦虑，也会觉得不舒服。有些父母亲还担心疫苗是否安全有效，通常这样的担忧也是合乎情理的。不要期望我们像疫苗科学家那样了解疫苗，他们可是一生都在研究传染病和疫苗，所以我们需要严格的遵循专家的建议。问题在于，后来我们可能会觉得不应该——因为有那么多声音在质疑这些原则。

在我看来，主要是以下因素的作用，导致父母理解出现偏差，对疫苗有犹豫。

动人的故事

我们都听说过疫苗有害的故事，在此不仅仅是说名人，可能说的就是你邻居姐姐的侄子，或你的表弟，或你的大学同学的儿子，甚至可能是你自己的弟弟。然而故事里描述疫苗的副作用并不一定是真实的。我们听到的故事是如此自然接地气，就好像接种疫苗就是根本原因一样。通常，病人或父母亲描述的副作用与接种疫苗并没有直接的因果关系，他们看到的副作用可能只是巧合而已。

通常我们听到这样的故事，首先即使触发的是同情心，故事的真实性反而排在第二位了。在听故事时，我们会受讲述者情绪影响，同时也在提醒着我们家人的健康是那么脆弱。这会激起我们内心的担忧，酝酿出同情，使得我们无法关注事情的真实性。而且，这些到处流传的逸事和小道消息，听说过之后也很难忘记。

其次在过去几十年里对于疫苗安全性的怀疑也呈上升趋势。医药监管机构美国医学研究院（IOM）在 2013 年查阅了 1000 多份对于疫苗的科学性和安全性的研究报告，最终得出如下结论：

“这份报告是迄今为止对免疫接种计划最全面的检查。美国医学研究生（IOM）委员会没有发现任何重大安全问题与坚持儿童免疫计划有直接关系。”

很不幸的是，美国医学研究院的这份报告并不是一个能够引起共鸣的故事，没有讲述一个具体的孩子。回顾这 1000 多项关于疫苗科学性和安全性研究，这样的壮举，也抵不过一个邻居家孩子的故事。

一生中，我想的最多的就是孩子平平安安、健健康康地活着。我希望他们平安度过一生，希望他们自然终老，我想大多数人的愿望都是如此。

所以当我们听到新闻报道、故事，甚至是其他医生对免疫接种有犹豫的时候，我们就会担心，就会回忆。我当然也听说过，就在离我仅几个街区的其他执业医生，就不相信流感疫苗。这些故事让我们困惑——是不是其他医生更好呢？这个接种计划可靠吗？

问题在于，我们很少听到这样的故事，故事中的危害与疫苗可预防的疾病有关，或者是没有及时接种疫苗导致的危害，所以我们的同情心很可能是白白浪费了。

根据经验，我会告诉父母疾病的真实原因，让他们能够更好地识别和思考疫苗的基本原理。所以我会告诉家人，就在离我们的诊所不远的地方，一名 1 个月大的婴儿死于百日咳，她太小了，还没有来得及接种疫苗，而在她出生的时候，家人和社区没有全面接种百日咳的疫苗。我会详细说这个宝宝的情况和孩子遭遇肺炎、流感、脊髓灰质炎、流感嗜血杆菌 B 型感染的详细症状，我这样说并不是为了吓唬他们，因为这些都是我在实际从医经验中的亲身经历，而且是采用了一种更容易接受的方法，也就是一个故事来描述疫苗的安全性。我们分享这样的故事，期望大家能够公平地看待疫苗。

父母听到谣传疫苗副作用的故事，会感到害怕，还可能会避免孩子去看儿科医生。没有直接跟医生对话，会导致我们的犹豫，有损我们对医生和对专家建议的信任，这些专家可能来就自美国疾病控制和预防中心（CDC）或美国儿科学会（AAP），他们制订疫苗接种计划。这些制订疫苗接种计划的专家，他们比我们任何人都懂疫苗，而且他们自己也有孩子。所以我相信他们，同时我也跟你们一样，在我不明白的时候，也会不停地提问。

父母本能

成为父母，我们都会拥有一种本能，那就是父母的本能。在我为孩子们做决定的时候，我喜欢运用它们。想想看，在孩子生病前，是你最了解他们，就算孩子们在玩游乐设备时，在孩子们落水之前，你可能就已经想好了营救方案，跳到水里的木板上抓住孩子。自然而然地，本能也会引导我们相信干预（给我们孩子的胳膊打一针）比不干预（不接种疫苗）更危险。

在孩子的一次健康体检中，医生可能会让护士为孩子打五针，父母的心情当然不轻松了。我们觉得不安是非常正常的，这犹豫就是源自我们的本能。我们必须记住没有接种疫苗，就没有保护，一样是有风险的，为了心爱的孩子和我们所爱的人，恳请及时接种。

人性的脆弱无处不在。孩子免疫系统还没有发育完全，需要接种疫苗，老年人，还有一些人是无法接种疫苗的。所以当我们在保护孩子的时候，也是在保护我们的朋友、家人和社区。

温迪微语

疫苗也不是百分之百有效。即使接种了，有时候还是有可能患病。我们总是依赖邻居的保护。

互联网

互联网带给我们大量的信息。我们生活在一个医学技术日新月异、网络连接无处不在的世界里。现在我也花大量的时间在网上，分享健康知识，改善我们照顾孩子的方式，帮助建立医生和父母良好的伙伴关系。我们现在生活的时代，孩子们能够受到保护，免受那些历史上曾经夺去无数亲人生命的传染性疾病。同时我们也身处这样一个时代里，那些伟大的科学成就可以瞬间被一个动听的故事淹没。一名美丽的、能言善辩的、强大的妈妈讲述的故事让人久久难忘。有时候这些故事还让我们更加关注这类信息，包括在网络上和现实生活里。

通常我觉得父母们好像要自己去做疫苗研究一样。这就好像，在过去 20 年里，儿科医生和疫苗专家不是我们想要信赖的合作伙伴一样。在我看来，这是一个错失信任的机会。我也不认为父母必须要做在线研究，当然也可以这样做，我也鼓励这样做，但是当你在网络浏览的时候，需要好好思考一下这些文章是谁写的。这位作者有专业知识吗，还是只是一个故事？你有记下浏览的网址吗？你知道自己是在哪里，什么时候，怎么知道的吗？

我通常记不住一整晚都在网络上哪些地方浏览。

医学博士、美国儿科学会会士、费城儿童医院传染病主任保罗·奥菲特（Paul Offit）就提醒我说："通过谷歌搜索疫苗，你不可能就如同专家那么了解它们。"当然我们大部分人认为自己可以。皮尤调查研究中心发现，超过 80% 的美国人会使用网络搜索健康知识。就在这本书出版发行的时候，我们知道有 35% 的美国人会进行网络自我诊断，这也不是很难，我也鼓励这样做。但是我们必须清楚去什么样的网站。白天很多父母在线，会到社交网站或博客里去学习孩子们的健康发育知识，我相信这里面也有大量的信息。

事实上，在我们上网搜索的时候还是有潜在的风险的。区别在于信息的质量，我们作为父母在网络上寻找到的信息和医学研究中心通过科学研究得出来的知识是有天壤之别的。对于网上搜集到的信息或自己从中得出的结论，我们必须谨慎对待。任何时候，如果在网络上读到的信息改变了你对孩子的做法，请一定要标记出来或打印出来，然后下次看医生的时候带上，跟医生一起讨论一下，听听医生的建议。

即使我读了医科大学，接受专业的儿科培训，但是我仍然没有足够的知识去为自己的孩子制订疫苗接种计划。幸运的是，这些相关的医学经历让我知道应该相信谁，以及如何评价那些帮助制订免疫计划的专家。

制订水痘疫苗接种计划的专家对于该疫苗的了解远远超过我。例如，他们在制订接种计划前，他们要回顾超过三百个相关的实验研究（引起水痘的病毒）。我们在网上做的搜索调查是无法相提并论的。

自1995年以来，水痘疫苗就被批准作为常规疫苗使用，死于水痘的人数减少了97%。然而一些家庭仍然寄希望于“自然地”获得水痘免疫能力，而去参加“水痘聚会”。在2011年，我们知道脸书上就有团体发出这样的邮件号召举行聚会，邮件声称让孩子去舔含有水痘的棒棒糖，就可以提高孩子的免疫能力，其实这是一种无益而有风险的做法（水痘在运输中转过程中不可能存活下来）。我觉得非常荒唐，父母为什么会选择一个陌生人给的棒棒糖，而不选择安全且经过无数次科学检验的疫苗，这同时也从一个侧面反映了我们的父母是有多害怕那些推荐疫苗。“自然水痘”团体在脸书和网站上大肆散布接种水痘疫苗会导致自闭症的谣言和虚假信息，让人们对疫苗产生恐慌。这也是一个很好的例子，恰恰说明了互联网并不总是对人类有益。

没有记忆的疾病

父母觉得推迟或拒绝接种疫苗也很“安全”，还有一个原因可能是对这些疾病的真实状况认识有限。他们觉得这样的传染病不可能降临到自己的孩子头上。一般说来，可能性是不大。我们现在使用疫苗预防的疾病确实很少发病了，但是整个社区的免疫能力在下降却是真实的，这可以通过频繁暴发的麻疹和百日咳、流感等疾病的死亡率来证明。

需要说清楚的是，百日咳的疫情是多种多样的，不仅仅会发生在没有接种疫苗的社区，更多的研究表明，孩子的免疫能力会在接种第五次剂量的时候减弱，这些疫苗的本意是为了保护孩子免患百日咳。进一步说，即使是接种了疫苗，我们也知道DTaP（无细胞百白破疫苗）只能提供80%的保护。最后，自从在20世纪90年代转而使用一种副作用更小的疫苗之后（从DTP换成DTaP），疫苗所产生的免疫能力持续时间也有所缩短。所有这些因素，再加上那些没有接种疫苗的人的影响，都在增加我们社区暴发疾病的危险性。因此，我认为最重要的就是，所有的人都接种疫苗获得免疫，这样可以更好地保护我们所有的人。

根据我在2012年华盛顿州暴发百日咳疫情的亲身经历来看，只有疾病真正暴发才是推动家长积极为孩子和婴儿接种疫苗的最大动力。很多家庭特意安排所有的成员都去接种疫苗，而且很多家庭还限制访客，就是为了保护他们家里还没有来得及接种疫苗的新生儿。疫情提醒所有的家庭都要对疾病保持警惕，同时也使这些家庭成为公共卫生事业的热情推动者。

不能等到疾病流行开来才激励所有的父母亲为孩子接种疫苗。

我的母亲讲述了外婆为她和三个舅舅接种脊髓灰质炎疫苗的经历。那个时候他们接种的是第一代疫苗，那是一个恐慌的年代，居住的社区出现大量患小儿麻痹症的孩子，甚至有邻居和朋友瘫痪了。我的母亲说那是一个非常容易的决定，就是接种脊髓灰质炎疫苗。现在我们大部分人都不怎么了解小儿麻痹症了。全球差不多已经根绝此病了，这得益于很多像比尔和梅林达·盖茨基金会这样的慈善基金会。所以每当有新生儿诞生的时候，我都会跟他们的父母亲强调脊髓灰质炎疫苗的重要性，因为风险是无法通过公式计算出来的。

非疫苗专家的建议

我不是一名疫苗专家，而是一名儿科医生，是一位妈妈，我问过很多问题，也帮助过很多父母找到答案。说实话，关于疫苗的风险、副作用、有效性和科学性的知识都来自我的宣传工作和一名普通儿科医生的经历，因为我必须查阅大量的疫苗研究和知识，来帮助父母亲认识疫苗。

然而，一些医生可能并不了解疫苗，却声称自己很专业。例如，早在2007年，美国儿科学会会士、医学博士罗伯特·西尔斯（Robert Sears）就出版了一本关于疫苗的书。针对那些担心疫苗安全性的家庭，他想通过一个延迟接种时间表来消除家长的恐惧，但是这没有任何的科学依据，而且推迟接种也没有任何好处。

所有替代性的计划只是延长了孩子脆弱易患病的时间，只要孩子接种疫苗，风险都是一样的。疫苗专家通常把这些替代性的接种计划称为“最糟糕的时间表”。延迟接种，等待没有一点儿好处，只会增加风险。

坦率地说，我认为西尔斯医生的想法只是让一些父母亲感觉好些，尽管对于他的替代性接种计划没有任何安全记录（这本书的读者可能不知道，2008 年加利福尼亚州暴发的麻疹感染疫情就是通过西尔斯医生的一个病人传播开来的）。而且，就在我们听到英国人安德鲁·韦克菲尔德（Andrew Wakefield）错误地声称麻腮风疫苗（MMR）导致自闭症的时候，也听到珍妮·麦卡锡（Jenny McCarthy）也在奥普拉（Oprah）的谈话节目中说同样的事情，我的病人也很少看西尔斯医生的书。然而，他的书在那些对疫苗有忧虑的家庭中仍然举足轻重。事实就是，这一部分父母亲也只是少数部分，在调查访问中，只有不到 10% 的父母表示倾向使用西尔斯医生的替代性接种计划表。

替代性的接种计划表其实是一个没有经过测试的接种计划表。

如果你认为孩子的医生不是那么了解疫苗，把你知道的信息、你的担忧和问题都说出来。我就经常从病人口中得知有关疫苗的信息——有谣言也有他们希望知道的统计数据。如果你感到困惑，或觉得医生不知道你听说和阅读到的信息，那就告诉他们哪，他们知道如何帮你去寻找问题答案。

我们生活在一个无比幸运的时代里。接种疫苗悄无声息地挽救了很多人的生命。就在我们对故事重新梳理时，也是在重新树立对专家的信任，理顺自己的本能，相信我们将会看到越来越少的父母使用替代性接种计划，希望会有更多的医生传播父母需要的疫苗知识，能够帮助他们为孩子的健康做出正确决定。也许我们需要不断调整疫苗接种计划以便更好地保护我们的孩子，因为疫苗科学也在不断地发展进化。

我们都有相同的愿望：希望孩子健康，生活的社区健康。

疫苗的真实故事

有了孩子之后，我们会听到很多关于疫苗及其安全性的议论。为了孩子的健康，我们必须要了解疫苗的真实情况。至少要清楚一点，而且是科学已经证明的一点：疫苗是在保护孩子的生命健康 。

我们必须相信疫苗吗？

绝对是的！事实证明，疫苗不仅可以挽救个人生命，也可以保护大众群体。

20 世纪平均每年出现的病例	疾病	发病人数下降百分比	2010 年报告的病例
29 005	天花	100%	0
21 053	白喉	100%	0
16 316	脊髓灰质炎（小儿麻痹症）	100%	0
152	先天性风疹综合征	100%	0
530 217	麻疹	>99%	63
47745	风疹	>99%	5
20 000	嗜血杆菌流感	99%	246
162 344	腮腺炎	98%	2 612
580	破伤风	96%	26
200 752	百日咳	86%	27 550

如今这些令人担忧的传染性疾病发病率明显减少。

从 1995 年水痘疫苗被批准常规接种以后，水痘导致的死亡数量减少了。**97%**

然而，还是有一些家庭希望在“水痘聚会”上让孩子“自然地”感染水痘。

2013 年 6 月，美国疾病控制和预防中心 (CDC) 相关报告称，14 ～ 19 岁女孩感染人类乳头状瘤病毒 (HPV) 的比例在减少。

7.2%（2006 年） ➤ 3.6%（2010 年）

这应该得益于 HPV 疫苗的接种。

最严重的问题

疫苗会导致自闭症吗？

当然不会！

麻腮风疫苗（MMR）导致自闭症的谣言来自一个名誉扫地的研究。

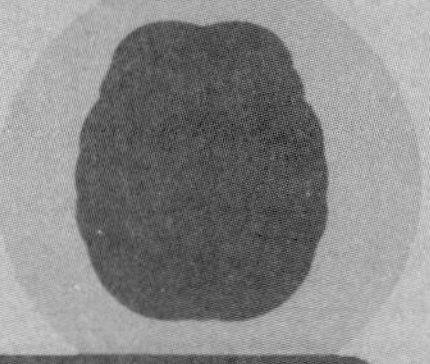

很多科学研究已经证实婴幼儿接种麻腮风疫苗（MMR）和自闭症增加之间没有关联。

接种疫苗的坏处比好处多吗？

当然不是！

疫苗的显著成效

麻疹

38%
2011年，美国

小于5岁的孩子，如果感染麻疹，38%需要住院治疗。

可能导致肺炎、不可逆的脑损伤、丧失听力，甚至死亡。

在美国，每1000名感染麻疹的儿童中，就有1～3名可能死亡。

流行性腮腺炎 一般病情轻微，但仍然可能导致严重问题，包括脑膜炎和耳聋，甚至可能致命。

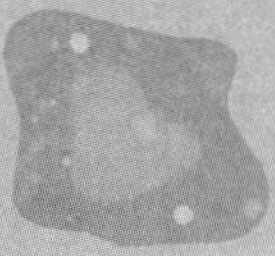

风疹

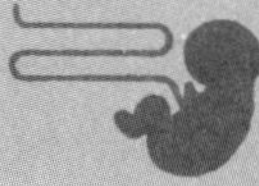

风疹对于胎儿最危险：可能会导致流产或出生缺陷，如耳聋，智力障碍，心脏问题。

如果母亲在妊娠前3个月感染风疹，那么婴儿出生时，在每85～100个新生儿就中会有1个有缺陷的新生儿。

相比之下，接种疫苗的副作用要小得多，常见的副作用就是过敏反应或发烧。

95%

接种麻腮风（MMR）疫苗后，95%的人都会对这三种疾病产生免疫！——非常令人吃惊！

替代性疫苗接种计划

对于孩子疫苗接种时间有任何问题，应及时与儿科医生沟通。注意：

将近
90%
的父母会选择儿科医生推荐的疫苗接种计划。

55% 选择替代性疫苗接种计划的家庭，会接种所有建议的疫苗，但是会延迟接种。

延迟接种疫苗，会增加孩子感染严重疾病的风险，如麻疹和百日咳。

在确定疫苗接种计划时，很多家庭都不使用科学数据。

疫苗已经被广泛研究过，考虑到其科学性，接种疫苗的时间也不应该随意调整。

54

保护新生儿——只需要一封邮件

2012年，华盛顿特区宣布该地区百日咳的发病率已经达到流行病标准，而且早在2010年加利福尼亚州就已经达到了流行水平。不断上升的感染和流行状况，增加了新生儿的风险。新生婴儿免疫能力系统非常不完善，所以最容易感染百日咳或其他危及生命的传染性疾病。

在诊所里，我强烈要求新生儿父母要好好保护他们的孩子，也就是说让家里每一位成员，包括大人和孩子，都要接种百日咳、流感和其他可预防性疾病疫苗，小宝宝周围的人都有免疫能力，就好像一个“蚕茧”包围了宝宝，可以保护他免受感染。

百日咳是一种传染性极高的呼吸道疾病，打喷嚏和咳嗽都能传播，严重时会导致婴幼儿死亡。接种百白破疫苗是预防百日咳的最好方式。在流行病中，我们最担心的就是新生儿，因为他们最容易受到病毒感染而且缺乏疫苗保护。如果小宝宝周围的每一个大人和孩子都接种了百白破疫苗（Tdap），就好像在小宝宝周围建立了一道防护墙，小宝宝感染百日咳的可能性几乎为零。

大多数新生儿感染百日咳都是通过家人或周围的人传染的，这个时候电子邮件就能派上用场了。

父母亲必须相当重视这件事，必须显示力量来保证家庭的安全，即使有些人会觉得过分。就好像我对那些父母说的那样，这个可能是一块难啃的硬骨头，但是能保护新生的孩子免患百日咳。聪明的做法能够挽救孩子的生命。

制订一条新规则：所有来看新生儿的访客都必须接种过百白破疫苗（Tdap），包括爷爷奶奶。

温迪微语

12 月 13 日西雅图地区一名新生儿死于百日咳。所有新生儿的父母，兄弟姐妹，爷爷奶奶和访客都需要接种百白破疫苗（Tdap）。

写一封说明邮件给亲戚朋友

下面是一封邮件模板供你参考，自己也动手写一封吧！

亲爱的：

在接下来的几个月里，我们非常期待能见到你，并且介绍你认识我们家的新成员。

由于我们地区百日咳流行而且现在是流行性感冒发病旺季，所以需要注意卫生细节，希望所有来看望小宝宝的亲朋好友都已经接种了百白破疫苗（Tdap）和流感疫苗。我们刚从医院回来，医生再三强调了这件事，最好是两种疫苗都接种——特别是百日咳——对小宝宝来说这是一种非常严重的疾病。完成百白破疫苗（Tdap）接种需要两周的时间，恳请在探访前保留充足时间接种。

你可以前往医生诊所或药房接种疫苗，多谢你们理解。

55

什么是百日咳？百白破疫苗又是什么

百日咳是一种由百日咳杆菌引起的急性呼吸道传染病。接触百日咳病人污染过的空气，就有可能被传染百日咳。细菌进入呼吸道，引起炎症和痉挛，刺激引起咳嗽。孩子呼吸急促，咳嗽间深呼吸，导致咳嗽末伴有特殊的吸气吼声，而且病程长达 2 ～ 3 个月，于是称之为“百日咳”。对于大一点儿的孩子来说，咳嗽喘息声更常见，孩子会感到不适或呕吐；而在婴幼儿身上，喘息声则没有那么明显。

为了预防百日咳，婴幼儿必须接种无细胞百白破疫苗（DTaP）。分别在 2 个月、4 个月和 6 个月时各接种一剂，然后在 15 个月、18 个月和 4 岁时再分别接种一剂，在完成 15 个月的接种后，大部分的幼儿都对百日咳有免疫能力。

大于 11 岁的孩子和所有的成年人都可以接种百白破疫苗（Tdap）。

小于 1 周岁的婴幼儿（特别是小于 2 个月的新生儿）患病风险最大，很容易发展成为严重的呼吸道疾病，甚至可能危及生命。虽然我们想保护每一个人，但最担心的是孩子。

百白破疫苗（Tdap）是一种所有成人和大于 11 岁的孩子都需要接种的疫苗，能够预防感染破伤风、白喉、百日咳。过去几年里，百日咳发病率呈现上升趋势而且导致婴幼儿死亡人数也在增加，我们必须尽一切努力去保护所有的孩子、青少年和大人。更加重要的是，我们要保护好新生儿，避免接触百日咳病人。对于新生儿和小于 6 个月的婴儿来说，百日咳是一种非常危险的疾病，是一场灾难（经常致命）。

如果身边有刚出生的小宝宝，作为一名成年人，接种百白破疫苗就显得更加重要。

要记住，即使是接种过疫苗的成年人还是有可能感染百日咳的。很多数据显示，对百日咳具有免疫能力的大人中，约有 80% 的人其免疫能力会随着时间流逝而减弱，如果感冒或咳嗽了，还要照顾小宝宝，需要及时去看医生，彻底检查身体状况。

什么时候打电话给儿科医生：

百日咳发病初期有感冒症状，如果出现以下状况，就要考虑百日咳的可能性了。

- 孩子还非常小，百日咳疫苗还没有接种完全，或接触过长期慢性咳嗽或得了这种病的人。
- 孩子咳嗽更严重、更频繁，或嘴唇和指尖变成黑色或蓝色。
- 孩子咳嗽之后，无精打采，吃不下东西，还呕吐，看起来病了。

如何保护孩子预防百日咳？

- 预防百日咳的最好办法就是接种疫苗。
- 7～10 岁的孩子如果没有接种全细胞（DTP）/ 无细胞百白破疫苗（DTaP）的完整系列（需要在 2 个月、4 个月、6 个月和 15 个月时各注射一次），就需要接种一次百白破疫苗（Tdap）。
- 7 岁前没有接种记录或记录不全的孩子，需要接种百白破疫苗（Tdap）。
- 完整接种过百白破疫苗的孩子，在 11 岁做健康检查时，需要接种百白破疫苗（Tdap）。
- 年龄超过 11 岁的孩子，如果之前没有接种百白破疫苗（DTaP 或 Tdap），都需要接种百白破疫苗（Tdap）。
- 接种破伤风疫苗（Td）和百白破疫苗（Tdap）不需要间隔时间，如果过去的几年里因为某种原因接种过破伤风疫苗，现在你仍然需要接种百白破疫苗（Tdap）。
- 建议妈妈每个孕期都接种一次百白破疫苗（Tdap），有时候孕晚期还需要。
- 百白破疫苗能够预防破伤风、百日咳、白喉，但免疫能力会随着时间流逝而降低，所以成年人需要注射加强疫苗。专家建议成年人需要每 10 年接种一次破伤风加强疫苗或百白破疫苗（Tdap）。

- 新生儿周围的大人接种百白破疫苗（Tdap）尤其重要——包括父母、爷爷奶奶、保姆、临时看护和专业卫生保健人员。

医生妈妈醒神提点

注意：尽管百日咳以其特有的痉挛性咳嗽声而闻名，痉咳发生时，病人于咳嗽末深呼吸，气流通过紧张狭窄的声门发出一种高调的吼声，好像鸡鸣样吼声，但这只是大人感染时才会有的症状。婴儿和儿童感染百日咳，头两个星期症状就好像普通感冒，麻烦的是，真的可能咳足100天。

小贴士：婴儿感染百日咳病情复杂多变，可能出现严重的并发症，严重时会危及生命。孩子从出生到2个月大时是最脆弱的，容易出现严重的并发症，包括呼吸骤停，直到6个月大。好好保护新生的宝宝，要求围绕在宝宝周围的家人和朋友都接种百日咳疫苗。

事实：20世纪90年代，百日咳疫苗由全细胞疫苗更改成为非细胞疫苗，降低了疫苗的副作用，但是随着时间的流逝，也证明了这种非细胞疫苗触发的免疫能力持续时间没有那么长。

56

美国麻疹现状

跟大多数父母一样，你一定听说过关于麻腮风疫苗（MMR）的风险，而且一定多于这些疾病本身的危害。事实上，科学研究清楚地证明：麻腮风疫苗（MMR）的副作用远远小于疾病本身的危害。

麻疹是一种危险的疾病，感染麻疹会导致皮肤出现疹子、流鼻涕、发烧，感染严重时还会导致癫痫发作、肺炎、脑损伤甚至死亡。2011 年，美国小于 5 岁感染麻疹的孩子有 42% 需要住院治疗。即使在现在良好的医疗条件下，这种疾病的死亡率仍然高达 1‰～ 3‰。

温迪微语

6 ～ 11 个月大的孩子，如果出国旅行，需要接种麻腮风疫苗（MMR）。根据美国疾病控制和预防中心（CDC）接种计划，第 2 剂量需要在 12 个月大时接种。

疫苗当然也有副作用，但是绝大多数副作用甚微。注射部位的疼痛和体温稍升是常见的副作用，还有一些中等程度的副作用，如发烧、血液细胞下降（血小板）、关节疼痛，但这些都不常见。疫苗致命的过敏反应更加少见（大约百万分之一），更严重的副作用很少发生，而且很难确定是否为疫苗导致。

我没有接诊过麻疹患儿，但我知道很多儿科医生治疗过。在过去几年里，一位朋友年幼的孩子感染了麻疹，在中西部地区暴发麻疹疫情时，从一名没有接种疫苗的孩子身上感染的。朋友的孩子太小了（小于 12 个月），还没有来得及接种疫苗。朋友在那个时候写下的记录，让我觉得芒刺在背。

我的朋友，儿科医生、美国儿科学会会士、医学博士娜塔莎 · 布尔盖特在 2011 年确诊堪萨斯城暴发麻疹疫情后写下了这样的话：

“我之前从来没有见过麻疹，事实上，我的同事，从医已经 36 年了，也没有见过。这种疫苗可以预防的疾病如今在我们社区蔓延，我不禁想到堪萨斯城大多数的医生都没有见过身患麻疹的孩子出现的典型疹子。”

麻疹被误诊、漏诊的概率很高，因为很多医生都缺乏应对这种疾病的经验。

疫情暴发后，我对这一现象的猜测转化为现实了。

布尔盖特博士说，在堪萨斯城地区已经发现超过 12 名麻疹患者，而且这可能还没有包括在确诊总数里面。

随着越来越多的麻疹患者出现，这一事情也变得世人皆知。我们认为，最初的患者是从欧洲旅行归来感染的，这打破了我们这个城市安静、平稳、祥和的局面。一个人的选择——半个地球之远——最终影响了我在堪萨斯城的家人。地球是我们共同的家园，我们有责任保护每一个人，疫苗可预防的疾病重现在我们周围，考验着我们每一个人维护社区卫生安全的真心。

就在这本书印刷前不久，美国威尔士暴发了严重的麻疹疫情，在 2013 年春季，这个不大的地区就有确诊患者超过 800 例，还有一例死亡，死者是一名 25 岁的青年。根据国家免疫接种记录统计数据，威尔士地区 16 岁青少年接种了两剂量的麻腮风疫苗（MMR）的只有 82%。就在疫情暴发的时候，很多专家认为，就是因为大量的人没有接种疫苗，才使得这种疾病在这 地区疯狂传播。

流行性腮腺炎导致发烧、肌肉疼痛、腺体肿胀，还可能会致聋、颅内脑炎、睾丸肿痛（或卵巢），少数可能会导致不育。幸运的是，根据统计数据，腮腺炎在美国的发病率大幅下降，1967 年估计每年大约有 100 万～ 200 万例，减少到了现在每年少于 300 例。从 2001 年起，每年报告的患者数平均是 265 列。

最近，报告的病例数有上升的趋势，例如 2006 年，全国各地共报告病例超过 600 例。

风疹引起皮疹、关节炎（主要是女人，而不是女孩）和发热。儿童风疹通常病情比较轻，明显的症状就是发烧、喉咙痛。成年人感染风疹的病情为中等，主要是头疼、红眼，开始的 1 ～ 5 天会觉得不舒服，随后出现疹子。让所有儿童接种疫苗还有一个重要原因，就是如果一个女人怀孕时感染风疹，可能会导致流产或生出来的孩子有严重缺陷。

儿童接种疫苗预防感染，也可以保护他们未来的配偶，防止风疹传染给怀孕的妈妈。

麻腮风疫苗（MMR）从来不用硫柳汞（一种含汞防腐剂）为原料。直到现在这种谣言仍然四处流传让父母误解觉得恐怖。这种疫苗，就跟其他的疫苗一样，肯定有风险。麻腮风疫苗（MMR）会导致超过 10% 的孩子发烧（通常出现在注射疫苗 7 ～ 12 天里，刺激免疫系统产生的反应），5% 的孩子会出现皮疹，每 75 名孩子中可能有一名会出现的面颊或颈部腺体肿胀。更严重的问题如发烧引起癫痫发作，可能每注射 3 千针剂量才会出现一例，成年人关节疼痛和血小板细胞降低——血液凝结——每注射 3 万针剂量才可能出现一例。

温迪微语

麻腮风疫苗（MMR）导致血小板减少的概率很小，每 3 万剂量才可能有一例，风险甚微。接种疫苗可以预防麻疹，收益明显高于风险。

如果你关注副作用细节，这些听起来可能会有些吓人，但根本在于，无数的研究已经证明麻腮风（MMR）疫苗安全过感染这些疾病。而且疫苗的效果非常好，分别在 1 岁和 4 岁两次都接种了疫苗的孩子，超过 99% 都对麻疹产生了免疫能力。这种免疫不但能够保护孩子本身，也能保护我们周围那些太小太脆弱还没有来得及接种疫苗的人。

57

你相信疫苗吗

几年前，我曾经给33名儿科医生写了一封邮件，向他们询问了同一个问题，就是如果父母在线询问“你相信疫苗吗？”你会怎么样回答？我写这封邮件并没有什么特殊目的，也不是针对父母犹豫的态度，只是因为这个问题确实存在，我在网络上收到大量类似的询问。

温迪微语

我还写邮件给33名儿科医生，问了另外一个问题：“在网络上给你2分钟介绍疫苗，你会怎么做？”

事情就是，问题真的存在。在网络上，我一次又一次地收到这样的询问：你相信疫苗吗？

这个问题出现在父母了解了更多网络健康知识后，出现在父母对疫苗安全有犹豫时，出现在父母对疫苗的接种剂量和安全记录有疑问的时候。

孩子从出生的那一天就开始接种疫苗（乙肝疫苗），在2岁前几乎每一次健康体检都要接种疫苗。显然，这是我们儿科医生和护士工作内容的一大部分。

当新手父母在网络上询问这个问题的时候，很可能怀里就抱着他们的小宝宝，我会告诉他们我的想法。离线后，我就会想刚刚的回答是否正确，是否合适。考虑了24小时后，我就发了这样一封邮件给我的医生同事。我们该怎么跟那些不认识的孩子父母交流，而且不是在检查室里，帮助他们理解为什么我们医生会如此相信疫苗可以保护孩子，又该怎么样同情而又热心地向他们介绍所知道的疫苗知识呢？

我不是一个天真的理论家，也不建议为每个家庭做一次2分钟的疫苗安全介绍，认为这样就可以打消他们疑虑。我想知道这些儿科专家会怎么介绍他们对疫苗的了解，当然希望你们也能看到。我想成为一名优秀的儿科医生，能够帮助父母理解这些专业的科学知识和研究，共享养育孩子的乐趣，帮助他们相信疫苗能够预防疾病保护孩子。

我确实很希望所有的孩子父母都能够理解，为什么儿科医生会如此努力建议孩子接种疫苗。有些父母、医生和专家都相信疫苗的效果，还有一些父母对疫苗有担忧甚至认为有损害，我并不想增加这两部分人之间的对立，反而是想寻找一些相似之处。

我们都是相似的。

我们都想为自己的孩子做正确的事情。这也正是为什么每个人都如此关注疫苗的原因。简单地说，我们都无比热爱自己的孩子。

来自美国各地的回复邮件也承载着医生们的热情和责任，我收到的回复超过20个，这是一个很好的回复率。

根据回信的内容，我把它们进行了分类，可以分为以下三大类：

- 共情。
- 证明。
- 经验。

当然这样分类也不是绝对的，有些回复，你可能会看到既有同情在里面，也有证据在其中，可能还有经验之谈，三者兼有。

第一类：共情

其实不仅仅是孩子父母对疫苗很关注。儿科医生（科学家、公共卫生专家）最终负责让家庭理解接受疫苗，他们同样也很重视。

大部分儿科医生给我的回复都是说要多听少说。下面就是一些他们的答复。

医学博士，美国儿科学会会士，北卡罗来纳州儿科医生大卫·L.希尔（David L. Hill）写道：

这也是我心里的一个问题，而且对我来说，这个问题特别沉重，去年我一位同事（儿科医生）22岁的女儿就死于H1N1流感。看着她躺在病床上，浮肿而苍白，其中一位家长还这样跟我说，就如同上周有人说过一样：“每个人都知道疫苗引起的疾病就跟它能预防的一样多。”

唉，一声叹息，这就是他对这种观点的反应。

尖叫似乎都不为过。

医学博士，美国儿科学会会士，儿科医生和《宝宝 411》的作者阿里·布朗（Ari Brown）强调说：

最有效的沟通方式（与父母亲沟通）与科学无关，重要的是同理心——“我为自己和家人都接种了疫苗来保护他们，对你的孩子，当然我不会有其他异样的做法。”

当然，任何事情都不是百分之百有效，但是我很诚恳地告诉你，这种做法比其他任何做法都要有效，而且只需要 2 分钟。

医学博士，美国儿科学会会士，密苏里堪萨斯城全科医生娜塔莎·布尔盖特（Natasha Burgert）写道：

是否接种疫苗，不能依据“畅销书”或特别的电视节目来做决定。

医学博士、公共卫生规划硕士、美国儿科学会会士、儿科医生和华盛顿大学儿科教授爱德·马尔库斯（Ed Marcuse）这样说：

我不会说任何大话，目标也不是推销疫苗，只是提示（讨论）不接种疫苗可能的后果。

医学博士、消化系统专家伊芙琳·许（Evelyn Hsu）：

这确实是个难题，我喜欢把疫苗比喻成看不见的头盔，可以保护我们的孩子。说到选择，接种疫苗是保护孩子免受不可预测危险的最好方式。我读到过也见证过乙肝疫苗的力量，能够有效预防这种传染性极强的病毒。相信我，世界上有很多感染了乙肝病毒的孩子，他们大部分无法被治愈，医生也无能为力，所以只希望他们周围的人能好好保护自己。

在检查室里与病人家属进行任务式的疫苗科学讨论，通常会让儿科医生感到沮丧。这确实是我们的工作，但也是那么艰难，而且很难用科学研究去对抗传闻逸事，就如用感情来对话数字。这也让我们思索。

希尔医生写道：

据说医生发生“坠机”次数是其他私人飞行员的三倍。为什么呢？因为我们觉得自己做的事情比其他事情难，但有人通过比较却认为很轻松。同样，受过教育的父母在网络上浏览半个小时就会说：“我刚刚完成了一些研究。”当我听到这样的话，就想歇斯底里地喊出来：“我刚刚才完成组织培养、跑电泳和数据整理，这才是真正的研究，你只不过是在网上读了一些（东西），知道吗？”对于医生来说，人体的免疫系统是极其复杂的，但对于一个门外汉来说，即使是一个聪明的门外汉，也会觉得像学习如何驾驶飞机一样。原则看似简单，飞机上燃料不多了，而且吹来风速达 15 级的偏东南风，你该以什么样的角度在丹佛着路呢？区别在于，我们把飞行员的利益跟我们自己的命运紧密联系在一起：安全着陆。但受过教育的公众会怀疑医生的动机，所以他们可能认为抓住树枝让鸟儿自己着陆更安全。

公众猜疑根深蒂固，我经常听到有人说儿科医生靠卖疫苗挣钱。这当然不是真的，根据我自己的从医和教育经历来看，相反在我们国家很多地方，儿科诊所反而可能会因为注射疫苗赔钱（疫苗购买、储存、冷藏、注射和记录都需要大量成本）。但是反疫苗组织竭尽全力让公众对儿科医生的意图产生混淆。通过在电影院里投放广告提醒流感疫苗含有硫柳汞，讨论疫苗不会让我们感觉安全，即使是在看电影嚼着爆米花的时候也一样，到处都一样。

工作之余医生也为此担忧，也在思考。面对没有接种疫苗的孩子，许博士这样描述了这种担心和沮丧的感觉：

看见孩子因为没有接种疫苗而感染，这种感觉，就跟看到骑自行车的孩子没有戴头盔而受伤的感觉一样。

儿科医生看见孩子就因为没有及时接种疫苗而感染了本可以预防的疾病，会非常心痛。而且这个孩子会永存记忆中，医生会有这样的感觉，部分原因是源自他们日常工作中不断的提醒。

作为一名父亲、医学博士、公共卫生硕士、美国儿科学会会士、生物伦理学家、儿科医生道格·奥佩尔（Doug Oper）写道：

我刚刚从医院回来，医院接收了好几个患百日咳的孩子，有的病情非常严重，无法自主呼吸。这好像是一场悲剧，那么小的孩子毫无生气地躺在病床上，喉咙处插着管子，四周都是监视器。我自己也有孩子，无法想象如果是我自己的孩子躺在那里，我会怎么办……心痛到简直无法呼吸。

医学博士、美国儿科学会会士、传染病和疫苗专家、美国费城儿童医院疫苗教育中心主任保罗·奥菲特（Panl Offit）是这样说的：

我会这样说，选择不接种疫苗并不是一种没有风险的选择，相反，其实是一种风险更大后果更严重的选择。

医学博士、儿科胃肠病学家和知名博土布莱恩·瓦特贝迪安(Bryan Vartabedian)说：

2分钟，时间也太短了，无法讲完两代人对疫苗的研究消除了致命性的儿童疾病；也很难让一个人在这么短的时间内改变主意。我需要向超级抗体勇士学习……请求它出来为那些不会说话的孩子代言。

出生在当下这个时代的孩子是幸运的，那些致命性的传染疾病更是闻所未闻。在人类历史上，它们可是一次次地让孩子失明、失聪、精神失常，现在只出现在教科书里了。作为孩子的母亲，你有责任保护他，使他免受伤害。因为你的孩子还不能自己做决定，需要你来帮他做。

医学博士、传染病专家、美国儿科学会会士、儿科医生马修·克朗曼（Matthew Kronman）说：

我也在思考这个问题，事实上，两天前，这个问题让我有点激动（不过也没有什么结果，除了女儿的哭声）。

他后面还列出了很多证据（见188页），也说了下面这段话：

疫苗确实有一些罕见的副作用。就个体而言，这种概率甚小，微乎其微，甚至比你开车去上班发生车祸的概率还要小得多，还远远低于一生中你被雷击中的可能性。坏事情确实会发生，而且这些不好事情的发生在你身上的概率还远比接种疫苗带来副作用的概率要高得多。所以我们整个一生都是有风险的。

纽约的一名儿科医生、医学博士、美国儿科学会会士阿兰娜·莱文（Alanna Levine）写道：

这个周末的一个“家庭活动”就是参加幼儿园的生日聚会。在那里一个妈妈跟我聊天，之前她看过我的微博，知道我对疫苗接种非常热心，就问我相关事情。因为她的孩子只在医院出生的时候接种了疫苗，后来就没有继续了，直到15个月，她只会给孩子们最低限度地接种疫苗。我问她在害怕什么，她回答说，“要接种的疫苗看起来太多了，而且我母乳喂养，让孩子在地上爬，吃的东西也不讲究，我觉得这样就足够了”，而且她看起来似乎对自己的决定非常自豪，而我再也忍不住冲动足足跟她咬耳朵似的谈了足足20分钟（远远超过你问题里2分钟的规定）。我详细地解释给她，自己也是母乳喂养，也不阻止孩子接触脏东西，但是我依然选择给孩子接种疫苗，这些也是我给病人的建议。今天我收到了一封她的感谢邮件，谢谢我诚实而坦率地解释疫苗。生活中，我们必须努力让别人认同接受你的观点，是的，我们都是幸运的，我们的孩子都很健康。

布尔盖医生也这样说：

我相信疫苗，然而我更多的是相信自己作为医生的职责，儿科医生跟父母是合作伙伴，需要帮助父母更好地做出决定。我知道选择接种疫苗是一个非常感性的话题，而且很多家庭都在热议，但是，这并不是一场战争。

第二类：证明

就如我之前说的，我不是一个理论家，也不会认为给每个家庭讲2分钟疫苗知识就能奏效。推动我开始在博客上写自己作为医生和妈妈的经历，有一部分原因是这样的：在实际工作中，就在我跟病人家属讲述我学的理论知识的时候，发现讲述我对自己孩子的做法、想法和感觉，更让他们信服。讲述自己的故事更重要。

比起单纯讲述数字、反应速度和所有儿童疫苗不含硫柳汞（除了 3 岁以上儿童用的多联流感疫苗），下面这些评论更关注证据，能够帮助医生和家庭更好探讨免疫接种。

没有证据证明替代性的疫苗接种计划更安全，也没有证据能证明不接种疫苗的孩子更安全。人类历史上，有很多例子说明疫苗能够挽救人的生命。下面就是我的同事和朋友们的答复。

医学博士、美国儿科学会会士、弗吉尼亚州里士满全科医生盖尔·史密斯（Gayle Smith) 说得最好：

我是多么希望我们的儿科医生都是“摇滚明星”，这样我们在媒体上做疫苗预防宣传的时候会更有效。我愿意以最诚挚的感情去触动那些病人的心弦，减少他们的恐惧和担忧，减轻他们的负担。

如果你有兴趣阅读疫苗和自闭症、硫柳汞的安全性和接种疫苗对神经系统的影响，可以去阅读“疫苗安全性：检查证据”（见 194 页“医生妈妈醒神提点”）。我经常跟家长讨论那里列出来的最后一个实验，那里包含了很多很多证据。根据经验，数据对那些害怕疫苗的家庭来说并没有多少帮助。

医学博士、美国儿科学会会士、辛辛那提儿童医院综合学术儿科医生艾伦·利普斯坦（Ellen Lpstein) 说：

对于我来说，还有希望对于我的病人也是如此，疫苗不是讲感情，而是讲证据。在我们对深爱的人做任何决定时，都必须权衡利弊。毫无疑问，接种疫苗不仅仅对本人有极大的好处，也能保护身边的人和生活的社区。虽然并不是没有风险，但是与不接种疫苗相比，风险几乎可以忽略。

医学和病理学博士、美国儿科学会会士、儿科医生、费城儿童医院创伤研究和预防中心主任弗劳拉·温斯顿（Flaura Wineton）说：

我同意怀着目的去跟病人做咨询沟通。但是这并不适用于所有的病人，相反，可以通过病人积极的反应去建立伙伴关系。

又是利普斯坦博士的回复：

与那些对疫苗犹豫的家长做沟通，我认为一个比较好的做法，就是站在他们的角度，共享决策信息。特别是，我们需要准备足够的信息，直观地描述风险。一般来说（这或许不令人吃惊，这个工作几乎都是在成人医疗中做），临床上，也就是两个医疗选择相当，就是同样好（或坏）以致选择困难时，我们可以利用工具帮助患者就医疗的价值和风险做出决定。想想前列腺癌和乳腺癌的筛查和治疗。然而，我们也知道个人对这些决定也很纠结，而医疗机构却认为这些决定其实非常简单不需要平衡来平衡去。通过学习他人如何善用资源去打动病人，可以帮助我们更好地与父母进行沟通，疫苗讨论和临床抉择，可以让每一个人活得更好。

奥佩尔博士说：

考虑到父母始终认为，在孩子的疫苗决策中，医生有着非常重要的影响，我们确实要好好考虑应该怎么对父母说。例如，20世纪60年代以来，对医生和父母沟通的研究中就发现，如果父母觉得自己的担忧有被理解考虑过，就能更好地接受医生建议的治疗，对医生的查看访问也会更满意。医生的人际敏感度和同情心与最终结果也有联系。

奥佩尔博士提及将美国疾病预防和控制中心（CDC）手册作为儿科医生工作的重要参考资料，有助于提高医生的沟通技巧，能够更好地讲述疫苗免疫知识：

我们目前正在开展一项研究，就是对医生做儿童健康检查时进行录像。希望通过直接观察医生说什么，父母怎么回应，然后将医生的沟通行为与孩子的免疫接种状况联系在一起进行研究，这样我们就能够知道什么样的沟通技巧有助于改善免疫接种。我想，这是一个开始。

医学博士，西雅图地区的一名儿科医生丹尼斯·苏萨（Denise Shyshan)说：

我确实花了一些时间跟家长沟通，特别是对那些关注麻腮风（MMR）疫苗和自闭症的家庭，详细介绍了韦克菲尔德博士的研究和其反复失信的做法，告知家长他最初的目的是破坏人们对现在疫苗的信任，从而销售他自己研发的麻腮风疫苗（MMR）。很多父母都觉得很惊讶而且也能接受。这也提醒着人们，特别是那些试图相信“大型制药公司愚弄公众，试图销售危险的疫苗来摄取暴利”谣言的人，那些“名人”把自闭症和麻腮风疫苗（MMR）联系在一起的研究其实也是为了自身利益，而不是出于事实真相。

布朗博士注解说：

谨慎型父母所占的比率随着新闻周期而周期性地波动。

你会对谨慎型父母说什么呢？要做的不是说，而是多倾听。在关注度低的环境中，人们想听专家的建议，而在关注度高的环境中，人们期待的是有同感的倾听者，而不是专家。

医学博士、美国儿科学会会士、生物伦理学家和急诊科儿童医生道格·迪克马说（Doug Diekema）：

首先，我会告诉大家如果自己的孩子不接种疫苗可能会让其他孩子陷入危险之中——几乎每所学校都会有少数孩子患有癌症或免疫缺陷，如果他们接触到那些没有接种疫苗患上百日咳或麻疹的孩子，会让这些特殊的孩子非常危险。

其次，我们必须认清楚父母对于疫苗的担忧，同时分享我们医生自己对于不接种疫苗孩子的忧心。在过去6个月里，华盛顿特区就有2名婴儿因百日咳丧生，而加利福尼亚州超过10名。这些都是真实的案例，真的因这种疫苗本可以预防的疾病死了。仅仅两个州，过去半年里就有12名孩子因此失去生命，这是血的教训。即使是反疫苗组织最疯狂最恐怖的宣传战术都无法匹敌。

克朗曼博士说：

有些人无法接种疫苗，就让自己的孩子接种疫苗，这样既可以保护自己的孩子，也可以保护那些特殊的人。有些孩子太小无法接种疫苗，有些身患癌症或免疫缺陷不能接种，那么让自己的孩子接种疫苗是最好的保护，也能保护身边的人。这样对孩子好，对整个社会也好。

人类的寿命在20世纪就得到了极大的提升，至少延长了20年，主要原因就是疫苗的作用，接种疫苗预防了很多致命疾病。

布朗博士指出：

发表在2006年《儿科学》(*Pediatrics*)杂志上的一项调查将父母分为四大类：信任型、放松型、谨慎性和怀疑型。“谨慎型”父母是特别需要儿科医生注意的。信任型和放松型父母都相信疫苗，而且也相信他们的医生带领他们走在正确的健康路上……而怀疑型父母则很难改变他们对疫苗的态度，无论你花多少时间和精力与他们沟通，都不会轻易改变他们的决定。

医学博士、美国儿科学会会士、儿科全科医生梅丽莎·阿尔卡（Melissa Arca）说：

我相信疫苗吗？当然相信。疫苗是不是完全没有风险呢？当然不是，在现实生活中一切都有风险。我们主要是看风险和收益比率。接种疫苗的好处远远大于那些少见而极低的理论风险，毕竟，所有的父母都想为孩子们做正确的事情，而不是伤害。

奥菲特博士说：

像百日咳、腮腺炎和麻疹等疾病又开始抬头，流行趋势上升，导致孩子患病或死亡。虽然疫苗，就如其他药品一样，会有副作用，但是你听说过的那些（如自闭症、过敏、学习障碍、多发性硬化、糖尿病等）都不是疫苗导致。大部分人害怕疫苗才是真正的风险。

马尔库斯博士总结道：

我建议孩子父母要阅读那些公正、有科学依据的信息。www.NNii.org这个网站是我首要推荐的，这个网站既不接受制药厂商的捐助，也不听命于政府，只对孩子父母提供有理有据的信息，帮助你做出更好的选择。

第三部分 经验

帮助家长对孩子的健康做决策，医生需要一定的培训、专业技术和经验。培训是标准化的（医学院、住院实习医生、正式医生）；专业技术也需要继续学习进修，每年还要通过委员会的考试和检查；只有经验才是每个医生独有的。在诊所的每一天，我们都在面对病人、治疗病人、教病人健康知识，这些经历形成了每名医生对疾病和健康的理解。通过这些磨炼，最终形成了检查室里一位位风格各异的医生。在医学上，尽管也在大力推行标准化，包括医生给病人打电话多长时间，然而每一名医生还是独特的。作为父母，我们也要尊重医生，因为他们帮助我们度过疾病和创伤期。

在康复保健中心做过一段时间病人，其中一位医生的照顾给我留下深刻印象，在脑海里反复提醒着我。对于我这个生病的医生来说，她完全像是我的导师，她在病床前的态度让我惊讶。我相信她只是很擅长她的工作，因为这是她特有的经历。我相信她在成为一名医生前，一定是一名工作多年的护士，她真的很适合现在的工作——她得到了。

我一直在思考免疫接种的事情，在博客上看读者的留言，写有关疫苗的文章，见证病人的反应。我收到很多关于疫苗的邮件。在诊所里，讨论免疫接种和接种计划是工作中巨大的一部分。

当然，临床实际经验决定了每位儿科医生会如何跟家长讨论沟通疫苗，都会有自己的特点。下面是来自医生朋友就疫苗安全和接种计划的经验之谈。

儿科医生和传染病专家克朗曼博士说：

我们再也没有见过这些疾病了。我工作在一家基层三／四级儿童保健中心。我曾经见过孩子死于流感（季节性的 H1N1 型）、肺炎、脑膜炎、麻疹后遗症（并发症）、百日咳；我也见过 HIB（流感嗜血杆菌）型脑膜炎、破伤风和严重的轮状病毒。这单子上的病现在都消失了。大部分人都不会见到这些疾病了，大家在夏天也不必恐慌，担心孩子会感染小儿麻痹症而瘫痪，因为现在我们都见不到这种病了，这都是疫苗的功劳。

布尔盖特博士说：

在这个世界的某些地方，我只能简单地行医，我也见过那些父母悲伤的面孔，他们的孩子死于这些疫苗可以预防的疾病。这些家庭没有获得平等的机会，就像你可以保护家人一样的机会。

医学博士、美国儿科学会会士、北加利福尼亚州儿科全科医生娜塔莉·沃格尔（Natalie Vogel）说：

病人在医院，在思考接种疫苗的时候，我不禁回想起人类在风险面前是多么犹豫。理解风险是非常复杂而且私人化的，这就是事实，流行病（科学）恰恰跟感情对立。个人对风险的感觉是非常不同的，在疫苗讨论中要非常重视这一段，特别是面对试探性的父母。

我这里有一段来自艾莉森·布特汉姆（Alison Buttenhein）哲学博士，也是生物伦理硕士的评论，布特汉姆博士是一名与温斯顿博士共事的研究员，而且沃格尔博士也有提及她。她说到了自己的经验和研究，主要研究在免疫接种讨论中如何提高儿科医生的沟通技巧。

诊所干预沟通还是有很多空白。最近我们完成了 23 对深入采访调查，调查对象都是城市里社会经济地位上层的家庭，我把这些家庭都归类为犹豫型，但最终孩子完成了疫苗接种（对于间隔时间有大量要求）。这个调查一个明显的意外收获就是，远在第一次带孩子做健康体检前，父母们就知道想要做什么。在面对犹豫型父母的调查中，发现只有一个医生可以接受替代性疫苗接种计划表。所以我认为研究的重点不是（医生）办公室里的沟通，这对父母的疫苗决策影响不大，我们更应该关注媒体宣传、亲戚朋友等因素如何影响父母疫苗决策。要注意医生感性认知和个人偏好（例如我们如何介绍风险，寻求证据，而非驳斥）可以帮助我们找到好的机会进行沟通和政策干预。

苏萨博士补充说：

当我跟家长们沟通这个问题的时候，总是从先承认社会上疫苗制造厂家、医生和家长之间深刻的不信任开始。我也承认，但认为大部分严重事故的出现与接种疫苗时间相吻合，这纯粹是一个巧合。可能有一部分孩子，他们的免疫系统经过疫苗一刺激，就把原来免疫系统的缺陷激发出来了（很明显，我是不会跟这个跟家长说的，但是工作一整晚脑子糊涂了就这样想了）。我的观点是，我们就是研究这一问题的，试图确定这样的孩子到底有多少？如果真的是这样，那又如何鉴别这样的孩子呢？我相信大部分人在其他场合也有这样的直觉，当然，作为一名专业人士，父母描述说他们的孩子在接种疫苗后恶化了，我们可能有些不上心（有些家长可能会觉得我们傲慢无礼）。我认为这并不能促进疫苗研究。

克朗曼博士强调说：

我已经也将继续为我的孩子接种疫苗。在 2010 年，我不得不去健康中心两次，排队 4 个小时，就是为了给孩子接种 H1N1 型流感疫苗，因为我们的儿科诊所还没有。在费城南部，站在那里排队等候其实也是十分危险的做法。但是，这是必须要做的正确事情，很简单，接种疫苗可以保护自己的孩子。

奥佩尔博士说：

我发现自己很多时候也处于类似的情形中……可能不是完全陌生的人，也许就是以前接种过疫苗的家庭新增了家庭成员会打电话过来询问免疫接种意见，也可能是邻居在我遛狗的时候会问我自己是否会给病人和自己的孩子接种 H1N1 流感疫苗。我经常会套用询问—讲述—询问的对话模式。也就是说，由始至终我都不会告诉他们一个答案，“你应该做 A 或做 B”。相反，我会让他们先说，“好呀，让我听听你对这个的想法？你在担心什么？你看了些什么资料？有人告诉了你什么相关信息？”这样的问题……对于父母来说很简单，在 2 分钟内这样与父母沟通更有效果，好过你从各方面说疫苗的利弊。

希尔博士写道：

我想这有助于我为自己和 3 个孩子接种疫苗。有时候，我跟家长提及，会有用，但是有时候，我得到的回应就好像他们在说，“你也喝酷爱牌饮料啊？”恐怕，我们面临的疫苗问题，也是我们医疗报销系统中一个世人皆知的扭曲的事实。我们的医疗系统为治疗程序支付巨额费用，而用于预防保健的只有少量，所以为什么会有人认为我们的工作缺乏价值。人们每天阅读那些为美国药品研究与制造商协会（PHRMA）代言的精神病医生发表的文章，其实他们收取了巨额的费用；整形外科医生为病人植入的硬件是自己投资的，而不是被证明最好的；而有些医生实施的椎板切除术、半月板剃须、动脉支架插入，其实也没有被证明过比安慰剂好多少。我们销售激素给病人，取代治疗、COX-2 抑制剂和拜可。我们知道那些医生说的话是可信的，但是普通公众却无从辨别。

希尔博士还说了以下事情，也是我重复说过给无数人的：

我喜欢引用《万物需考虑》（*All Things Considered*）中的一段话，是一位医生作为美国药品研究与制造商协会（PHRMA）发言人说的：注意我们不仅在医学院教医生批判性的思考，而且让他们意识到我们已经教会他们批判性的思考了。出于这个原因，医生认为他们是不受医药代表影响的，特别是那种基于非批判性思维的说服模式（noncritical-thinking-based ersuasion）。

也许我们应该回到儿科重新评估如何跟家长进行疫苗讨论。权威和专业知识本身就不在这篇文章讨论范畴之内。根据经验，我一般都会说我自己接种疫苗预防疾病的体验，也会说我作为一个妈妈面对孩子接种疫苗的心得。

阿尔卡博士说：

我相信父母只是想知道我们（儿科医生）是怎么“得到”它的，我们知道疫苗是怎么来的，确实知道来源；我们也是孩子的父母，我们也做同样的决策。

史密斯博士说：

我是少数几个记得小儿麻痹症人中的一个，当我孩子还小时，他们称它为脊髓灰质炎。我确实相信疫苗。我还记得我的奶奶说，“不要跑到希罗街那边去玩，那里有个小孩子死于小儿麻痹症”。我是在匹兹堡长大的，那里是脊髓灰质炎疫苗最开始实验的地区。我妈妈和附近邻居有幸成为疫苗历史的一部分，那时候为孩子接种疫苗，就相当于挽救孩子的生命。一开始，没有人知道疫苗有没有效果，会不会带来不能接受的副作用。他们只知道太多的孩子死于这种病毒或因此瘫痪了。我的奶奶，她什么都不怕，克服了内心的恐惧为她的孙子接种这种含有少量病毒却可以保护生命的疫苗，留下了不可磨灭的记忆。

我也相信身体本身的神秘力量，能够从疾病中康复过来。疫苗能激发身体的免疫能力获得保护，而且不用付出巨大，甚至死亡的代价。是的，我相信疫苗，我也非常感激疫苗的出现……就像感激我的奶奶一样。

医生妈妈醒神提点

哪里可以查阅免疫接种知识？

- 关注费城儿童医院的疫苗教育中心，世界领先的儿科专家不断更新疫苗科学及安全性研究 :www.vaccine.chop.edu.
- 全国免疫信息网络：www.NNii.org.
- 美国儿科学会专为父母建立的网站，阅读方便，资源丰富，而且以拥有6万名儿科医生会员的美国儿科学会为后台：www.HealthyChildren.org.
- Every Child By Two，一个非营利性的基金会，帮助家庭理解及时免疫接种的必要性，网站有视频资源和图片，不需要支付任何费用，只需要一张你的孩子接种疫苗的照片：http://bit.ly/mdm-ECBT.
- 不要犹豫，浏览美国疾病控制和预防中心（CDC）的网站，这个网站为病人和家庭准备了丰富的疫苗信息：http://bit.ly/mdm-CDCvaccines.
- “疫苗安全：检查证据”：http://bit.ly/mdm-vaccinesafety.
- “西雅图妈妈医生”博客（www.seattlemamadoc.com）中的相关内容。

58

接受替代性疫苗接种计划的条件

你也许知道朋友对于替代性疫苗接种计划的意见，但是你知道儿科医生的看法吗？我们对于替代性疫苗接种计划的安全性知之甚少，话虽然如此，但是面对有些家庭提出延迟接种疫苗的请求，儿科医生也是有不同看法的。

我和我的朋友道格·奥佩尔（Doug Opel）博士就此问题讨论过。他是一名儿科医生，两个孩子的爸爸，也是一名生物伦理学家，致力于研究父母对疫苗的犹豫或推迟接种的原因，在 2011 年曾做过一项关于儿科医生和替代性疫苗接种计划的研究。他说，这项研究带给他的认识远远超于之前所学。

奥佩尔博士是一个诚实、善良可亲的人，他说话声音不高，语速缓慢。他到底是怎样的一个人呢？天哪，如果我能变成一只苍蝇飞到墙上，偷窥他是如何为孩子、为自己和为病人做决定的话——你就会知道他是最合适的了。在你为孩子担忧的时候，他可以是你的依靠；在你寻求队友的时候，他会是你最想要的伙伴。他思维敏捷、考虑周到，这也是他的研究能发现那些启发性、有益的结果的缘故。

奥佩尔博士和同事进行了一项调查，在华盛顿特区询问儿科医生遇到病人要求使用替代性疫苗接种计划的频率和感受。不足为奇，77% 的儿科医生说，他们经常被家长要求使用替代性疫苗接种计划。总体来说大多数（61%）的儿科医生表示，他们会接受替代性疫苗接种计划，但只针对特定的疫苗。这也就是说，儿科医生对于家长要求延迟接种某些疫苗（如乙肝疫苗、脊髓灰质炎疫苗）是接受的；而对于有些疫苗延迟接种［（如百白破疫苗（DTaP）、B 型流感嗜血杆菌疫苗（HIB）、肺炎球菌结合疫苗（PCV）］是不接受的。奥佩尔博士说，原因在于，儿科医生都不愿意让孩子毫无保护地生活在这些疾病还在流行的社区中。

奥佩尔博士以敏锐的洞察力分析了社会上对疫苗安全性的担忧，医疗大环境的改变是如何影响家长在检查室里的询问，对自闭症和疫苗的关注，其实都是对疫苗安全性担忧的具体表现。

有些儿科医生拒绝接诊不接种疫苗的孩子。多数情况下是为了保护其他病人，那些在候诊或者正在检查的孩子，有的太小没有来得及接种疫苗，有的因为慢性病正在接受治疗无法接种疫苗。如果这时候医院来了一位感染疾病的孩子，而这种疾病本来接种疫苗就可以预防的，那么医院里面那些还没有来得及接种疫苗的孩子感染的风险就非常大。

尽管儿科医生也会为这些脆弱的病人划出保护区，我们大多数医生都会花大量时间在诊所跟家长讨论疫苗的好处和风险，处理家长延迟注射疫苗的要求。家长的大多数要求我们都会接受。在某种程度上，对于替代性疫苗接种计划，我认为对于病人的这种要求，医生根本没有选择的权利。就如奥佩尔博士说，只能有条件地接受，取决于家长要求延迟接种的是什么疫苗。

奥佩尔博士希望通过这个研究让家长们知道："为了孩子的健康，儿科医生和父母是在同一战线的，会帮助你们做出决策的。"同时也希望能够有更多的研究关注替代性疫苗接种计划，研究其安全性，他解释说，"因为父母经常要求延迟接种，我们应该知道这样做是否安全。"

以下是我跟奥佩尔博士讨论的对话。

为什么要做这样的研究？

奥佩尔博士：根据临床经验，我们发现父母经常要求延迟接种疫苗。我们想知道华盛顿特区其他儿科医生对于家长的这种要求有什么样的看法和做法。我们也想知道其他州的状况，与过去相比，现在有更多的父母决定不给孩子接种入学要求的疫苗。我们也需要记录父母要求替代性疫苗接种计划是不是真的。我认为这些都会影响结果。如果父母经常要求替代性的接种计划，我们应该知道它们的安全性和有效性。

我们还想知道，面对这样的要求，儿科医生是否有相似的感觉。看到越来越多的要求是偏离美国疾病预防和控制中心（CDC）推荐的接种计划，我们就更加想知道儿科医生是怎么回应这些要求的。

你有什么发现？

奥佩尔博士：实际接种时间与推荐接种计划出现偏差，儿科医生反映，大部分他们都能接受。总体上，有 77% 的儿科医生说他们有时候或经常被要求使用替代性接种计划。最近有报告显示全国各地有大量的父母要求这样，所以研究证实了我们原来的假想，此外，有 61% 的儿科医生说，如果父母要求使用替代性接种计划，他们会接受。

你在研究报告中写道“为孩子进行免疫接种的父母正在减少”，为什么你会认为这是真的呢？

奥佩尔博士：我认为，导致父母犹豫的原因是复杂而多样的，主要有以下三个方面：

1. **传染病环境在变化。**我们周围不像以前有那么多传染性疾病（如天花、白喉、脊髓灰质炎）。没有这些疾病流行，家长们自然而然会放松对疫苗及其相关服务的关注。
2. **医疗环境也在变化。**我的父亲是名儿科医生，那个时候给父母提出建议接种疫苗，很少会遭到拒绝。从那时候起（20 世纪 20-30 年代），消费意识高涨，也渗入医疗保健行业，让父母觉得自己可以为自己和孩子的健康做主。本来这是一件好事情，但后果就是父母稍微觉得有点压抑就不接受任何建议，其中包括疫苗接种建议。现在也很容易看清楚现代医学和科技的局限性。虽然越来越多的医学研究创造了了不起的成绩，比如疫苗；同时也有越来越多的人意识到医学并不是万能的，比如滥用药物、肥胖和治疗慢性病效果有限。现代医学普遍被认为作用和效果有限，我们看到这些局限性，就会想要用其他方式（补充性和替代性药物）来解决身体的问题。这样使得大家更容易接受传统的医学建议。
3. **媒体和互联网的影响。**随着消费主义在医疗领域上升，出现大量为消费者准备的信息，而且大多数来自大众媒体。很不幸的是，这些信息非常直接简单，而且相互矛盾，常常让人误解。父母必须要有人指点，否则那么多虚假有争议的信息，只会增加犹豫，而不是帮助消除疑虑。

你会怎么处理这些结果呢？

奥佩尔博士：如果父母要求不同的接种计划，就需要制订指导政策。如果越多父母要求使用不同于美国疾病预防和控制中心（CDC）的接种计划，我们就越需要知道儿科医生是怎么跟家长沟通疫苗接种的，更需要制订出指导原则来引导这些对话沟通。

在西尔斯博士的书出版之前，有没有父母要求使用替代性接种计划？

奥佩尔博士：西尔斯博士的书可能真的在全国促进推广了替代性接种计划这一要求，而且父母会以此要求儿科医生使用替代性疫苗接种计划。自从他的书出版后，我发现父母提出这种要求更加频繁了。在这次研究中，我们也询问了儿科医生，这本书是否会影响他们的决定。大部分的儿科医生都说不会。在西尔斯博士的书出版之前，相信是有些父母会问儿科医生是否有不同于美国疾病预防和控制中心（CDC）的接种计划。但是现在，是有一些父母直接拿着他的书来到诊所提出要求，他的书被广泛阅读。

你认为始于 1998 年，说麻腮风（MMR）疫苗导致自闭症的谣言是否还在影响今天的父母？这个谣言是否影响和放大了人们对于疫苗副作用（如发烧、出疹子）的担忧？

奥佩尔博士：一般说来，对于自闭症和疫苗的关注，是父母关注疫苗安全性的具体表现。自闭症是毁灭性的。任何父母都害怕自己的孩子患上此病，不能正常的成长，更不能与孩子正常沟通。因为这是人人都惧怕的结果，在大多数父母说到疫苗安全性时，这是一个最高层次的担忧。但并不意味着这就是父母唯一的忧虑，在与父母沟通的时候，你必须跳出父母担忧的范畴（父母对于神经发育和其他糟糕事情的担心），才能够跟他们好好沟通，强调其他事情（如疹子、其他轻微副作用）。

对于某些疫苗，父母要求延迟等待，儿科医生是接受的，解释一下你的看法。

奥佩尔博士：儿科医生反映他们可以接受某些疫苗延迟接种，但是有的却不行，儿科医生也是有条件地接受。其中有三种疫苗——DTaP、Hib 和 PCV，是不接受延迟接种或使用其他替代性接种计划的。我们也没有询问是什么原因，但是大部分的儿科医生都不接受这三种疫苗的延迟接种。我们认为儿科医生不愿意延迟接种这些疫苗，是因为这些疾病现在还很活跃而且传染性极高（如华盛顿特区曾暴发百日咳疫情），而且对于那些没有疫苗保护的孩子会造成严重后果，例如脑膜炎。还有，Hib 和 PCV 疫苗预防的疾病，如果孩子感染的话，也会导致严重后果，有些可能是毁灭性的。我想这也说明医生进行了合理判断，面对家长的要求，儿科医生在尽力做好自己的工作——他们既尊重父母的选择，也在尽力履行医生的职责保护孩子的健康。

尽管疫苗接种计划缺乏灵活性，但是，儿科医生在坚定地维护疫苗战线，为孩子接种疫苗预防那些风险极高甚至可能致命的疾病。

你希望这个研究能有什么影响？

奥佩尔博士：在父母方面，我希望父母能够明白，在孩子健康问题上，儿科医生是他们的合作伙伴，可以帮助他们决策。也希望家长能够明白，为了孩子，医生也是非常尽力的。

在政策层面上，我希望这项研究能够将对话引向更好理解替代性接种计划的安全性和有效性，如果可以的话，要将替代性接种计划和推荐接种计划进行对比，看看是更有效还是没效。如果父母经常提出这样的要求，我们应该知道它们是否安全。

医生妈妈醒神提点

小贴士：没有任何证据能够证明延迟接种疫苗会对孩子更好。3 岁的孩子接种水痘疫苗的风险不比孩子 1 岁时接种少。如果孩子延迟接种疫苗，他们在接种时的风险是一样的，而且延迟等待的时间风险更大。

59

不接种疫苗的家庭，儿科医生不欢迎

这个问题出现在《纽约时报》网站的伦理版上。

儿科医生拒绝接诊那些不接受美国儿科学会（AAP）推荐的疫苗接种计划的家庭，你怎么看这个问题呢？你赞同这样的做法吗？你愿意看到越来越多的儿科医生这样做吗？你自己，或你的朋友有没有因此被儿科医生拒绝过呢？

我是一名儿科医生，生物伦理学硕士，也是两个孩子的妈妈，非常愿意与那些对疫苗有犹豫的家庭沟通。然而，在我看来，候诊室里的风险（会让无法接种或来不及接种疫苗的儿童和弱势群体处于危险中，如新生儿太小还没有来得及接种疫苗、免疫功能不全的孩子），就是一个充分的理由，能让儿科医生拒绝不接种疫苗病人。

医生不能把这个作为理由，去打发那些对疫苗接种计划（美国儿科学会或美国疾病预防和控制中心推荐的）有疑虑的家庭。所有的孩子都需要受到疫苗保护，所以儿科医生应该跟家长们好好沟通疫苗知识，帮助他们理解和做出决定，让孩子能够得到疫苗保护。坦率地说，如果只是出于候诊室风险的担忧，我们应该还有其他办法，可以进行分流，让及时接种了疫苗的孩子在一起，没有按时接种的孩子使用专门的诊室。

值得庆幸的是，只有 10% 的家庭采用了替代性的接种计划。在《儿科学》（*Pediatrics*）杂志最近的一篇文章里，使用了替代性疫苗接种计划的家庭中，最终只有 2% 的家庭拒绝接种疫苗。尽管这确实是一个问题，但是我们也应该看到绝大部分的家庭都准时或迟一会儿为孩子接种疫苗。

我在华盛顿特区也待过。那里正在实施一项新的疫苗豁免法律条文，要求家庭在决定豁免接种疫苗前，先咨询儿科医生。其实也是为了避免家庭为了方便而选择豁免，同时他们也希望这种方式能创造让父母与儿科医生直接沟通和交流的机会。

我们都有相同的希望——健康的孩子，健康的社区。促进对话，减少“战争”、减少对立是推进免疫接种工作的一个重要步骤。从经验来看，大多数父母还是会选择给孩子接种疫苗的，就算一开始是拒绝，随着时间推移，还是会改变的。最终完全拒绝接种疫苗的人非常少。所以我们应该把机会赋予每一个孩子。

医生妈妈醒神提点

事实：2008 年加利福尼亚州暴发麻疹疫情的时候，就有未接种疫苗的孩子在候诊室被传染。这也促使一些儿科医生出于为病人、为工作负责的态度而只接诊那些接种疫苗的家庭。

60

替代性接种计划，只是少数父母的选择

对于这个问题，我觉得喜忧参半。在 2011 年，《儿科学》（*pediatrics*）杂志曾发表了一项研究，该研究在 2010 年 5 月详细调查了父母对于替代性接种计划和疾控中心（CDC）推荐的接种计划的选择倾向。大多数媒体的目光都集中在有 10% 的父母选择替代性疫苗接种计划，而不是疾控中心（CDC）推荐的接种计划这一点上。从公共卫生健康的角度来看，这个结果并不完美。然而从另外一个角度来看，有接近 90% 的家长选择了儿科医生建议的接种计划表，对医生来说，这是一个非常好的结果。

我看这项研究结果也是半喜半忧。就在我阅读他们的研究方法、结果和讨论时，我还在封面上做了笔记。事实上我的笔记也是一半空白一半涂鸦。我禁不住想到有近 90% 的家庭（87%）选择了推荐的疫苗接种计划来保护我们的孩子和社区。很明显 87% 不是 100%，这让我们的孩子和社区还是有风险，但是我相信我们可以继续努力推进疫苗教育普及工作。

关注依据推荐计划为孩子们接种疫苗的家庭可能是一个非常不错的策略，可以提高疫苗沟通时家长的理解。我们经常关注不接种疫苗的家庭，有可能使我们错过观察那些及时为孩子接种疫苗的家庭。

细节

这项研究调查了 2000 多名受访者，合格回复有 771 个，这些家庭都有孩子，而且年龄在 6 个月到 6 岁之间。他们会被问到是否按照疾控中心推荐的接种计划为孩子接种疫苗，如果没有，会被要求回答一个关于接种计划细节的、封闭式的问题。这个研究还收集了父母的年龄、性别、种族、教育程度和家庭保险等信息。

研究结果可喜的一面

- 只有 2% 的家庭拒绝为孩子接种疫苗。两个百分点确实不多。

- 13% 的父母选择了替代性接种计划，而且其中大部分父母（50%）表示只是拒绝接种某种特定疫苗。这也说明有接近 90% 的家庭选择疾控中心（CDC）推荐的接种计划，这差不多是一个“A-”的成绩。
- 在选择替代性接种计划的家庭中，大多数父母报告说他们一开始的选择是推荐接种计划。
- 在选择替代性接种计划的家庭中，有 55% 的家庭放弃推荐计划，只是延迟接种进度。
- 在使用替代性接种计划的家庭中，只有 8% 的家庭一开始就采用了一些知名的替代性接种计划，如西尔斯博士、唐纳德·米勒博士提出的替代性接种计划。
- 好几个家庭反馈说，他们曾与儿科医生一起讨论研究疫苗接种日程安排。家长和医生之间有真正的伙伴关系，为了孩子的健康，形成了良好、必要、透明的合作关系。这是非常好的现象。

我可以想象得到，有些儿科医生可能会朝我大喊大叫，叫我关注发现的这些问题，以及为什么医生的形象不全是正面的。我并不天真无知，但我仍然认为这些发现表明我们的社区仍然充满希望。我们的工作真的可以激励父母为孩子接种疫苗，接受疾控中心（CDC）建议的接种计划，与父母分享背后的故事，以及疫苗保护孩子免受疾病威胁的真正原因。

我最关心那些遵守了医生的建议但又心存疑虑的那一部分家庭。在这一部分家庭中，虽然他们会按照疾病预防控制中心（CDC）推荐的接种计划为自己的孩子接种疫苗，但其中有 28% 的人说仍然觉得替代计划其实更安全。什么？哦，不，这显然是一个警告，儿科医生显然没有很好地解释接种计划的好处。此外，这也有可能是因为医生没有在接种后及时回访。我们的心里都明白，所有的父母都想为孩子做正确的事。统计数据显示，接种疫苗后的回访可以让家长更安心，这同时也是对医生的一个提醒。

研究结果可忧的一面

- 在使用疾控中心（CDC）建议的接种计划的家庭中，有五分之一的人认为推迟接种疫苗会更安全。这点让人有些担心，就如《儿科学》（*pediatrics*）杂志提到的那样，这个结果表示有五分之一的家庭有选择替代性接种计划的风险。根据这个假定推测，这一部分父母还有可能会停止接种疫苗。然而根据我的经验，显然这不是父母的作风。有时候，我们信任权威推荐，因为他们更专业，比我们懂得更多疫苗的风险和好处。有时，我们仍然会感到担心和怀疑，虽然这可能只是情绪上的波动。从自身角度来看，就好像在经历一整天漫长的诊所工作之后，晚回家也是常有的事情。

- 大部分家庭表示是自己想出来的新的接种计划（41%），或听从朋友和其他家庭成员的建议（15%）。
- 其实最好的疫苗接种计划就是疫苗专家推荐的接种计划，但有 22% 的人仍然不认可这一说法。这让人困惑不已。如果我们连国家和世界上的疫苗专家都不信任，那我们该信任谁呢？我想不明白这一点。要记得，最近的一项研究发现，要了解疫苗安全性的信息时，大多数父母都相信儿科医生。而 22% 这个统计数据则提示我们需要更多地与家长沟通疫苗知识，讲解疫苗研究是如何进行的、解释为什么尽早接种疫苗是对孩子最好的保护。
- 使用替代性接种计划的家庭中，有 86% 的人拒绝为孩子接种 H1N1 型流感疫苗。
- 使用替代性接种计划的家庭中有 76% 的人拒绝为孩子接种季节性流感疫苗。
- 接种时经常被忽略的疫苗有麻腮风（MMR）疫苗（ 45%）和百白破（Tdap）疫苗（ 43%）。大家都知道，在美国百日咳的传播率非常高。最近我们诊所附近就有一名婴儿死于百日咳，还有另外两名婴儿在医院治疗。许多研究发现，在疫苗接种率较低的社区，感染和传播疫苗可预防的疾病的风险通常比较高。而且，在 2011 年，斯诺霍米什郡卫生区（在诊所见到的病人）就有 80 例百日咳患者——或在等待实验确诊或是已确诊上报的病例。而在 2010 年，这个地区只有 25 例，而 2009 年，也只有 33 例。

疫苗也不是百分之百有效，我们自己和孩子们都需要依赖整个社区的疫苗接种率的保护，从而避免感染疫苗可预防的疾病。

医生妈妈醒神提点

研究：“小宝宝的父母对于替代性疫苗接种计划的选择偏好”：http://bit.ly/mdm-AVSarticle.

科学观点：鲍勃博士替代性疫苗接种计划存在的问题：http://bit.ly/mdm-AVS.

61

疫苗新闻：透视出人们对疫苗的偏见

就在安德鲁·韦克菲尔德的研究论文被医学杂志《柳叶刀》撤销之后，就在他被吊销行医执照后，就在他发表一系列欺骗文章，宣传麻腮风疫苗（MMR）导致自闭症之后，他还被电视节目《早安美国》邀请访谈。发生这样的事情，本身就是不公正的——特别是对我们的孩子。我猜，这样的安排也许是无意的。

我相信，当问题一旦涉及孩子的健康，不公正就一直存在。媒体宣传真的会改变我们的思维方式，改变我们养育保护孩子的方法。媒体的宣传教育，就如同医生和护士、社会工作者和辅助人员、研究人员和医学生的工作一样，也可能会让父母迷失和误解。虽然 ABC 电视台努力想让观众了解真相，控诉韦克菲尔德博士的虚假宣传，还邀请理查德·贝瑟博士来做了 2 分钟的讲解，理查德博士是美国儿科学会会士，同时也是儿科医生和医学编辑 / 记者。然而就在介绍宣传结束后，我记得的却只有谣言。

研究发现，观众在看电视的时候（即使节目在提出问题后也播出了解决方案），根本分辨不清哪些是谣言，哪些是事实。

乔治·斯迪法诺普洛斯（Geroge Stephanopolos) 是《早安美国》的节目主持人，他在访谈结束后，用“战争”来形容这次访谈。斯迪法诺普洛斯其实是在完成一项非常艰巨的任务：对韦克菲尔德的采访。他的感情很复杂，内心也很困惑，再加上他需要面对过去几十年疫苗的困境——父母的犹豫和韦克菲尔德博士宣称的疫苗会导致自闭症的说法。在访谈中，韦克菲尔德没有否认指控，也没有对疫苗的重大研究进行讨论，更没有驳斥自己的工作，斯迪法诺普洛斯先生不得不捍卫科学。这其实是孤军奋战。乔治·斯迪法诺普洛斯没有得到疫苗反对人群的欢迎，甚至也没有得到有些质疑韦克菲尔德的家长的认同。最终 7 分钟的访谈，斯迪法诺普洛斯和韦克菲尔德只是激起一阵涟漪，并没有深入探讨疫苗接种问题，我相信这个节目有巨大的收视率，然而这正是我担心的，为什么要做这样的节目呢？

我们讨论免疫接种，应该讨论的是如何决定接种哪些疫苗。在这一点上，采访韦克菲尔德博士没有带来一点儿好处，既没有给孩子带来益处，也对我们的公共卫生服务没有任何益处。他的谣言和传奇，只要还停留在新闻中，就是一种风险。就是因为他的影响，新闻的影响，才需要我们不断地与父母去沟通，消除父母的担忧。我们需要采访的应该是儿科医生，是为接种疫苗孩子的父母，是疫苗专家，让贝瑟博士进入采访节目就是一个很好的开始。我们需要倾听理性的声音。我们需要实事求是地宣传疫苗。虽然韦克菲尔德博士声称，他不希望别人停止接种疫苗，如百日咳疫苗，但是他的所作所为已经成为整个美国父母对疫苗犹豫的核心因素了。乔治·斯迪法诺普洛斯也需要说清楚这一点。

虽然韦克菲尔德博士谈论的只是一种疫苗麻腮风疫苗（MMR），但是他已经点燃了数百万美国父母对于疫苗的不信任。

在办公室里，当父母谈到对于免疫接种的犹豫和担忧时，他们经常把韦克菲尔德博士的言论当作最大的理由。随着日子一天天过去，就在《英国医学杂志》（*BMJ*）揭露出韦克菲尔德博士的欺诈后，我听到的担忧麻腮风疫苗（MMR）导致自闭症的声音越来越少了。然而，这次《早安美国》节目对韦克菲尔德的访谈证明其影响力还存在。7 分钟的节目，数百万人观看，这就是力量。

在贝瑟博士的介绍里，也穿插着一些对保罗·奥菲特博士（美国儿科学会会士，疫苗专家和儿科医生）和赛斯·穆诺基博士（新书《病毒恐慌》的作者）的访问。但是，揭露韦克菲尔德的具体材料和时间都没有提及。我们从奥菲特博士和穆诺基那里学到的免疫接种知识，很容易遗忘在对韦克菲尔德采访结束中。

想要继续在接种疫苗者和拒绝接种者之间挑起一场战争是行不通的。在采访结束后，父母可能变得越来越困惑，而不是越来越清晰。在《英国医学杂志》揭露韦克菲尔德的欺诈后，虽然有些博客宣传疫苗犹豫已经不存在了，但我认为我们离疫苗犹豫彻底消失还很远。这样的故事和采访出现，只会增加公众对于儿科医生和护士的不信任。在以后的儿科生涯中，我将继续倾听父母对疫苗的担忧，继续帮助他们决策。

让我们改变一下，来讨论疫苗犹豫和疫苗研究中的“争议”。我们需要联合病人、儿科医生和照顾孩子们的护士。我们的孩子应该拥有更好的服务，而不是靠父母在网上对免疫接种进行“研究”。韦克菲尔德博士也是这样建议。

贝瑟博士在治疗照顾孩子方面有丰富的经验，以渊博的知识在学术界闻名，拥有出色的领导能力并在美国疾病控制和预防中心（CDC）任职。他对我们国家存在的疫苗犹豫状况做了一个精彩的回顾。但是他的介绍还远远不够。让韦克菲尔德的访谈出现，让我们重新恢复到疫苗“犹豫的战争”中，就是今天上午的访谈节目，它增加了公众对疫苗的犹豫，而非科学的解释说明。访谈好像是在互殴，展示的是我们为人父母的区别，而非相似之处。

我们必须重新找回我们的相似之处：我们都想把最好东西的给自己的孩子。儿科医生、疫苗研究人员、父母都一样。

制造谣言只需要几秒钟，可是却需要十几年的时间来澄清，重新建立信任。这就是我们今天得到的教训。

访谈节目开始时，乔治·斯迪法诺普洛斯就直接表达了自己的观点。他读过韦克菲尔德博士的书，而且非常清楚自己根本就不相信博士为了回应那些声明所说的话。我非常赞同他在美国广播公司（ABC）博客上的评论，他似乎在访谈开始前就已经做出了决定。这是明智的，科学也真正证实了安德鲁博士的宣称是错误的。很久以前，就有十几个大型研究驳斥了韦克菲尔德的说法，《柳叶刀》杂志也撤回了他的研究论文。他的合作者也已经放弃了合作和从属关系。我们都已经知道这一点了。

制造谣言只需要几秒钟，可是却需要十几年的时间来澄清、重新建立信任。这就是我们今天得到的教训。

《英国医学杂志》也发表评论说，让韦克菲尔德博士重新回到了聚光灯下是非常令人不安的。他的研究，今天虽然遭受斥责，同时他本人也获得了更多的关注。即便科学已经证明，并没有发现疫苗会导致自闭症，韦克菲尔德还是“赢得”了今天的访谈机会。轻而易举地，就已经把乔治“摔倒”在地板上了。他的事例还是值得记住的，一次又一次地提醒着我们医生和所有家长肩负的责任。

现在我们倒不需要记得韦克菲尔德的名字、他的书名和他观点。他曾建议，“推荐所有的父母都去阅读，里面有丰富的信息。”他疏远我们这些儿科医生，家庭医生和照顾我们孩子的护士。我们能理解为他希望父母不信任医生或科学家吗？他把问题留给了父母，这就是“制造争议”的销售手段。

收视率是电视节目的衡量指标。如果想要吸引观众的眼球，让韦克菲尔德博士出现在热播节目中确实是一种很好的手段。但是这样做，本身就是不公正。没有科学依据，只会让观众更加迷惑。在政治上，随着而来的可能就是愤怒、恐惧和争议。

医生妈妈醒神提点

《早安美国》节目的访谈：http://bit.ly/mdm-AutismWakefield. 布莱恩·迪尔的文章《韦克菲尔德博士把疫苗麻腮风（MMR）和自闭症联系在一起是欺骗》：http://bit.ly/mdm-AutismDeer.

事实：疫苗麻腮风（MMR）从来就不含有用于防腐剂的硫柳汞。

62

疫苗豁免：需要医生签名的文件

最近实施了一项新法规，要求所有的疫苗豁免书面申请都必须要有医生的签名。我非常愿意做这样的文书工作，我并不觉得是什么负担，然而有些人觉得这项新规定太苛刻，我也能理解。

但我完全不同意这样的说法。

疫苗豁免法规要求，在父母决定为孩子选择疫苗豁免前，必须要和医护人员沟通交流，了解这样做的风险。事实上，华盛顿特区的疫苗接种率就低于全国平均水平。在过去的十年中，选择疫苗豁免的学生人数增加了两倍，而最大的原因可能就是为了方便。特区卫生部门表示，豁免接种疫苗的家庭中有 95% 不是因为孩子身体问题。决定不给孩子接种疫苗看起来是很方便，但是你有没有想过，其实你是在把自己的孩子或他人的孩子置于危险之中。对吧？你想寻求方便，因为你想到你的生活是那么繁忙，是多么混乱，要抚养孩子、要工作，还有很多账单……

想象一下这样的情形……

你是一位非常繁忙的母亲，孩子马上要上幼儿园或者六年级了。孩子的免疫接种记录不全。你没有像我或其他父母那样好好保管接种记录，文书工作也不完美。但是你很确定孩子是按时接种疫苗了。你就站在学校登记台前，排着队等候，脚跟都开始疼了，可能头也开始疼了，而且孩子饿了，拖着你的衣服。很快就轮到你了，等你发现接种记录不全时，你会打电话给孩子的儿科医生，但是医生在忙，没有人接电话，然后你需要等待。这个时候你还有一个选择：你是愿意就签上你的名字，选择疫苗豁免；还是愿意去寻找完整的免疫记录，确保孩子真的是按时接种疫苗呢？当然，大多数任何父母的回答都很明确。

签上大名

瞧，这样的疫苗豁免没有任何意义，没有看到有可能带来的严重后果，很容易被家长误用。我们很忙、很累、也很混乱，这成了我们决定的理由。这样的疫苗豁免，可能会让孩子错过他们需要的疫苗，也让整个社会处于危险之中。进一步说，在水痘、麻疹或百日咳暴发的时候，卫生部会联系你们和追踪疫苗接种记录，确认你是风险人群还是会带给他人风险，仅仅因为一个没有接种疫苗的孩子。我们知道，没有接受疫苗的孩子更容易感染和传播疫苗可预防的疾病。在疫情暴发的时候，追踪不一致的记录（豁免到底是接种了，还是没有接种）也是要付出高昂代价。而且这样的做法现在越来越普遍。

疫苗豁免的真相

孩子的健康与整个社会的健康紧密联系在一起。很多研究显示，整个社会的疫苗接种率需要维持在 90% 以上，才能够避免暴发大规模的流行性疾病。研究表明，在豁免率较高（也就是疫苗接种率较低）的学校，孩子患病的概率也比较高。正如我之前所说，没有接种疫苗的孩子是需要保护的，也最容易感染和传播疫苗可预防的疾病。我们要保护，或者说围成一个“蚕茧”来保护那些最脆弱的人群（如新生儿，或有免疫缺陷的病人，或正在接受长期治疗无法接种疫苗的人）。也许你并不是一个真正想要为孩子豁免疫苗的父母，而是出于方便或者当时面临的一些状况，比如孩子拖着你的衣服要吃东西或想减轻头疼脚疼，最终你选择了签名豁免。在这种情况下，如果孩子真的没有及时接种疫苗，那么就没有机会能够获得真正需要的疫苗保护了。

正因为有些人会出于方便做出选择，再加上整个社会需要具备免疫能力，所以国家才出台这项法规，要求所有疫苗豁免申请都需要医生签名。然而这项法规也不会强迫那些对疫苗犹豫，因宗教原因不能接种疫苗，或对疫苗安全性有担忧的家庭去为孩子接种疫苗。这并不是促销疫苗。这项法规对于那些在登记台意外选择疫苗豁免的家庭能带来便利，能够增加公众对疫苗的教育和理解，能够让更多的孩子得到他们需要的疫苗保护。同时这项法规也在保护我们的社区和那些最脆弱的孩子。如果有家庭真的想豁免疫苗接种，他们仍然可以选择这样做，但是之前必须要同卫生保健工作人员交谈。我认为这是一个为所有儿童实施的保险计划，要求我们做出真正的选择，而不是因为方便。

这就是文书记录工作的由来。医生需要为这些豁免声明签字。如果有家庭真的决定为孩子选择豁免接种疫苗，我也很愿意签名。但是我需要在诊所里，就在我们结束谈话时，面对面，签上我的名字。

这项法规让那些选择豁免的家庭有机会与医生、护士面对面地交流疫苗信息。而且通过交谈大部分的父母都会相信疫苗是安全的。

美国关于疫苗豁免的一些统计数据

全国疫苗豁免率低于 2%，最近公布的免疫接种豁免率是 1.5%。也就是说，整个美国只有不到 2% 的家庭拒绝为孩子接种所有疫苗。

- 国家允许的疫苗豁免通常都有条件。
- 在 19 个州中，大多数疫苗豁免都有不同条件，但都可以由父母签名申请完成。
- 只有 7 个州要求提交疫苗豁免的书面声明（路易斯安那州、缅因州、密歇根州、俄亥俄州、俄克拉荷马州、宾夕法尼亚州、威斯康星州）。
- 3 个州需要对疫苗豁免进行公证或签署书面证词（阿肯色州、明尼苏达州、得克萨斯州）。
- 4 个州和特区要求提供补充资料，包括已经学习过或知晓免疫接种的风险和好处的资料（亚利桑那州、阿肯色州、佛蒙特州、华盛顿特区）。
- 7 个州要求当地或州卫生部门直接参与。[阿肯色州、爱达荷州、密苏里州（只有儿保）、北达科他州、得克萨斯州、佛蒙特州、华盛顿州]
- 3 个州要求定期审核更新（缅因州要求每年一次，得克萨斯州是每两年一次，佛蒙特州也是每年一次）。

最近一些州都在放宽法定的疫苗豁免条件。例如，在 2003 年得克萨斯州就放宽了法定的疫苗豁免条件，但要求家长向国家卫生部门寄送疫苗豁免申请表格，然后要阅读附带的免疫接种资料，在表格上签名，再公证备案。有效期为两年，到期之后，如果你还决定疫苗豁免的话，需要重新申请。

在美国大部分的州里，是否为孩子接种疫苗，都是由家长和医护人员共同协商决定的。孩子入学前决定豁免疫苗时，家长们首先要有了解疫苗接种的健康知识和潜在风险的途径。

医生妈妈醒神提点

小贴士：美国各州许可疫苗豁免都不同，各州都会搜集统计每所学校都多少孩子实行了疫苗豁免。家长要找到这些数据可能有些难，但可以致电学校或州卫生部门，要求提供网上数据链接。

63

保管好孩子的免疫接种证

儿童免疫接种证完整地记录了孩子接种的所有疫苗，还有接种计划表，提醒家长孩子在多大时需要接种什么疫苗，确保及时免疫接种，提高免疫能力。我带孩子接种 H1N1 型流感疫苗时，居然忘记带儿童免疫接种证了。我会非常兴奋地带孩子去打预防针，因为孩子可以得到保护。而这种疫苗接种不是在儿科诊所进行的，我当时匆匆忙忙去到社区免疫中心，所以忘记带孩子的免疫接种证了。当时有人给了我一个小卡片，但是没有把这次的疫苗接种记录到孩子的免疫接种证里。当回到办公室时，我必须与同事沟通和评审记录，直到我们最终完成了他们的医疗记录。虽然这不是什么大事，但是确实在浪费诊所工作人员宝贵的时间。

发表在 2010 年的一项研究详细介绍了保存儿童免疫接种证的价值和好处，特别是如果你不使用美国儿科学会（AAP）推荐的接种计划时间表，或你的孩子会在多个儿科诊所进行免疫接种时。研究发现，如果你携带孩子的免疫接种证或者记录卡，可以增加 62% 的胜率，证明你的孩子是真的进行了免疫接种。通常，父母都觉得自己的孩子及时接种疫苗了，但在现实中可能却不是。携带和保存孩子的免疫接种证，可以澄清混乱，消除怀疑，有时避免不必要的重复接种。大多数孩子从一出生到 18 岁都不可能看同一位儿科医生，所以携带儿童免疫接种证可以降低错误，避免混乱。好好保存孩子的免疫接种证，一个简单的方法，可以让我们更好地照顾孩子。

保存免疫接种证

我的观点：

- 孩子需要接种很多疫苗。接种疫苗其实也是一笔无法估量的财富，可以守卫孩子健康、预防疾病，特别是传染性疾病。所以家长要确保你的孩子及时、准确地接种疫苗。依照推算，包括每年要接种的流感疫苗，在孩子读大学前，只需要接种 50 多次疫苗。就算你不为孩子接种所有推荐的疫苗，也要好好保管孩子的免疫接种证（就是打预防针的本子）。

- 把免疫接种证放在家里自己保管，不要依赖儿科医生。儿童免疫接种证一般由孩子出生的医院发放。如果你不小心遗失了，下次去看儿科医生的时候，可以向儿科医生申请一本新的。让护士帮忙重新填上所有的接种记录，仔细检查记录。
- 如果儿科医生有电子医疗记录，赶快在网站上注册一个账号，或者是“MyChart”账号（医疗网站），这样能够永远拥有孩子的医疗记录，学校需要时，或因加入体育团队、外出旅行需要时，可以直接打印出来。医疗记录也已经进入数字时代，电子医疗记录就更有用，特别是孩子不是一直看一个儿科医生的时候。但也不能处处依赖电子医疗记录，它有时候可能出现失误，还是要好好保管好孩子的免疫接种证。
- 把孩子的免疫接种证明和其他重要的文件一起保管，如汽车的处置权、贷款抵押合同，以及你最心爱的棒球新秀卡。孩子小时候的免疫接种证明，在长大后申请大学时也用得着，可以轻松地证明已经接种过乙肝疫苗。
- 如果某次看医生时忘记带免疫接种证，记得下次带过去。医生不光是在做儿保时查看、更新记录，其他时候也会看。

孩子没有免疫接种记录，儿科医生会非常谨慎，可能会要求重新接种。这样做也是为了孩子的安全，确保孩子有免疫能力，能够预防传染性疾病。然而根据我自己的经验，给孩子接种一种可能不需要的疫苗，医生自己也会觉得不舒服。保管好孩子的免疫接种证，可以避免多余或重复接种。

拜托所有的父母请保管好孩子的免疫接种证。我自己是把它们跟我们家的医学院贷款和抵押贷款合同放在一起保管好的，这的确是一笔宝贵的财富。

医生妈妈醒神提点

小贴士：从美国儿科学会的网站（ HealthyChildren.org）下载孩子健康体检提醒 App，追踪孩子接种疫苗的记录：http://bit.ly/mdm-Healtht Tracker.

64

克服打针恐惧

家长对疫苗的犹豫来自方方面面。父母对孩子是否接种疫苗犹豫不定，甚至拒绝接种，不仅仅是担心疫苗安全，有时候还可能就是因为孩子害怕打针，疼痛、不舒服、焦虑。这完全可以理解。打针，孩子当然会害怕，喜欢、享受打针疼痛的孩子非常少见（尽管是有这样的孩子，但都还很小）。

害怕打针，打针前的焦虑也是恐惧症的一种具体表现。有些例子中，孩子们的恐惧是如此强烈，以至影响了父母的决定，从而选择不接种疫苗。让孩子乖乖坐在椅子上不要起来准备好打针，对父母来说也是一种折磨。有时候，孩子可能会变得激动好斗、歇斯底里，父母也会觉得非常尴尬。所以有些父母就索性选择不接种疫苗，也不用去诊所，这样就避免了一切冲突。忙忙碌碌的生活中，好像这也是自然而然的选择，避免麻烦、避免冲突。

我在诊所曾经照顾一个孩子，她感染了严重的流感，这段经历让我深有体会。她是一名高中学生，患有哮喘，医生曾建议接种流感疫苗。尽管医生建议所有年龄在 6 个月到 18 岁之间的孩子每年接种流感疫苗，但还是很难保护好所有高危人群。如果患有哮喘的孩子感染流感，很容易发展成为严重的肺炎。所以我们很担心那些患有哮喘的（即使是轻度哮喘）的孩子。哮喘很容易发作，发作后孩子需要住院治疗，或造成致命的疾病。大部分父母都会让有哮喘的孩子在流感季节来临前接种流感疫苗，但并不是所有家庭都这样做。

在诊所第一次看到那个女孩时，她已经筋疲力尽，紧张、困惑而且吓坏了。在流感治疗过程中，她落下了两个星期的功课，而且还瘦了大约 15 磅。后来她还咳嗽了好几个星期。查看感染前的医疗记录时，我发现医生曾经建议过接种流感疫苗，然而她拒绝了。

“为什么呢？”我问她。

她说就因为害怕打针。因为长期患有哮喘，她不能够选择鼻腔喷雾接种流感疫苗（气喘是一种禁忌），所以打针是唯一的选择。“你告诉过医生拒绝的理由吗？”我问。

“是的。”她说，然而没有任何证据。

这就是事实：打针会让孩子们觉得恐惧、焦虑，也会让父母感到害怕。当我问孩子的妈妈，她是否害怕的时候，她点头说是。通常，如果父母也害怕打针，那打针的恐惧就会升级。再一次说明，这是有依据的。经历这次疾病之后，孩子和妈妈在想办法克服打针恐惧，希望明年能够接种流感疫苗。

显然，打针的时候，父母的行为也会影响孩子的疼痛的表现。父母过多的安慰、批评或道歉，会增加孩子的疼痛，而幽默和分散注意力则可以减少疼痛。

五个小技巧，帮助孩子战胜恐惧

- 带孩子去诊所时，任何情况下，都不要给孩子承诺可以不打针不用接种疫苗。你永远不知道这次医生的建议是什么，以及孩子会因为这种承诺而错过哪些疫苗。如果不遵守承诺，就是失信于孩子。平常也不要把打针开玩笑一样说成是一种惩罚，不要让孩子觉得有任何不舒服，更不要误导孩子，认为医生要伤害他。
- 害怕打针真的存在。当孩子说他害怕的时候，要确认清楚。然后在接种疫苗前告诉医生，一起找出安慰办法。
- 如果孩子真的有针头恐惧症，可以考虑使用抗焦虑药物（如安定、阿普唑仑）。我曾经和一名小儿精神科医生合作过，对很多病人使用过抗焦虑药物，帮助孩子保持镇定，让孩子接受需要的治疗。
- 考虑使用麻醉药膏（类似丙胺卡因乳剂或蒸汽冷冻喷雾剂，是处方药，需要医生处方才能购买）。在打针前，给孩子涂点麻醉药膏麻醉皮肤，可以增加孩子的信心，也是一种安慰，可缓解孩子心中的恐惧和害怕。
- 让孩子深呼吸或做其他动作，分散孩子对针头的注意力。如果有必要，可以去做一次行为健康问诊。
- 玩“咳嗽”小游戏。对于那些害怕打针的病人和孩子，我都会跟他们玩这个小游戏。研究也证实（病人反馈）这样做非常有效。

医生妈妈醒神提点

研究：《减少儿童免疫接种疼痛：以实事求是的评估和建议》：http://bit.ly/mdm-painPrep.

小贴士 1：研究发现，父母过多的安慰、道歉或批评会增加孩子打针时的疼痛。要诚实，不要说打针不疼（其实是疼的）。注射疫苗时尽量保持冷静，可以分散孩子注意力，鼓励孩子很快就会结束的，就可以出去玩了。

小贴士 2：孩子接种疫苗前，可以跟他们在家玩“咳嗽小游戏”。就是叫孩子假装用力咳嗽，然后让孩子决定哪只手臂注射疫苗。你在旁边数数，数到 3 时孩子需要做出决定，护士就可以打针了。护士注射时，要求孩子继续用力假咳嗽。父母和护士要求孩子们这样做，很多孩子都觉得打针似乎没有那么痛了。

事实：药店也有麻醉药膏，需要医生提前开处方。不要过分相信奇迹，记住，打针时针头会刺入肌肉或皮肤深层，即使涂了麻醉膏，疼痛也不会完全消失。

65

流感是会死人的

流感病毒引发“流感”。流感传染性极高，会导致高烧、全身酸痛、流鼻涕，还有严重的咳嗽，少数时候还可能导致呕吐和腹泻。流感不是普通的胃肠感冒，比肠胃感冒更容易死人。最危险的人群是婴幼儿和老人，还有患有哮喘、糖尿病、神经或免疫系统有问题的人群。每年都有人死于流感，其实避免这些死亡，还有很多种方法，但愿这些方法能被施行。

坏消息

流感暴发高峰期一般是每年 2 月或 3 月。每年，生活环境在悄悄变化，占主导地位的流感毒株也在变化。例如，2013 年，最常见的流感类型是 H3N2。在它暴发的高峰时期，超过 80% 的州都有报告，各州暴发的流感疫情达到流行病标准。当时我还在华盛顿特区，那里就有 6 人死于流感，其中一名是小于 12 岁的孩子。明尼苏达州也有一个 17 岁的健康少年，于一周前死于流感。流感并不是“普通感冒”，有时候情况会非常糟糕。在这个季度就有 18 名孩子死于流感。截至 2012 年 11 月，美国接种流感疫苗的人数还不到总人口数一半，而接种目标是 90%，这样才能起到预防保护效果。

从医那么多年，我也没有见过哪个家庭今年感染了流感，明年就拒接接种流感疫苗。相反第二年他们会早早过来接种流感疫苗。这可能也是这种疾病的不好之处吧。

好消息

流感疫苗可以对抗流感病毒。流感疫苗分为注射型和鼻内喷雾剂型，因为病毒会变种，每年流感疫苗也会更新。接种疫苗 10 ～ 14 天后人体可以产生免疫力。现在赶快去接种疫苗，它可以保护自己和家人。抓住每一次机会，接种好疫苗，好好保护自己，保护孩子，也可以保护社区里那些非常脆弱无法接种疫苗的人（比如小于 6 个月的婴儿，在长期治疗的病人，或有疫苗禁忌症的人）。

揭穿流感的五个谣言

- **流感疫苗会引起流感。**注射型流感疫苗里面含有的是死病毒，不可能在体内繁殖，也不可能造成感染。而喷雾剂流感疫苗则包含了一种非常弱的病毒毒株（可以想象成没有腿的短跑运动员或没有翅膀的大黄蜂），无法复制，更不会在肺部引起疾病。流感疫苗最常见的副作用就是疲劳、低烧，流鼻涕（喷雾型疫苗）。
- **觉得自己不可能得流感。**是的，可能不会，也可能会。研究表明，5% ～ 20% 的成年人每年都会感染流感。而且 10% ～ 40% 的儿童也是每年会感染流感，有时只是轻微的感染，有时则会非常严重。甚至你自己都不知道是否感染了流感，需要医生诊断才知道。
- **流感疫苗无效。**流感疫苗当然有效，但就像所有的疫苗一样，它只是不完美，不会百分之百有效。即使接种了流感疫苗，有些人仍有可能感染流感，不过感染不会那么严重。流感疫苗含有的毒株可能每年都与社区流行的毒株有差异，这也会影响疫苗的有效性。因为全球流感病毒每年都在变异移动，所以需要每年接种流感疫苗。
- **我很健康，不需要接种疫苗。**非常幸运我们都身体健康，但是也不要自己欺骗自己，要知道每年都有健康的儿童和成年人死于流感。通常，死于流感的孩子中约有一半都是健康的婴儿和儿童（通常每个季节有几百例）。美国每年大约有 3 万人死于流感。现在及时接种流感疫苗，可以保护你和孩子免受流感威胁。
- **如果之前没有接种流感疫苗的习惯，现在有了孩子，必须要改变。**孩子，尤其是小于 4 岁的婴幼儿和特别小还不能接种疫苗的婴儿（小于 6 个月），都要依靠周围的人来保护他们，只有你及时接种疫苗，才能降低把病毒带回家的风险。

为什么流感疫苗需要每年接种呢？

每年都有许多人问我，为什么流感疫苗必须每年接种呢？下面就是答案。

流感病毒每年都在变化，不停地变异，改变形态，获得生存能力。我们不希望流感病毒真的流行起来，所以全世界人民都在努力，全球有超过 100 个国家的疾病控制预防中心都在监测流感病毒，每年都会追踪到底是什么类型的流感病毒感染人类。所有的报告会汇集在全球的 5 个中心国家，分别是澳大利亚、英国、美国、日本和中国，然后由这些中心总结出每年到底是哪种类型的流感病毒导致人类暴发流感。

每年流感季节来临之前，这些中心就会决定今年该接种什么类型的流感疫苗。自 20 世纪 80 年代以来，因含有三种不同的流感毒株，流感疫苗一般分为三类，其中两种是流感病毒 A 型和 B 型。2014 年暴发的流感，有一种跟 H1N1 型流感相似，是 A 型流感的一种，还有一种是新的 B 型流感。这是根据流感病毒在全球范围内传播的情况，通过统计数据总结出来的。

所以需要每年接种流感疫苗，因为每年我们都会暴露在不同的流感病毒环境下。9 岁以上的孩子，现在只需要一剂，注射或喷雾都可以，而 9 岁以下的孩子，则取决于过去孩子接种了多少疫苗。儿科医生或家庭医生会跟你讨论给孩子用什么样的流感疫苗，但有一点是相同的，就是医生会在这三种类型中选择疫苗。

66

水痘疫苗：确实有效

水痘，现在我们医生也不常见到了。从 1998 年开始在医学院学习以来，我只见过几位水痘患者。目前根本就没多少患水痘的孩子可以作为我们的学习对象。水痘是带状疱疹病毒初次感染引起的急性传染病，现在有疫苗可以预防。如同天花和小儿麻痹症一样，我们现在只能够从教科书中去学习有关知识了。在我的记忆中，对于水痘有效的主要来源于就是自己身患水痘的经历。那时我五六岁，整整一个星期，每天从学校回来，妈妈都会给我一个小手工作品之类的小礼物，我觉得自己非常幸福。我还可以躺在沙发上看电视，就好像电视饥渴症患者一样，非常想看电视。之前妈妈规定不准看电视，那时我一定看起来很糟糕。其实也不是那么糟糕，至少我非常幸运，身体还是很健康，而且水痘也不严重，患的是一般的水痘，很多地方比较痒，发了一个星期的低烧，感觉比较糟糕。事实上，后来也痊愈了，只是在额头上留下一些疤痕（病毒对神经没有任何损害），照片上可能还可以看到。

感染水痘最大的麻烦就是不知道哪个孩子会有严重的并发症——颅内感染、食肉细菌过度生长的溃疡或致命的肺炎。

当我大学毕业时，水痘疫苗已经在美国投入使用了。那个时候，每年大概有 150 人死于水痘，而且有超过 1000 人因此需要住院治疗。这造成了巨大的经济损失（误工费用和医疗费用）。

所以很明显，我们医生缺乏与水痘亲密接触的临床机会。最近《儿科学》（*Pediatrics*）杂志的一项研究发现，过去 12 年里，小于 20 岁的青少年和孩子死于水痘的概率降低了 97%，而且整体死亡人数减少了 88%（包括孩子和成年人）。这些统计数据可喜得惊人。

美国水痘疫情和水痘疫苗现状

- 在 20 世纪 90 年代中期前，每年都有数百人死于水痘，而且还有上千人需要住院治疗。

- 从 1995 年起，要求所有 12 ～ 18 个月大的孩子接种水痘疫苗。那些因为特殊原因不能接种疫苗的孩子（例如，免疫系统不健全的孩子，或做过骨髓移植手术的孩子，或患有癌症的儿童）必须依靠周围的人接种疫苗来获得保护。
- 1997 年到 2007 年的十年里，只有 77 人死于水痘。
- 1997 年到 2007 年，水痘疫苗的接种率从 27% 上升到了 90%。
- 2002 年，开始要求所有 4 ～ 6 岁的孩子接种水痘疫苗加强剂。这是因为研究发现接种 1 剂水痘疫苗有效率只有 85%，而接种 2 剂有效率可以达到 97% 以上，甚至是 100%。所以孩子进入幼儿园前，就要求接种水痘疫苗加强剂。这样，幼儿园里的孩子就都接种了两剂水痘疫苗。
- 死亡的 77 例水痘患者中，大多数的人都没有明显的不能接种疫苗的禁忌，因此，这些死亡本来是可以预防避免的，主要是错失了机会……
- 水痘疫苗确实有效。自 1997 年以来，死亡的这 77 名病人中，有两名孩子都只接种过 1 剂的水痘疫苗，他们都在接受类固醇治疗（这种药物会破坏免疫系统），其中一名患有癌症。

事实证明，我们正生活在一个极好的时代，很少出现死于水痘及其并发症的病例。我们生活在了一个安全的环境。如果孩子出生到在现在没有其他禁忌症，一直按时接种水痘疫苗，那么死于水痘病的可能性则为零。况且，你自身和围绕在孩子周边的人都及时接种了疫苗，就好像在孩子周围形成了一堵无形的保护墙，可以更好地保护孩子，也在保护自己。

医生妈妈醒神提点

研究：“接种水痘疫苗，水痘在美国发病率几乎为零”：http://bit.ly/mdm-Chickenpoxshot.

小贴士：婴儿期间，宝宝对水痘是有免疫能力的，这是从母体带过来的。然而，在孩子一岁的时候，从母体带过来的免疫能力慢慢消退，所以需要及时为孩子接种水痘疫苗；孩子蹒跚学步时，可以接种第 2 剂的水痘疫苗，这样可以更好地保护孩子。如果 4 岁前孩子接种了 2 剂水痘疫苗，上幼儿园前就有需要接种疫苗加强针。

事实：水痘与家禽无关，鸡不会引起或感染传播水痘。

67

早点接种甲肝疫苗，给孩子长期的保护

2013 年 6 月，美国疾病控制和预防中心（CDC）宣布暴发甲肝疫情，全国有 10 个州超过 150 人受影响。甲肝疾病的来源，是科思科超市里出售的受污染的有机速冻浆果。这是一起典型的食物污染事件，导致多人感染甲型肝炎。

在这次疫情中，我们很高兴看到只有少数孩子受影响（只有 11 名儿童）。而且接种过甲肝疫苗的孩子，没有一个因此生病。

我们的孩子被保护得很好。

在美国，甲型肝炎通常通过受污染的食物传播与感染他人。全美国感染甲型肝炎人数每年约有 5000 ～ 10000 例，显然比发展中国家更高，因为城市水源更容易遭受污染。如果要出国旅行，出发前建议接种甲肝疫苗。

没有接种疫苗的孩子在疫情中最容易被感染，这是有依据的，同时也是对疫苗作用的很好的证明。

事实上，孩子 1 岁左右接种的甲肝疫苗，能给孩子提供长期的保护。从 2006 年开始，美国所有的孩子都被要求要接种甲肝疫苗。在此之前，只要求甲型肝炎高发地区的孩子们接种甲肝疫苗。

甲型肝炎是通过受污染的食物传播。与成年人相比，儿童感染甲型肝炎的症状往往比较温和。然而，甲型肝炎毕竟是一种肝炎病毒所致——这意味着感染会导致肝脏发炎。如果孩子感染了甲型肝炎，会发现黄疸（皮肤和眼睛发黄）、呕吐、腹泻、恶心等症状，需要住院治疗的情况很少，但也有例外。我还清楚地记得一名孩子因甲型肝炎住院治疗，结果其主治医师也生病了，呕吐，也出现明亮的黄色……

保护自己免受甲型肝炎感染，最好的做法就是接种甲肝疫苗。非常幸运，在疫情暴发的时候，孩子们得到了很好的保护，因为美国要求所有的孩子都必须接种甲肝疫苗。在下一步检查中，需要确保孩子及时接种了甲肝疫苗，特别是 2006 年前出生的孩子，因为那个时候甲肝疫苗还不是 1 岁孩子需要接种的常规疫苗。

幸运的孩子——有甲肝疫苗保护

- 从1岁开始，孩子需要接种甲型肝炎疫苗，而且要接种2剂，第1剂一般是在12个月的时候接种，第2剂在18个月时，两次接种时间需要间隔6个月。目前超过95%的孩子都会接种甲肝疫苗。
- 如果还没有接种甲肝疫苗，建议所有的孩子都要接种该疫苗。2006年以前，只是建议甲型肝炎感染率较高地区的孩子接种甲肝疫苗。如果你的孩子是出生在2006年前，需要仔细检查一下，确保孩子们在过去几年里都接种了2剂甲肝疫苗。
- 甲肝疫苗非常有效，而且没什么副作用。注射部位的疼痛可能是最常见的副作用，只有5%～10%的人说会头疼。甲肝疫苗的优点是风险小，而且已经有数以百万的人接种了甲肝疫苗，统计报告显示没有什么副作用。
- 如果要出国去亚洲、中南美洲、地中海区域、南欧、中东、墨西哥或加勒比海等地区旅行，建议出发前接种甲肝疫苗，每位旅行者需要在旅行前1个月接种。如果出发前两周才发现自己还没有接种甲肝疫苗，那就需要赶快联系医生进行接种。研究发现，在接种甲肝疫苗第1剂几天后，身体免疫能力就会提高（检测血液里的抗体），可以保护两周后的旅行。如果接下来的几周你都在旅途中，应安排去一次诊所，咨询其他保护方法，比如在途中使用免疫球蛋白来对抗甲型肝炎。
- 费城儿童医院疫苗教育中心对于旅行风险有如下解释：甲肝病毒存在于人类粪便中，在城市污水处理和处置水平较低的国家里，甲肝病毒感染可能是一个巨大的问题。甲肝病毒能迅速渗入城市供水系统中，造成水污染，进而污染其他与水接触的东西。但如果因此认为，发展中国家任何放入口中的食物上面都覆盖着一层薄薄的甲肝病毒，也是不现实的。

68

“水痘聚会”

2013 年 4 月，西雅图一位妈妈在育儿社区网上发了一个“水痘聚会”邀请，说她的两个孩子出水痘了，邀请其他小朋友（没有接种疫苗的孩子）过来聚会，接触水痘病毒。看来现在还是有人在开这种“水痘聚会”，这还真不是愚人节玩笑。

> 2013 年 4 月 1 日下午 1:19
>
> 我没有接种过水痘疫苗，两个孩子也没有，现在孩子们出水痘了。得水痘之后就可以对它终身免疫，如果你想得这种水痘，那就一起过来小聚一下喝杯咖啡吧。哈哈。
>
> 是的，这是真的……

这样的消息真的让我很头痛，不明白为什么有些父母会这样做。临床实践中，许多父母会对接种疫苗犹豫不决，或延迟接种，甚至拒绝接种。这位妈妈的做法，我还真的无法理解。后来，我在推特上转发了这个邀请，很多医学界的朋友留言评论，分享了自己的经历（这篇文章里摘录了一部分）。

水痘虽然很少导致严重感染并发症，但还是有的，甚至是致命的。1995 年前，水痘疫苗还没有被批准投入使用，全美国每年有几百名儿童和大人死于水痘，还有上千人需要住院治疗（会留下痘痕或疤痕），有些孩子还可能出现致命的二次感染，如严重的肺炎（每 1000 名儿童中可能有 1 名）、颅内感染、疤痕食肉细菌感染，这些都是致命的并发症。

安全高效的预防措施：接种水痘疫苗。

看到这个“水痘聚会”邀请，我变得很愤怒。我们社区中还有许多儿童和大人，可能由于免疫缺陷和正在接受治疗，无法接种水痘疫苗，如果这部分人接触到水痘患者，而且被传染的话，很有可能危及生命。这与那些故意让孩子接触水痘患者的家庭相比较，这部分人的感染是完全不相同的，是被动的。接种 2 剂的水痘疫苗后，99% 的人会对水痘免疫。虽然有些孩子接种疫苗后，被感染也会出现几个水痘，但不会发生严重感染，也不会造成严重并发症或死亡。

这样的“水痘聚会”邀请也是一种提醒，对于疫苗和疫苗安全，儿科医生还有很多事情要做，要更多与父母沟通，建立信任。我的两个孩子都接种了水痘疫苗，而且都是 2 剂。非常欣慰，孩子们能得到疫苗的保护，即使身处水痘高发区也不会变得危险，更不会传播水痘，得急性带状疱疹的可能性也会降低。

更多关于水痘的真相和统计数据

- 注射水痘疫苗有一点儿疼（很多孩子告诉我像蜜蜂蜇一样疼）。孩子需要接种 2 剂，1 岁时接种第 1 剂，4 岁时接种第 2 剂。接种疫苗可能会导致手臂酸痛或低烧。还有不到 5% 的孩子可能会出现小疹子（只在注射部位）。这是一个好现象，说明免疫系统被激发了，能够抵御以后的感染。而且这些小疹子没有传染性。
- 水痘的传染性极高。费城儿童医院的疫苗教育中心是这样形容的：让 100 个人待在同一个房间里，其中一个是水痘患者，他们交流几小时后，发现 99 个健康的人中有 85 个感染了水痘。
- 儿童感染水痘后会有一段潜伏期，一般在 1 天或 2 天后才出现小水泡，这也说明孩子出痘前几天仍在上学，可能发低烧或流鼻涕，可能还接触了数百名孩子。
- 水痘疫苗使用活性病毒来刺激人体免疫系统，从而获得免疫能力，和麻腮风疫苗（MMR）一样。注射进去的活性病毒（不过病毒活性极弱）会进行自我复制，进而刺激人体免疫系统，让身体觉得已经被感染了，从而产生免疫能力，而且这种免疫能力是终生的。《儿科学》（*Pediatrics*）杂志发表的一项研究发现，即使只接种了第 1 剂水痘疫苗，免疫能力也会持续很长时间。而且研究还证实，水痘免疫能力持续14年也不会减弱。持续到老的水痘免疫能力，能够很好地保护我们的有生之年。
- 感染过水痘带状疱疹并痊愈后，有些人还可能再次复发（疼痛的水泡随着身体表面的神经蔓延），再次发作通常在 45 岁以后，或免疫系统比较弱的时候。接种水痘疫苗的人（与感染水痘的人相比）不太可能再感染带状疱疹。
- 没有出过水痘的青少年或成年人都应该接种水痘疫苗。

- 如果孩子接触过水痘患者，需要立刻打电话给儿科医生。如果孩子还没有接种水痘疫苗，建议马上接种第 1 剂或第 2 剂疫苗。
- 孕妇感染水痘会把风险转嫁到未出生的婴儿身上，例如 50 名妇女怀孕期间不幸感染了水痘，出生的孩子中则有一个可能有先天缺陷。

温迪微语

就在那名西雅图妈妈发布“水痘聚会”邀请同一天，我在医生妈妈的博客上也发表了一篇文章—《接种水痘疫苗也可以获得终生免疫》：Bit.ly/XndLup.

69

不要给孩子承诺：这次不打针

疫苗年年更新，每年2月出台更新的建议，旨在帮助父母和医生了解每年疫苗发展新状态，执行新的疫苗建议，让所有的儿童远离致命感染。疫苗更新反映了现代医学的发展，同时也会适当调整建议接种计划，更好地预防传染性疾病的暴发，帮助父母正确决策，更好地保护孩子，消除潜在的传染威胁。

这与每位父母都息息相关：疫苗每年更新，孩子需要接种的疫苗可能年年有变。当我们认为自己的孩子已经及时完整地接种了推荐的疫苗时，疫苗科学的发展就可能改变这个认识。

带孩子去看医生时，家长需要避免给孩子承诺，这次不需要打预防针。如果父母亲这样做就会发现，孩子可能会因此错过某种疫苗或者是某种疫苗需要的加强剂。这样的情况很常见。接种三联或五联疫苗时很多孩子通常会错过最后一剂，如保护儿童和青少年免受人类乳头状瘤病毒（HPV），一共需要3剂，而且很多孩子没有接种水痘疫苗的第2剂。在我看来，如果父母与孩子间的承诺被打破了，那就破坏了孩子的信任，也会放大孩子看医生的恐惧。

不要许下一个无法兑现的承诺，虽然曾经你的妈妈可能这样做过。我也不会用手指着你咄咄逼人地说教，但我经常这样叮嘱预约就诊的家长——在去看医生前，千万不要许下承诺，说这次“不会打预防针”。可能你认为孩子已经及时接种了所有建议的疫苗，但事实可能不是这样，有可能是儿科医生认为需要测试，如扎手指测试血液（测试孩子抗体），或需要注射不在预料之中的疫苗。如果来之前给孩子许下了不用打针的承诺，那情况就会变得非常糟糕，信任也遭到破坏。

无论从事什么工作，传递好消息是工作中非常有意义的一部分。我喜欢告诉18个月大孩子的父母，完成今天的疫苗接种后，除了每年固定的流感疫苗之外，一直到孩子4岁上幼儿园前都没有要接种的常规疫苗了。但是，我不会承诺无法做到的事情，所以我会用自己的方式来处理。

你呢？

接种疫苗的疼痛其实也在孩子预料之中的。所以疫苗更新……

2013 年免疫接种的建议和提醒

- 2013 年，孩子从出生到 18 岁，所有建议接种的疫苗都被简化成一个表格，包括了疫苗接种的时间、剂量和间隔时间，页脚还详细注解了相应的规则。我认为 2013 年版的疫苗接种计划表是最容易阅读和理解的（本书已用 2016 年免疫接种的建议和提醒替换了原书的 2013 年资料。——译者注）。
- 建议每位孕妇接种百白破疫苗（Tdap），而且是每一次怀孕都需要。这也是这次免疫更新中最大的变化，建议在孕中后期接种。这个建议的出台，是由于百日咳疫情严重，而且感染率居高不下，处于 50 年来的最高水平。百日咳是新生儿最大的危害，接种该疫苗，能够保护孕妇，保护新生儿。目前死于百日咳的人中 90% 以上是婴儿。建议妇女每次怀孕都接种百白破疫苗，是因为我们身体里面的免疫能力是会随着时间流逝而减弱。而且统计中疫苗也不是 100% 有效，有效性大概是 80%，所以最好的办法就是让所有的孩子和成年人都接种百日咳疫苗。
- 新建议中详细列出了儿童免疫缺陷和高风险条件 (如无脾)，请参阅注释。
- 提醒：无论男孩还是女孩，建议在 11 岁时接种三联人类乳头状瘤病毒（HPV）疫苗。当我在实际工作中与父母沟通时，很多人对这一点非常惊讶。
- 对于在 6 个月到 18 岁之间的孩子，建议接种流感疫苗，而且是每年都接种，注射型的或鼻腔喷雾型都可以，理想的接种时间是深秋。

图 1 2016 年美国 0 ~ 18 岁儿童疫苗接种推荐时间表（延迟接种或没有及时接种请参考图 2）

此推荐必须配合注释使用。对延迟接种或开始接种疫苗滞后的儿童，图 1 标出了疫苗的最早接种时间；对于补种疫苗的儿童，为确定各剂间的时间间隔，请参考图 2；儿童入学和青少年接种疫苗年龄组以粗体标出。

疫苗名称	出生	1 个月	2 个月	4 个月	6 个月	9 个月	12 个月	15 个月	18 个月	19 ~ 23 个月	2 ~ 3 岁	**4 ~ 6 岁**	7 ~ 10 岁	**11 ~ 12 岁**	13 ~ 15 岁	16 ~ 18 岁
乙肝疫苗[1]（HepB）	第 1 剂	←第 2 剂→			←第 3 剂→											
轮状病毒疫苗[2]（RV）RV-1（2 联）；RV-5（3 联）			第 1 剂	第 2 剂	见注释 2											
百白破疫苗[3]（DTaP:<7 岁）			第 1 剂	第 2 剂	第 3 剂			←第 4 剂→				第 5 剂				
B 型流感嗜血杆菌疫苗[4]（Hib）			第 1 剂	第 2 剂	见注释 4		←第 3 或 4 剂 见注释 4→									
13 价肺炎疫苗[5]（PVC13）			第 1 剂	第 2 剂	第 3 剂		←第 4 剂→									
灭活脊髓灰质炎疫苗[6]（IPV：<18 岁）			第 1 剂	第 2 剂	←第 3 剂→							第 4 剂				
流感疫苗[7]（IIV、LAIV）					每年接种流感疫苗 1 或 2 剂（仅限 IIV）						每年接种流感疫苗 1 或 2 剂（IIV 或 LAIV）		每年只接种 1 剂流感疫苗（IIV 或 LAIV）			
麻腮风疫苗[8]（MMR）					见注释 8		←第 1 剂→					第 2 剂				
水痘疫苗[9]（VAR）							←第 1 剂→					第 2 剂				
甲型肝炎疫苗[10]（HepA）							←2 联（见注释 10）→									
流行性脑膜炎疫苗[11]（Hib-MenCY：≥6 周；MenACWY-D：≥9 个月；MenACWY-CRM：≥2 个月）			见注释 11											第 1 剂		加强剂
百白破疫苗[12]（Tdap：≥7 岁）														（Tdap）		
人类乳头状瘤病毒疫苗[13]（HPV2 只供女性；HPV4，HPV9 男女皆可）														（3 联）		
流行性乙型脑炎疫苗[11]															见注释 11	
23 价肺炎疫苗[5]（PPSV23）											见注释 5					

图例：推荐接种年龄，适用于所有儿童；推荐接种年龄，适用于补种的儿童；推荐接种年龄，适用于高危人群；推荐接种年龄，适用于非高危儿童，听从医生决定；无推荐

该疫苗建议接种计划表于 2016 年 1 月 1 日生效。如果该表显示是可以接种的，但儿童没有在建议中的合适年龄接种，错过的任何 1 剂都需要在随后的问诊中跟进。建议接种联合疫苗，而不是同等的独立疫苗。疫苗生产商遵守美国免疫实践咨询委员会(ACIP)公布的详细建议，可以通过网站 http://www.cdc.gov/vaccines/hcp/acip-recs/index.html 查询。如果临床发生显著的不良事件，疫苗接种医生应该通过网站 http://www.vaers.hhs.gov 的疫苗不良事件报告系统(VAERS)或通过电话 (800-822-7967) 报告。发现疫苗可预防疾病的疑似病例也应向国家或当地卫生部门报告。了解更多详细信息，包括接种疫苗的预防措施和禁忌症，可以登录美国疾病控制和预防中心网站 (http://www.cdc.gov/vaccines/recs/vac-admin/contraindications.htm) 或致电 (800-CDC-INFO [800-232-4636])。

该接种时间表是经美国免疫实践咨询委员会 (http / / www.cdc.gov/vaccine/ ACIP)、美国儿科学会 (http://www.aap.org)、美国家庭医师学会 (http://www.aafp.org) 和美国妇产科医师学会 (http://www.acog.org) 共同批准认可的。

注意：以上建议必须配合注释使用。

图 2 2016 年美国疫苗补种时间表，适用于 4 个月到 18 岁延迟接种，而且延迟时间大于 1 个月的儿童。

下图为疫苗补充接种时间表和各剂量之间的最小间隔。如果时间已经过了，均无须重新启动常规多联疫苗。请根据下图给孩子选择合适疫苗部分。应始终结合图 1 和后面的注释使用此表。

疫苗名称	最小年龄	每剂最小间隔			
		第 1 至第 2 剂	第 2 至第 3 剂	第 3 至第 4 剂	第 4 至第 5 剂
4 个月 ~ 6 岁儿童					
乙肝疫苗[1]	出生	4 周	8 周，并且至少在接种第 1 剂后 16 周。 最后一剂的最小年龄为 24 周。		
轮状病毒疫苗[2]	6 周	4 周	4 周[2]		
百白破疫苗[3]	6 周	4 周	4 周	6 个月	6 个月[3]
B 型流感嗜血杆菌疫苗[4]	6 周	4 周 如果在 1 周岁内接种过第 1 剂。 8 周（最后一剂） 如果在 12 ~ 14 个月接种过第 1 剂。 无须再接种　如果在 15 个月以后接种过第 1 剂。	4 周[4]　如果当前年龄小于 12 个月**并且**第 1 剂在不到 7 个月接种，**同时**先前至少接种过 1 剂 PRP-T 疫苗（ActHib、Pentacel）或未知。 8 周　并且年龄为 12 ~ 59 个月（作为最后一剂）[4] · 如果当前年龄小于 12 个月**并且**第 1 剂在 12 ~ 14 个月大时接种（至少要等到 12 个月大）； 或者 · 如果当前年龄为 12 ~ 59 个月**并且**第 1 剂在 1 周岁内接种，**同时**第 2 剂在不到 15 个月大时接种； 或者 · 如果接种的疫苗均为 PRP-OMP (PedvaxHIB; Comvax) **并且**在 1 周岁内接种（至少要等到 12 个月大）。 无须再接种　如果前一剂接种时间大于 15 个月儿童。	8 周（为最后一剂） 该剂仅对 12 ~ 59 个月大、在 1 周岁内接种了 3 剂的儿童是必需的。	
13 价肺炎疫苗[5]	6 周	4 周 如果在 1 周岁内接种过第 1 剂。 8 周（健康儿童最后一剂）。 如果在 1 周岁时或以后接种过第 1 剂。 无须再接种　对如果在 24 个月或以后接种过第 1 剂的健康儿童。	4 周　如果当前年龄小于 12 个月并且先前接种疫苗时不到 7 个月。 8 周（对健康儿童为最后一剂）如果先前接种年龄为 7 ~ 11 个月（至少要等到 12 个月大）； 或者 如果当前年龄大于 12 个月并且在 12 个月大前至少接种了 1 剂。 无须再接种　对先前在 24 个月或年龄更大时接种过疫苗的健康儿童。	8 周（为最后一剂） 该剂仅对 12 ~ 59 个月大、在 1 周岁内已接种了 3 剂的儿童或者是无论何时接种了前 3 剂的高风险儿童有效。	
脊髓灰质炎疫苗[6]	6 周	4 周[6]	4 周[6]	6 个月[6]（最后一剂最小年龄为 4 岁）	
麻腮风疫苗[8]	12 个月	4 周			
水痘疫苗[9]	12 个月	3 个月			
甲型肝炎疫苗[10]	12 个月	6 个月			
流行性脑膜炎疫苗[11](Hib-MenCY：≥6 周；MenACWY-D:≥9 个月；MenACWY-CRM:≥2 个月	6 周	8 周[11]	见注释 11	见注释 11	
7 ~ 18 岁儿童					
流行性脑膜炎疫苗[11](Hib-MenCY：≥6 周；MenACWY-D:≥9 个月；MenACWY-CRM:≥2 个月	不适用	8 周[11]			
百日咳、白喉；百白破疫苗[12]	7 岁[12]	4 周	4 周　如果第 1 剂 DTaP/DT 在 1 周岁内接种。 6 个月　如果第 1 剂 DTaP/DT 或 Tdap/Td 在 1 周岁时或以后接种。	6 个月如果第 1 剂 DTaP/DT 在 1 周岁内接种。	
人类乳头状瘤病毒疫苗[13]	9 岁	推荐常规接种间隔			
甲型肝炎疫苗[10]	不适用	6 个月			
乙肝疫苗[1]	不适用	4 周	**8 周并且与第一剂后至少间隔 16 周**		
脊髓灰质炎疫苗[6]	不适用	4 周	4 周[6]	6 个月[4]	
麻腮风疫苗[8]	不适用	4 周			
水痘疫苗[9]	不适用	3 个月　如果不到 13 岁。 4 周　如果是 13 岁或更大。			

注：以上接种建议必须配合注释使用。

2016 年美国 0 ～ 18 岁儿童疫苗接种推荐时间表注释

更多详细信息请参考 http://www.cdc.gov/vaccines/hcp/acip-recs/index.html.

年龄大于 19 岁者请参考成人免疫接种建议表。

附加信息

· 疫苗接种禁忌症和预防措施详细信息，接种医生应参考 ACIP 相应声明：http://www.cdc.gov/vaccines/pubs/acip-list.htm.

· 接种间隔时间计算标准：4 周 = 28 天，每隔 4 个月或以上（指日历月）。

· 在最小间隔前 4 天之内接种可视作有效接种；若任一剂接种时间比最小间隔或最低年龄长 5 天或以上，则不能视为有效剂，而应视为适龄的重复剂。重复剂间隔应该是无效的推荐剂量的最小时间间隔。进一步的细节请参阅：MMWR，General Recommendations on Immunization and Reports / Vol. 60 / No. 2 的 Table 1. Recommended and minimum ages and intervals between vaccine doses，或 http://www.cdc.gov/mmwr/pdf/rr/rr6002.pdf.

· 旅行疫苗信息要求和建议请参考 http://wwwnc.cdc.gov.travel/page/vaccinations.htm.

· 疫苗接种主要和次要免疫缺陷请参考 General Recommendations on Immunization(ACIP) 中的 Table 13：“Vaccination of persons with primary and secondary immunodeficiencies”，或 http://www.cdc.gov/mmwr/pdf/rr/rr6002.pdf，以及美国儿科学会出版的 *Immunization in Special Clinical Circumstances*.

1. **乙肝疫苗 HepB（最小年龄：出生）**

常规接种：

出生时：

· 新生儿出院前都必须接种乙肝疫苗。

· 如果新生儿母亲乙肝表面抗原（HBsAg）呈阳性，则需要在出生后 12 小时内接种 HepB 疫苗和 0.5 毫升的乙肝免疫球蛋白（肌注 HBIG）。这些婴儿需要在 9 ～ 18 个月大时（最好是下次儿保时）再次测试表面抗原和抗体 HbsAG（anti-HBs），如果有延迟接种，则在完成乙型肝炎疫苗接种后 1 ～ 2 个月内进行，最近美国疾病控制和预防中心（CDC）建议在 9 ～ 12 个月大时进行测试，详情请参考 http://www.cdc.gov/mmwr/preview/mmwrhtml/mm6439a6.htm.

· 如果新生儿母亲的 HbsAg 状态未知，无论体重如何，出生后 12 小时内应接种 HepB 疫苗。 婴儿体重小于 2000 克，12 小时内接种 HepB 疫苗和注射 HBIG。而且要尽快测试母亲的 HbsAg，如果母亲呈阳性，婴儿体重大于或等于 2000 克应尽快在出生后 7 天内注射 HBIG。

随后的接种：

· 第 2 剂应在婴儿 1 ～ 2 个月大时接种。应该在 6 周内接种单价 HepB。

· 出生时没有接种 HepB 的婴儿应该尽快在其出生后 1 月、2 月和 6 个月时接种 3 剂。参见图 2。

· 第 1 剂和第 2 剂之间最小间隔 4 周，第 2 剂和第 3 剂最小间隔 8 周，且第 3 剂至少是在**第 1 剂**接种后 16 周。最后一剂（第 3 或第 4 剂）HepB 疫苗接种时**不能小于 24 周**。

· 如果出生时接种的联合疫苗包含 HepB，建议共接种 4 剂。

疫苗补种：

· 未接种疫苗的儿童应该完整接种 3 剂系列。

· 11 ～ 15 岁的儿童，可以接种 2 剂成人乙肝疫苗（Recombivax HB）。

· 其他补种问题参考图 2。

2. **轮状病毒疫苗 RV（最小年龄：对 RV-1 和 RV-5 均为 6 周）**

常规接种：

建议所有婴儿接种完整系列的轮状病毒疫苗：

① 如果接种 Rotarix（RV-1），需要接种 2 剂，分别在 2 个月和 4 个月时接种。

② 如果接种 RotaTeq（RV-5），需要接种 3 剂，分别在 2 个月、4 个月和 6 个月时接种。

③ 如果之前接种的疫苗不清楚是否为 RV-5，则建议接种完整的 3 剂 RV 疫苗。

疫苗补种：

· 该疫苗的第 1 剂应在 14 周零 6 天内接种。大于 15 周的婴儿，建议不再启动接种该疫苗。

· 该疫苗最后一剂应该在 18 个月内接种。

· 其他补种问题参考图 2。

3. **无细胞百白破疫苗 DTaP（最小年龄：6 周，例外：DTaP-IPV[Kinrix, Quadracel] 最小年龄为 4 岁）**

常规接种：

· 建议接种完整 5 剂 DTaP，分别在 2 个月、4 个月、6 个月、15 ～ 18 个月和 4 ～ 6 岁接种。第 4 剂的接种时间可以早于 12 个月，但是至少与第 3 剂间隔 6 个月。

· 因疏忽接种了第 4 剂 DTaP：如果第 4 剂与第 3 剂间隔时间大于 4 个月但是不到 6 个月，无须要重复接种。

疫苗补种：

· 如果 DTaP 第 4 剂接种时间是在 4 岁之后，则没有必要接种第 5 剂。

· 其他补种问题参考图 2。

4. **B 型流感嗜血杆菌疫苗 Hib[最小年龄：对 PRP-T（ActHIB、DTaP-IPV/Hib（Pentace) 和 Hib-MenCY（MenHibrix））、PRP-OMP（PedvaxHib 或 COMVAX) 为 6 周；对 PRP-T 为 12 个月]**

常规接种：

· 建议所有幼儿在 12 ～ 15 月龄时接种 2 剂或 3 剂 Hib 的基础系列和加强剂（可能是 3 剂或 4 剂，由所选疫苗基础系列决定），完成整个系列接种。

· ActHIB、MenHibrix 或 Pentacel 疫苗基础系列包含 3 剂，且分别在 2 个月、4 个月和 6 个月大时接种。而 PedvaxHib 或 COMVAX 基础系列只有 2 剂，应该在 2 个月和 4 个月大时接种；6 个月大时不需要接种。

· Hib 的加强剂（3 剂或 4 剂，由选用的疫苗基础系列决定）一般在 12 ～ 15 个月大时接种，但 Hiberix 则例外。Hiber 只能用作加强剂（最后一剂），在 12 个月到 4 岁之间接种，接种的儿童之前需要至少接种了 1 剂含有 Hib 的疫苗。

· 对于接种了 MenHibrix 的脑膜炎患者，相关建议请参阅脑膜炎疫苗注释和 MMWR February 28, 2014 / 63(RR01);1-13，或 http://www.cdc.gov/mmwr/PDF/rr/rr6301.pdf.

疫苗补种：

· 如果在 12 ～ 14 个月接种了第 1 剂，即使在基础系列中使用了 Hib，也应在至少 8 周后接种第 2 剂（最后一剂）。

· 如果前 2 剂 PRP-OMP（PedvaxHIB 或 COMVAX）是在不到 1 周岁接种的，则第 3 剂（也是最后一剂）可以在 12 ～ 59 个月大时接种，并至少应与第 2 剂间隔 8 周。

· 如果第 1 剂是在 7 ～ 11 个月大时接种的，应至少间隔 4 周后接种第 2 剂，第 3 剂（也是最后一剂）在 12 ～ 15 个月大或在第 2 剂接种 8 周后接种，以较迟者为准。

· 如果在不到 1 周岁接种了第 1 剂且第 2 剂种时不到 15 个月大，则第 3 剂（也是最后一剂）应在 8 周后接种。

· 大于 15 个月的幼儿如果没有接种该疫苗，只需接种 1 剂。

· 其他疫苗补种问题请参考图 2。对于补种 MenHibrix 的相关建议，请参考脑膜炎疫苗注释和 MMWR February 28, 2014/63(RR01);1-13，或 http://www.cdc.gov/mmwr/PDF/rr/rr6301.pdf.

需接种的高危人群：

· 对 12 ～ 59 个月大，患 Hib 风险增加的儿童，包括接受化疗和解剖性与功能性无脾（包括镰状细胞病）、艾滋病病毒（HIV）感染、免疫球蛋白缺乏症或早期补体成分缺陷症的儿童，如果 1 周岁前没有接种或只接种了 1 剂的 Hib，应间隔 8 周再额外补种 2 剂 Hib；如果在 1 周岁前接种了 2 剂以上 Hib，则应补种 1 剂。

· 对于年龄小于 5 岁接受化疗或放射治疗的患者，在开始治疗后 14 天内或治疗期间接种了 1 剂 Hib，应在治疗结束后至少 3 个月再重复接种 1 剂。

· 对接受造血干细胞移植（HSCT）的儿童，无须考虑接种历史，在移植手术成功后 6 ～ 12 个月内应接种 3 剂 Hib，每剂至少间隔 4 周。

· 对要进行选择性脾切除手术，大于 15 个月尚未有接种过 Hib 的儿童，应接种任何一种单剂的 Hib；并在手术前至少 14 天接种。

· 不推荐 5 岁以上儿童常规接种 Hib。但对 5 岁以上患有解剖性与功能性无脾（包括镰状细胞病）和 5 ～ 18 岁因感染 HIV 没有免疫的儿童，应接种 1 剂 Hib。

* 如患儿在 14 个月内没有完成 Hib 基础系列和加强剂的接种，可视为没有进行 Hib 免疫接种。

5. **肺炎疫苗（最小年龄：对 PCV13 为 6 周；对 PPSV23 为 2 岁）**

PCV13 的常规接种：

· 应在 2 个月、4 个月、6 个月和 12 ~ 15 个月大时共接种 4 剂 PCV13。

· 对 14 ~ 59 个月大，已经接种了适龄的 7 价 PCV（PCV7）系列疫苗的儿童，应再补充接种 1 剂 PCV13。

PCV13 补种：

· 对所有尚未完整接种的 24 ~ 59 个月大的健康儿童，应接种 1 剂 PCV13。

· 其他补种问题参见图 2.

需接种 PCV13 和 PPSV23 的高危人群：

· 如果可能，所有 PCV13 接种均应在 PPSV23 接种前完成。

· 对 2 ~ 5 岁，患有慢性心脏病（特别是紫绀型先天性心脏病和心力衰竭）、慢性肺病（包括需接受高剂量口服皮质类固醇治疗的哮喘）、糖尿病、脑脊液漏、耳蜗植入、镰状细胞病和其他血红蛋白病、解剖性或功能性无脾、HIV 感染、慢性肾衰竭、肾病综合征、与免疫抑制药物或放射疗法（包括恶性肿瘤、白血病、淋巴瘤和霍奇金病）治疗相关的疾病、实体器官移植或先天性免疫缺陷的儿童：

① 如果未按计划完整接种 3 剂 PCV（PCV7 和 / 或 PCV13），应接种 1 剂 PCV13。

② 如果未接种或未完整接种 3 剂 PCV（PCV7 和 / 或 PCV13），应接种 2 剂 PCV13，至少间隔 8 周。

③ 如果之前接种了 4 剂或者其他适龄完整系列的 PCV7，应补种 1 剂 PCV13。

④ PCV（PCV7 或 PCV13）2 剂之间的最小间隔为 8 周。

⑤ 对于没有接种过 PPSV23 的儿童，应在最近一剂 PCV13 至少 8 周后接种 1 剂 PPSV23。

· 对 6 ~ 18 岁，患有脑脊液漏、耳蜗植入、镰状细胞病和其他血红蛋白病、解剖性或功能性无脾、先天性或后天性免疫缺陷、HIV 感染、慢性肾衰竭、肾病综合征、与免疫抑制药物或放射疗法（包括恶性肿瘤、白血病、淋巴瘤和霍奇金病）治疗相关的疾病、广义恶性肿瘤、实体器官移植或多发性骨髓瘤的少儿：

① 如果接种过 PCV13 和 PPSV23，现在应接种 1 剂 PCV13，并在至少 8 周后接种 1 剂 PPSV23。

② 如果之前已接种过 PCV13 但没有接种 PPSV23，应在最近一剂 PCV13 至少 8 周后接种 1 剂 PPSV23。

③ 如果之前已接种了 PPSV23 但没有接种 PCV13，应在最近一剂 PPSV23 接种至少 8 周后接种 1 剂 PCV13。

· 对 6 ~ 18 岁，患有慢性心脏病（特别是紫绀型先天性心脏病和心力衰竭）、慢性肺病（包括需接受高剂量口服皮质类固醇治疗的哮喘）、糖尿病、酒精中毒或慢性肝病的少儿，若尚未接种过 PPSV23，应接种 1 剂 PPSV23。如果之前接种过 PCV13，那么应在接种 PCV13 至少 8 周后接种 PPSV23。

· 对患有下列疾病的少儿，应在首次接种 PPSV23 疫苗 5 年后再重复接种 1 剂：镰状细胞病或其他血红蛋白病、解剖性或功能性无脾、先天性或后天性免疫缺陷、HIV 感染、慢性肾衰竭、肾病综合征、与免疫抑制药物或放射疗法（包括恶性肿瘤、白血病、淋巴瘤和霍奇金病）治疗相关的疾病、广义恶性肿瘤、实体器官移植或多发性骨髓瘤。

6. **灭活脊髓灰质炎疫苗 IPV（最小年龄：6 周）**

常规接种：

· 完整的 IPV 疫苗一共 4 剂，一般在 2 个月、4 个月、6 ~ 18 个月及 4 ~ 6 岁时接种。最后一剂接种应在 4 周岁之后并与第 3 剂至少间隔 6 个月。

疫苗补种：

· 小于 6 个月的婴儿，只有在有可能接触脊髓灰质炎病毒风险（到脊髓灰质炎流行地区旅行或疫情暴发时），才需按照最小年龄和时间间隔来接种。

· 如果 4 岁前接种了 4 剂或 4 剂以上，应在 4 ~ 6 岁接种附加剂，且与之前的最后一剂至少间隔 6 个月。

· 如果第 3 剂是在 4 岁之后接种，且与前 1 剂至少间隔 6 个月，则不必接种第 4 剂。

· 如果混合接种了口服型（OPV）和灭活型（IPV）脊髓灰质炎疫苗，则无论孩子处于什么年龄，均需接种 4 剂疫苗。如果只是在 4 岁前接种了 OPV，则应在 4 岁之后接种 1 剂 IPV，接种时间应与最后一剂 OPV 至少间隔 4 周。

· 对于 18 岁或以上的美国居民，不建议接种 IPV。

· 其他补种问题参考图 2。

7. **流感疫苗（最小年龄：对 IIV 为 6 个月；对 LAIV 为 2 岁）**

常规接种：

· 所有大于 6 个月的孩子均应每年接种流感疫苗。对非妊娠的 2 ~ 49 岁健康人群，接种减毒流感疫苗（LAIV）或灭活流感疫苗（IIV）均可，但以下人员不能接种 LAIV：①对 LAIV 发生过严重过敏，包括对这种疫苗中成分或其他流感疫苗过敏者；②使用阿司匹林或含有此成分药品的 2 ~ 17 岁儿童；③对鸡蛋过敏者；④孕妇；⑤免疫抑制者；⑥患有哮喘或在过去 12 个月内有过喘息的 2 ~ 4 岁儿童；⑦）在 48 小时内服用过抗感冒病毒药物者。接种 LAIV 禁忌的详细信息请参考 MMWR August 7, 2015 / 64(30):818-25，或 http://www.cdc.gov/mmwr/pdf/wk/mm6430.pdf.

6 个月到 8 岁的儿童：

· 在 2015—2016 年度首次接种流感病毒的儿童应接种 2 剂（每剂间隔至少为 4 周）。这个年龄段的儿童即使接种过流感疫苗仍须接种 2 剂。其他相关指南请见 2015-2016 年度 ACIP 流感疫苗接种建议：MMWR August 7, 2015 / 64(30):818-25, 或 http://www.cdc.gov/mmwr/pdf/wk/mm6430.pdf.

· 对 2016—2017 年度，请参考 ACIP 在 2016 年发布的疫苗接种建议。

年龄大于 9 岁的儿童：

· 接种 1 剂。

8. **麻腮风三联疫苗 MMR（最小年龄：常规接种为 12 个月）**

常规接种：

· 接种完整 2 剂 MMR，第 1 剂在 12 ~ 15 个月大，第 2 剂在 4 ~ 6 岁时接种。第 2 剂可在 4 岁前接种，但与第 1 剂应至少间隔 4 周。

· 对 6 ~ 11 个月大的婴儿，出国旅行前应接种 1 剂 MMR。 这些儿童应再接种 2 剂 MMR，第 1 剂在 12 ~ 15 个月大时接种（如处于高危地区应在 12 个月时接种），第 2 剂与第 1 剂应至少间隔 4 周。

· 大于 12 个月的孩子，出国前应接种 2 剂 MMR。第 1 剂应在 1 周岁或之后接种后，第 2 剂与第 1 剂至少间隔 4 周。

疫苗补种：

· 应确保所有学龄儿童和青少年均接种了 2 剂 MMR，且间隔至少为 4 周。

9. **水痘疫苗 VAR（最小年龄：12 个月）**

常规接种：

· 接种完整 2 剂 VAR 疫苗，第 1 剂在 12 ~ 15 个月大，第 2 剂在 4 ~ 6 岁时接种。第 2 剂可在 4 岁前接种，但应与第 1 剂至少间隔 4 周才可视为有效接种。

疫苗补种：

· 确保所有 7 ~ 18 岁没有免疫缺陷人群见 [MMWR 2007/56（No. RR-4），http://www.cdc.gov/mmwr/pdf/rr/rr5604.pdf] 全部接种 2 剂 VAR。对 7 ~ 12 岁儿童，2 剂之间间隔至少为 3 个月（如果 2 剂间隔在 4 周以上也视为有效）；对 13 岁以上人群，2 剂之间最小间隔为 4 周。

10. **甲肝疫苗 HepA（最小年龄：12 个月）**

常规接种：

· 在 12 ~ 23 个月时开始接种 2 剂 HepA，间隔为 6 ~ 18 个月。

· 在 24 个月前接种了 1 剂 HepA 的儿童，应在接种 6 ~ 18 个月后接种第 2 剂。

· 对 2 岁以上还没有接种过 HepA，需要有甲肝病毒免疫能力的人群，应接种 2 剂 HepA，间隔为 6 ~ 18 个月。

疫苗补种：

· 2 剂之间至少间隔 6 个月。

特殊人群：

· 对于尚未接种疫苗，其居住地接种目标为大龄儿童，或感染风险高的儿童，应接种 2 剂 HepA，间隔至少为 6 个月。 这些人员包括：前往甲肝高度或中度流行的国家工作或旅行者；男同性恋者；通过注射或者非注射使用违禁药物的人；可能在实验室中接触甲肝病毒（HAV）和感染 HAV 的灵长类动物的工作人员；凝血因子不足的患者；慢性肝炎患者；与跨国收养儿童亲密接触者（如临时工和保姆），且收养对象从发展中国家进入美国不足 60 天。 应尽快接种第 1 剂疫苗，最佳接种时间是在收养儿童到来前 2 周。

11. **流行性脑膜炎疫苗MCV［最小年龄：对Hib-MenCY（MenHibrix）为6周；对MenACWY-D（Menactra）为9个月；对MenACWY-CRM（Menveo）为2个月；对乙型脑膜炎疫苗（MenB），包括MenB-4C（Bexsero）和MenB-FHbp（Trumenba）为10岁］**

常规接种：

· 如果在11～12岁接种了1剂流行性脑膜炎疫苗（Menactra或Menveo），16岁时应接种1剂加强剂。

· 感染HIV的11～18岁青少年，应接种2剂基础系列的Menactra或Menveo，2剂间隔至少8周。

· 对2个月到18岁的高危患者，请看下文。

疫苗补种：

· 如果之前没有接种疫苗，应在13～18岁时接种Menactra或Menveo。

· 如果13～15岁时接种了第1剂，则应在16～18岁接种加强剂，2剂之间至少间隔8周。

· 如果第1剂在16岁或之后接种，则不需要接种加强剂。

· 其他补种问题参考图2。

临床判断：

· 16～23岁的年轻人（首选年龄是16～18岁）可以选择接种2剂系列的Bexsero或3剂系列的Trumenba疫苗，用于短期预防流行性乙型脑膜炎病毒感染。这两种疫苗是不可互换，应选择其中一种并完整接种。

高危人群和患疾病风险增加的人群接种：

解剖性或功能性无脾的儿童（包括镰状细胞病）：

MenACWY疫苗：

（1）Menveo

o 8周龄时初次接种者：分别在2个月、4个月、6个月和12个月时各接种1剂。

o 7～23个月时初次接种者：应接种2剂，第2剂与第1剂至少间隔12周并且必须在1周岁后接种。

o 2周岁以上未完整接种疫苗者：应接种2剂基础剂，至少间隔8周。

（2）MenHibrix

o 6周龄时初次接种者：分别在2个月、4个月、6个月和12～15个月时各接种1剂。

o 如果第1剂MenHibrix是在1周岁后接种，则共需要接种2剂，间隔至少为8周，以预防C型和Y型流行性脑膜炎。

（3）Menactra

o 大于2周岁还未完整接种该疫苗者：应接种2剂基础剂，至少间隔8周。对选择接种Menactra疫苗的无脾（包括镰状细胞病）儿童，应在大于2周岁且所有PCV13疫苗接种完毕至少4周后接种。

流行性乙型脑炎疫苗：

（1）Bexsero或Trumenba

o 对10岁以上还没有完整接种的人，可接种2剂系列的Bexsero疫苗，至少间隔1个月；也可接种3剂系列的Trumenba疫苗，第2剂、第3剂分别与上一剂至少间隔2个月和6个月。两种疫苗不能互换，必须接种完整系列。

持续性补体成分缺乏的儿童（包括遗传性或慢性缺乏C3、C5-9、血清灭菌蛋白、D因子、H因子，或服用单克隆抗体Soliris®的患者）：

MenACWY疫苗：

（1）Menveo

o 8周龄时初次接种者：分别在2个月、4个月、6个月和12个月时各接种1剂。

o 7～23个月大时初次接种者：应接种2剂，第2剂与第1剂至少间隔12周并且必须在1周岁后接种。

o 大于2周岁还未接种完整系列该疫苗者：应接种2剂基础剂，至少间隔8周。

（2）MenHibrix

o 6周龄时初次接种者：分别在2个月、4个月、6个月和12～15个月时各接种1剂。

o 如果第1剂MenHibrix是在1周岁后接种，则共需要接种2剂，至少间隔8周，以预防C型和Y型流行性脑膜炎。

（3）Menactra

o 9～23个月大幼儿：应接种2剂基础剂，至少间隔12周。

o 大于2周岁还未接种完整系列该疫苗者：应接种2剂基础剂，至少间隔8周。

流行性乙型脑膜炎疫苗：

（1）Bexsero或Trumenba

o 对10岁以上还没有接种完整系列的人，可接种2剂系列的Bexsero疫苗，至少间隔1个月；可接种3剂系列的Trumenba疫苗，第2剂、第3剂分别与上一剂至少间隔2个月和6个月。两种疫苗不能互换，必须接种完整系列。

对前往流行性脑膜炎高发国家旅行或居住，包括去非洲脑膜炎带或去麦加朝圣的儿童：

· 接种适龄、完整系列的Menactra或Menveo疫苗，以预防A型和W型流行性脑膜炎。以前接种的MenHibrix疫苗不含A型或W型血清，不足以预防这些高发地区的脑膜炎病毒。

对因疫苗的血清组不同而引起疫情暴发区内的儿童：

· 接种适龄的、完整系列的MenHibrix、Menactra、Menveo、Bexsero或Trumenba疫苗。

关于高危人群加强剂接种请参考MMWR 2013 / 62(RR02);1-22或http://www.cdc.gov/mmwr/preview/mmwrhtml/rr6202a1.htm.

对于这部分人补种建议，以及脑膜炎疫苗使用的完整信息，包括感染风险增加人群的接种指南，请参考MMWR March 22, 2013 / 62(RR02);1-22、MMWR October 23, 2015 / 64(41); 1171-1176或http://www.cdc.gov/mmwr/pdf/rr/rr6202.pdf, and http://www.cdc.gov/mmwr/pdf/wk/mm6441.pdf.

12. **百白破疫苗Tdap（最小年龄：对Boostrix和Adacel均为10岁）**

常规接种：

· 所有11～12岁儿童均应接种1剂Tdap。

· 接种Tdap疫苗不需要考虑时间间隔，无论最后一次Tdap疫苗是什么时间接种。

· 无论之前是否接种过白喉和破伤风（Td）疫苗或Tdap疫苗，孕妇应接种1剂Tdap，最佳接种时间为妊娠27～36周。

疫苗补种：

· 年龄在7岁以上，未完整接种DTaP疫苗者，应补种1剂Tdap疫苗（最好为第1剂），如果需要额外接种，应使用Td疫苗。对于7～10岁已接种1剂Tdap作为补种系列的儿童，不能在11～12岁时接种青少年剂量的Tdap疫苗。Tdap接种10年后应使用Td来替代接种。

· 年龄在11～18岁，未接种过Tdap的人，应每十年接种一次Td疫苗作为加强剂。

· 因疏忽接种了DTaP疫苗：

– 对无意间接种的7～10岁儿童，可视作补种计划的一部分。该剂可以算作青少年Tdap剂量，或算作稍后在11～12岁时接种的Tdap加强剂。

– 对无意间接种的11～18岁的青少年，该剂应该视作青少年Tdap疫苗的加强剂。

· 其他补种问题参考图2。

13. **人类乳头状瘤病毒疫苗HPV（最小年龄：对2vHPV、4vHPV和9vHPV为9岁）**

常规接种：

· 所有11～12岁的青少年，应按时间表接种3剂HPV疫苗，第2剂和第3剂的接种时间分别在第1剂之后的1～2个月之后和6个月之后。9vHPV、4vHPV和2vHPV都可以用于女性，男性只能用4vHPV和9vHPV。

· 9岁可以开始接种该疫苗。

· 第2剂在第1剂后1～2个月接种（最小间隔为4周），第3剂在第2剂之后16周（最小间隔12周）后接种，和第1剂间隔24周。

· 对任何有被性虐待或性攻击历史，尚未启动或完成3剂系列疫苗接种的儿童和青少年，应从9岁开始接种HPV疫苗。

疫苗补种：

· 年龄在13～18岁还没有接种疫苗的青少年，女性应接种2vHPV、4vHPV或9vHPV，男性应接种4vHPV或9vHPV。

· 疫苗补种时间间隔与常规接种相同。

70

人类乳头状瘤病毒（HPV）

2006 年，我正式成为一名执业儿科医生，也就是在这一年，免疫实践咨询委员会（ACIP）开始建议：女孩在 11 岁时接种人类乳头状瘤病毒（HPV）疫苗。因此，在那个时候，对于这种疫苗的接种和预防保护作用，真的了解不多（除了学习和培训期间学到的理论外），时至今日，我们也争论了 7 年之久。现在给男孩和女孩接种人类乳头状瘤病毒疫苗已经是很普遍了，因为在成年人中，有 50% 的人会感染其中一种类型的 HPV，而且可能是终生无法治愈。

HPV 进入我们的身体，可能不会造成伤害，但也可能导致阴道、阴茎、肛门、口腔或喉咙湿疣，更有甚者可能会引起子宫宫颈的病变，最终导致宫颈癌，但较少会导致阴茎、舌头或喉咙癌变。青少年和成年人都可以通过口腔、阴道或肛交感染人类乳头状瘤病毒，避孕套也不能提供百分之百的保护。

好消息：青少年接种人类乳头状瘤病毒疫苗，不会触发任何有风险的性行为。

非常欣慰现在有这样的疫苗，可以预防这种潜在、难堪、尴尬且不舒服的病变，而且这种疫苗还可以预防难以预料的癌症。我经常这样对我的病人说："如果我的祖母知道，我们现在生活的时代能够预防癌症，她会多么开心呀！"我的意思是——如果她能活到这一天（她死于 20 世纪 80 年代末）。

实际情况是这样的，在办公室里，对于接种 HPV 疫苗，十几岁女孩的父母通常会很犹豫。时间过去 6 年了，对于这种疫苗的犹豫也在减少。但也有许多家长告诉我，他们不希望自己的孩子（无论男孩或女孩）有这样的感觉：觉得自己接种了这种疫苗，就好像获得可以开始性行为的绿灯一样。同样还有许多父母担心自己的女儿接种了这种疫苗，可能会使孩子们过早地开始性行为。

父母通常都会说，"但是她才 11 岁"或"我们知道婚前她不会有性行为"，或者是"她还太小了吧！"事实上，保护孩子避免 HPV 感染，最好的方法就是在孩子性萌芽之前接种 HPV 疫苗，激发孩子们自身的免疫能力。即使这个时候，女孩的乳房和男孩的阴茎才刚刚开始发育，11 岁，仍然可以接种 HPV 疫苗，这样可以在孩子性成熟前完成三剂疫苗接种。而且没有理由等到孩子长大了，性成熟了才去接种 HPV 疫苗，在 15 岁时接种和 11 岁时接种，风险也不会降低。

根据统计，15 岁的孩子中，有 13% 的人已经有性行为，19 岁的孩子则 70% 的人有性行为，所以我们需要给青少年接种 HPV 疫苗，而且要在他们开始性行为前完成接种。

2012 年 11 月《儿科学》(*Pediatrics*) 杂志上发表了一项研究，这项研究关注的就是接种 HPV 疫苗，是否会导致孩子过早有性行为，研究证实了 HPV 疫苗对此并没有影响。这是非常好的消息，有助于消除父母对这种疫苗的担忧。

接种 HPV 疫苗不会改变性行为

孩子 11 岁时，儿科医生通常建议接种 3 种疫苗：HPV 疫苗、百白破疫苗（Tdap）和流行性脑膜炎疫苗（MCV4）。HPV 疫苗一共有 3 剂，后面两剂是加强剂，分别在第一次接种后 2 个月和 6 个月时接种。

研究人员追踪记录了近 500 名在 11 ~ 12 岁时接种了 HPV 疫苗的女孩子（至少接种了 1 剂），然后与 900 名在 11 岁时只接种了 Tdap 和 MCV4 疫苗的女孩做比较。这 1400 名女孩随后都被记录了 3 年。研究人员在 3 年后对这些女孩的性行为、性交感染（STIs）和意外怀孕等信息进行比较、诊断和分析（包括因怀孕、性感染或避孕而去看医生的行为）。

在这些方面，接种了 HPV 疫苗的女孩与其他孩子没有任何差异。

最后研究人员得出结论：接种 HPV 疫苗，对孩子长大后的性行为没有任何影响。意思就是，接种 HPV 疫苗并不会影响性行为，也不会导致更多的传染性性疾病、意外怀孕，更不会影响避孕行为。

让 11 岁青少年接种疫苗的技巧

- 携带手机、平板电脑或好看的杂志去诊室。
- 注射 HPV 疫苗真的像被蜜蜂蜇一下，大多数孩子都这样告诉我。部分原因是因为高浓度的溶液被注射进入肌肉。如实告诉孩子，接种疫苗是有些疼痛。如果你说“打预防针是不会伤害你的”，这样的做法不会有用，反而会增加孩子的焦虑，在接种期间认可孩子的不舒服，且及时安慰孩子非常有用。在注射的时候，帮助分散孩子的注意力（如使用智能手机、讲述一个故事或笑话、问孩子舞会的事情——类似这样的做法），也是非常好的。如果孩子觉得焦虑或紧张，可以让孩子等 10 分钟或 15 分钟后再注射，注意观察孩子状况，避免孩子虚弱或晕倒。青春期的孩子经常感到头晕眼花的，甚至会在接种疫苗的时候晕倒。

- 许多父母担心注射 HPV 疫苗会增加传染性感染。跟孩子的医生或护士说说你的恐惧或担忧，想到自己的孩子终有一天会长大会有性行为，你也许会有些伤感难受，跟医生或护士聊聊，他们都会帮助你。
- 打针恐惧？如果孩子害怕打针，不要犹豫，及时跟儿科医生沟通，请求帮助。青春期的孩子往往会非常焦虑，而且拒绝承认。
- 完成整个系列接种。这也是为了让这个“蜇”更有价值。保护孩子免受 HPV 感染最好的方法就是接种 HPV 疫苗，而且要完成整个系列，就是接种 3 剂。第一次接种完之后，不要忘记 2 个月和 6 个月后再回到诊所接种加强剂。很多女孩和男孩都有接种第 1 剂，如果没有接种后面 2 剂，孩子们长大有性行为之后，还是很容易受到 HPV 的感染。青春期孩子的疫苗接种记录很多都不完整，而且 HPV 疫苗的接种记录是最糟糕的。

医生妈妈醒神提点

事实：美国疾病控制和预防中心（CDC）报告称，相对年龄大些的女孩来说，小女孩（年龄在 11 ～ 12 岁之间）的 HPV 疫苗接种率偏低。开始推荐接种时，很多小女孩都没有及时接种这种疫苗。早期接种 HPV 疫苗可以保护孩子免受病毒感染。

时间轴上的麻烦：2006 年，我们开始给女孩接种这种 4 价疫苗，HPV 引起宫颈癌的概率是 70%。2010 年，美国食品和药物监督管理局正式要求男孩也需要接种这种疫苗，用以预防男孩患直肠癌。男孩也要接种这种疫苗，这也导致了公众的猜疑。

HPV 能够引起尖锐湿疣和宫颈癌。而且美国每年约有 8000 名男性因此患上癌症，其中 6000 名患者的病变，发生在口腔和喉咙部位。

女性即使接种了 HPV 疫苗，仍然需要进行宫颈巴氏涂片测试，因为有些宫颈癌病变（大约占 20% ～ 30%）并不是由 HPV 引起的，而是其他原因。

链接：美国疾病控制和预防中心（CDC）相关统计数据：http://bit.ly/mdm-TeenVaccines.

第四章

工作生活两平衡

本章提要

很多时候，很多事情，父母也会犯错。在我们毫无头绪一团糟时，在我们深感遗憾时，在我们艰难抉择时，还有我们毫无经验时，我们往往很容易犯错。孩子一天天在长大、在变化，父母养育孩子其实每天也面临新挑战。从这个角度来看，父母在一定程度上永远是新手。

5 岁的奥登与 7 岁的哥哥完全不同。当他站在游泳池边拒绝入水时，我束手无策，因为养育哥哥时从来没有出过这种状况，这样麻烦就来了。

站在游泳池边，我心情低落。这样说，你可能并不觉得这是什么大事。甚至可能会歪着头好奇地问，为什么我会觉得那么难？一直以来，我都试图做自认为正确的事情，却使用不恰当的策略，甚至还一次又一次地与 5 岁孩子的要求、反抗较真，所以感到失望。对于目标没有实现，我也感到失望。直到最后，我才发现，其实是我自己一直在让自己失望。

由于某种原因，也许是焦虑，奥登开始拒绝参加所有已报名的兴趣课，包括芭蕾、游泳，还有足球。这些活动，过去都是他自己要求参加的，曾经给他带来无限欢乐，而现在却拒绝参加，这背后一定有原因，但是这背后的原因却让我感到愤怒。

愤怒!

是的，我感到愤怒，在我匆匆忙忙从医院赶回家，接上他，准备好参加活动后，我们都站在泳池边时，他却拒绝入水。换种比喻的说法就是，这一刻我们如同站在万丈深渊边，矛盾一触即发，这让我感到愤怒。

这愤怒并不是来自于活动本身。

也不是因为他曾经说过他喜欢游泳。

更不是因为金钱——学费的浪费。

也不是因为时间——我匆匆忙忙的就是为了能让他准时来上游泳课。

也不是因为我喜欢看着自信的他在水中享受着游泳的乐趣。

但是，我愤怒的原因又与这些都有关。这个时候，我们矛头相向，破坏着我们既定的目标，背离了我们的期望。

在这本书“正念养育”一节中我就曾说过，在一个关于“正念养育”的座谈会上，乔恩·卡巴金博士就提醒我们说，最爱的人往往最容易惹我们生气。毫无疑问，我非常爱我的孩子奥登，但也很讨厌他在泳池边的反抗。

一位儿科医生朋友，曾经就养育过程中孩子日益增长的本领和复杂的脾气这样告诫我：是呀，有可怕的 2 岁，不断尝试的 3 岁，还有喜怒无常的 4 岁、5 岁。

游泳课给我留有历史阴影。三年前，一位妈妈无意的评论，一直纠结于心，也为今天的愤怒埋下了伏笔，让我苦苦追寻的工作生活平衡的问题更加复杂。我想做一名完美妈妈，我也认为养育孩子的过程意义非凡，同时也想成为一名优秀的儿科医生为社会做贡献。我既想做全职妈妈，也想做儿科医生，看起来克隆才是最好的解决方法。

我并不喜欢游泳池。几年前，带着两个孩子急匆匆地跑进更衣室，恰好一位同事的妻子（也是朋友）带着两个孩子也在里面，她看到我们说：“温迪，你今天来得那么早，一定不知道自己该做什么好了！”

你听到了吗？我匆匆忙忙从诊所赶回家，接上孩子们，换好泳衣，赶紧停好车，所做这一切就是为了能够准时。而我唯一的一次准时，居然还被这位妈妈取笑了，因为她一点儿也不匆忙，每次都准时。这话听着有些刺耳。其实这场对话也真正影响了我，让我觉得困惑。

这就是本书第 4 章探索的内容，描述全职妈妈和职场妈妈之间的秘密丛林，分享一些自身经历和关注的社会现象。对于我们职场妈妈来说，如何保持工作生活两平衡是艰难的，因为平衡点一直在变，孩子们在成长，需求也在不断变化，身为父母我们也需要一起成长。

我最珍爱这本书的最后一节——《〈时代周刊〉和妈妈在路上》。

保 持 平 衡

俗话说，妇女能顶半边天，如今很多妈妈能撑起一片天。现在，越来越多的女性已经成为家庭主要或唯一的经济来源——担负起养家糊口的责任，而且妈妈们也倍感压力。

我们经常在日常工作生活或者新闻媒体中看到妈妈们的平衡危机。这一章，我们将来探讨如何保持工作生活两平衡，同时发现养育孩子、保持工作和做家务的生活乐趣。

职场妈妈的状况

40%

在美国，有 40% 的女性已经成为家庭主要或唯一的经济来源

61%

在美国，有 61% 的妈妈在家从事工作

2011 年美国中等家庭收入状况

$80 000 妻子为主要经济来源

$78 000 丈夫为主要经济来源

$70 000 夫妻双方收入差别不大

全职妈妈与职场妈妈的快乐状况：

85%

85% 职场妈妈称自己“很快乐”或“非常快乐”

80%

80% 的全职妈妈说自己“非常快乐”或“很开心”

48%

48% 的职场妈妈说自己感觉到生活有压力

50%

50% 的全职妈妈说自己感到生活有压力

我们比想象中更相似！

我们可以做得更好

职场妈妈数量在不断上升，但在工作中，仍然存在着很多明显的性别歧视，需要大家共同努力，消除不公平待遇。

职场妈妈们遭遇的不平等待遇

79%

职场妈妈
平均雇用率
低于 79%

50%

职场妈妈
平均升职机会
低于 50%

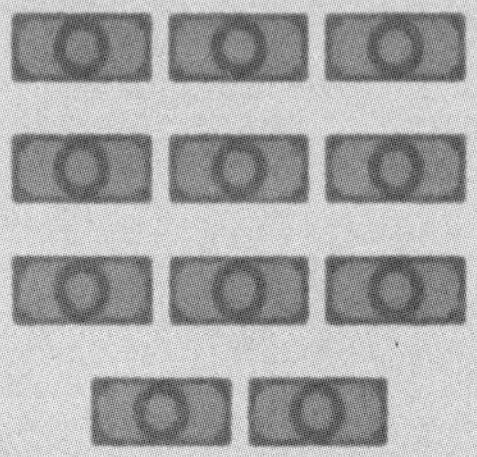

$11 000

职场妈妈
平均起薪要少于
11000 美元

公 众 意 见

尽管越来越多的父母或伴侣一起分担工作和育儿责任，但对于女性选择走出家门去上班，公众舆论仍是一块绊脚石。

12%

12% 的人认为妈妈应该从事

全职工作

40%

40% 的人认为妈妈应该做

兼职工作

42%

45% 的人认为妈妈应该

全职在家

“帮助更多女性，就是在帮助我们自己。
这就像一个联盟，会产生真正的联动效应。”

——雪莉 · 桑德伯格
脸书首席运营官

71

养孩子而已，并非一定要比出高下

育儿过程中，有一种非常有趣的现象，就是你总会听到各种各样的意见和建议：全职在家还是出去上班？做兼职还是全职工作？让孩子哭着入睡还是好好哄入睡？用不用安慰奶嘴？……通常我们都做得对，从挑选婴儿辅食到孩子的幼儿园选择。可当那些来自亲戚朋友的建议一箩筐一箩筐地扑向你时，感觉绝对不会太好。别人对我们养育方式的说三道四，让人深感压力。那些刺耳的话语久久不散，就如同在伤口上撒盐。

《今日美国》报的记者丽兹·萨博（Liz Szabo）曾经写过一篇很流行的文章，名为《为什么妈妈会评论其他妈妈和她们的养育方式》，文中引用了许多妈妈、医生，还有自己的一些经历。读过这篇文章的人都说这让他们感觉好很多。

我和她探讨过这一问题后，我把这种挑战称作“养育之比较”。

我还读过一本由艾达·卡尔霍恩（Ada Calhoun）写的书，书名为《父母指引：相信自己能养育好孩子》。这本书引起了我的巨大共鸣。在阅读过程中，我不断地点头、微笑、叫好，被艾达的文字深深吸引。前言和开始的几章，让我深信自己能当好完美母亲。依靠本能，我们都能养育好孩子。从第 10 章起，这本书更加关注的是相信自己，而不是那些来自新闻、育儿书或邻居等周围人的建议。她讲述富于指导性的故事，没有任何的评判，只有实用的指导。在养育孩子的过程中，紧紧地依赖自己的本能，我们就能抵御各种各样的评论和意见。

下面是我的观点。

- “养育之比较”无处不在。当我们做好某件事时，通常都对别人指手画脚，希望他们也采取同样的做法。这看起来好像很有道理。然而事实上正确的道路不止一条。育儿育儿，育的是自家的儿，如果老是被别人指指点点，做妈妈的心里肯定不舒服。其实养孩子而已，正确答案并非只有一个，不是非要比出个高下来。
- 作为儿科医生，在诊室里每天都收到父母不停的询问。所有父母亲都很关注怎么照顾、保护和培养自己的孩子。不要让其他人干扰你，如何做好这些，我们都在自己追寻答案。

- 除了一些重要的安全方面的措施（例如，婴儿仰睡，正确使用安全座椅，定期接种疫苗，家具靠墙固定），其他一些养育事项都有多个正确答案，也就是说有很多的方法来做对这件事。我非常认同艾达的观点——相信自己的直觉，而不是其他人的，这是最好的前行之路。然而如我说，我们的直觉给我们选择的道路是有限的。
- 但我们也该明白，直觉并不一定总对，也不会每时每刻都能帮上忙。所以，对于那些养过孩子的朋友的建议，不妨多听听，倾听比诉说更重要。如果只说不听，那些朋友们的有益建议，就可能与我们失之交臂。我的婆婆曾经说过："一个人，如果把别人对他的建议都当成批评，那他可能什么建议都听不进去。"
- 我们会评论其他父母的养育方式，其实我们也是同时在审视自己的选择。
- 全职在家和外出工作各有利弊，很难两全其美。对于妈妈来说，做出决定并不轻松，也许还有难言的酸苦感觉。从你开始休产假到返回工作，每天都会有各种各样的人来给你建议。这样的情形每天上演，已成了你生活的一部分。
- 其实，只有你自己才知道工作和生活的最佳平衡点在哪儿。那些情况与你相似的人，他们的选择并不一定适用于你。通常我们大家都不知道，哪种选择才是最好的。不妨对自己耐心些，不要急于做决定。别忘了，如果有需要，你还可以改变主意。最佳平衡点并非一成不变，它随着孩子的成长而变化。

医生妈妈醒神提点

链接：《今日美国》文章：http://bit.ly/mdm-MommyWars.

72

职场妈妈的疑惑：我在做什么

我陷入了恶性循环中，犹豫不决，而且疑惑不断。在养育两个孩子的过程中，孩子们不断地改变目标和需求，我自己则围着家务事团团转，常常会低声自问：我现在到底在做什么？

在两个孩子分别是20个月大和3岁时，我明显觉得自己陷入了疑惑的怪圈里。虽然每次引发疑惑的具体事件不同，但疑惑的核心却是一样——工作中我在做什么家里我又做了什么？

我经常观察周围的父母，向他们学习如何抉择。

对于如何做好这些事情，也就是怎么生活，怎么工作，怎么样为人父母，我表现得非常固执。其实怎么做好这些事情，也就是学会让自己适应不同的需求而已。

重返职场后，保持工作家庭的平衡似乎也与朋友们有密切关系。不知道什么事情会引起他们的挑剔，触发他们的评判，但这的的确确会发生。而且还很有规律，每个季度都会有，就像交税一样。

有些日子里，我会觉得惊讶，自己怎么会有那么好的工作机遇，而且还能享受照顾孩子的乐趣。这个时候我觉得拥有孩子是最开心的事情，甚至会在与孩子们分开要上班时难过流泪。有时候我又常常疑惑自问：我是否还有精力去承担这一切。就在收工下班时，我是如此疲倦，双眼布满血丝，助理不止一次为我测量体温告诉我，我生病了。这也是经常的事情，如同其他上班的父母一样，我真的很累。

真正的问题在于，我非常享受在医院工作的时间和自己的发现。近期，在一个只有两周大的宝宝身上，我诊断出之前没有发现的骨折，查出一个青少年患有抑郁症，还完成二十几个健康儿童的体检工作。我是如此热爱这一切。是的，我很累，也很想念孩子们。如果是朝同一个方向前进的话，一切都会容易很多。但是我的人生却是向着两个不同方向，工作和家庭各有一根绳子拉着我前行。

这场无声的拉锯争论战经常在脑海里上演。养育孩子的时候，谁出去上班？

谁在家里照顾孩子？这样问题又回到了工作生活该如何平衡的范畴——我现在是决定出去工作——于是就有了下面这四件事。

- 两个月前，我读过的一篇博客一直在萦绕在脑海里。这篇文章讲述如何做决定。推特上这篇文章名为《家庭第一：一部分医生选择辞职在家》，这篇文章详细列出了很多医生辞职在家照顾孩子的例子，即使这些医生完成了严格的医学培训，她们还是选择了辞职。然而文章作者并不是已经辞职在家照顾孩子的产科医生，而是还在工作的同僚。这让我觉得非常有趣。第一次读的时候，就有一种赶快下班回家看孩子的冲动，尽管那天我还是加班到晚上8点多。这篇文章完全破坏了我一天的感觉，也许仅仅是因为文章的标题吧！出来工作，并不能说明我就没有把家庭放在第一位。也许多年以后，我会以同样的标题写篇文章作为回击，写我现在的状况和感觉，虽然我工作，但家庭仍然是第一位，最重要的。我们在尽力帮助他人的时候，有人却在质疑我们的动机，这有点令人寒心。
- 一场普通的谈话也给了我沉重一击，那是一场跟一位医生朋友的普通聊天（当时她辞职在家照顾孩子）。谈话中我们一点儿都没有说起我的工作，只是一直在说孩子的事情。其中她还问道："你和乔纳森还好吗？"那询问的语气饱含着对我们现在处境的同情。我立即就回击了，我们非常好，一切都非常好，好得不能再好了，我对现在的状况和工作的机会都非常满意。问题里蕴含着批判，这恰恰击中了我心中的疑惑，也让我重新思考，我这样做对吗？也许她的本意并不是这样，只是我会错意了，然后我这样记住了。因为心里一直存有疑惑。
- 当孩子年幼时，我很庆幸自己一周还有几天可以外出工作。奥登20个月大时，他说话就如同火箭炮一样，又快又急，特别是在要求玩具时，不停地大叫"妈妈妈妈"，很多时候这并没有让我马上奔向他，而是会让我心头升起疑惑的乌云。
- 前辈对我们育儿方式的评判，也足以让我们沉默。有一次，就在我去看望一个老朋友时，她问到了我的工作，上班、写文章的状况等。我告诉她我目前的工作状况，一周大约要工作60～70个小时。她的反应是，"那你还有时间去看你的父母吗？""当然有时间了。"我回答说，"只是没有时间让我睡觉而已。"她的话也是满含"批判"之意，也刺痛了我，久久难忘。

幸运的是，父母无尽的智慧和不断进步的社会观点拯救了我们。

有一次奥登体检，我请了一个上午的假（取消了一个7点钟的会谈）和孩子们待在一起。我做了妈妈们的例行的事情，送大孩子去学校，和奥登在公园玩一会儿，然后洗了车，还去了杂货店。虽然这些事情一点儿也不浪漫，但是这一天，节奏的改变和平静让我非常高兴。随后我和奥登就去医院做体检。

温迪微语

有时候生活中的不平衡也会带给我们特别的意义，这就是工作生活平衡的复杂性。

儿科医生为他做了检查，她问我感觉怎么样？我向她诉说了我的挣扎，我对生活和工作平衡的疑虑。说了这 6 个月来周围的人对我的忠告，他们这样说，孩子的童年只有一次，只有小的时候才需要你，长大了就不会再需要你了！我告诉她我自己就像陷入蛛网中，无法挣脱。而且这些说法让我左右为难，引发了我的焦虑，更加激起了我的愧疚。我还很好奇为什么没有一个人对我的丈夫说这样的话。

就在这时，泪水未干，心里布满乌云时，一束阳光射入了我的心房。奥登的儿科医生，一位三个孩子的妈妈，这样说："这都不是真的！你的孩子当然会一直需要你，在他们十几岁的时候需要，长大了还是需要！"接着她还说了很多自己的具体事例和理由，她的经验，她的成功还有她的遗憾。

就这样心里的乌云迅速消失了，我变得更加坚定和明确，同时也非常感谢她，让我下定决心重入职场，好好工作。

73

你选择成为什么样的妈妈

根据本世纪低调的说法，我们都是经过慎重思考，才决定成为父母的。是的，这的确是个重大的决定。在第一个孩子芬恩即将出生的时候，父亲就这样说："你的第一列货车即将到站了！"伴随着嗷嗷的啼哭，泪水弥漫的双眼，第一个孩子在 2006 年 12 月出生了，我也被带入了一个全新的世界。虽然我现在还处于养育孩子的水深火热中，但是，成为母亲，仍然是目前我这一生中最让人惊叹的事情了。

我读过一篇产科医生、医学博士艾米·图特（Amy Tuteur）写的文章，她的博客名字叫作"The Skeptical OB"（多疑的产科医生）。我和她有相似的感觉。她这样写道："好妈妈的选择，在于成为怎样的妈妈，而不是选择什么样的养育方式。"

当我第一次读到这篇文章时，一气呵成，后来又看了好几遍。我非常认同她的观点，而且与我的想法不谋而合——现代育儿观念，实际上没有一本手册，也没有完全正确的方法去教你养育孩子。对于自己的选择，不需要有任何的批判和愧疚。爱和承诺才是成功的唯一先决条件。上周我在一个非常红的医学博客上看到这篇文章，写的是关于父母如何选择。

文章拓宽了我的思路，开阔了我的眼界。

其中一个观点是这样的：对于自然分娩和亲密育儿法，最根本的反对不在于育儿的具体做法，反对的是人们在选择育儿方式的时候，它们自身好像有优先特权一样。

下面就来看看整篇文章。

选择成为什么样的妈妈和妈妈的选择

目前，自然分娩和亲密育儿似乎已经成为好妈妈的代名词，这就很值得思考什么样才是好妈妈？基于反对目前流行的这种好妈妈信念，我写下了这篇关于自然分娩和妈妈选择的文章。简单地说，我认为好妈妈在于选择成为怎样的妈妈，而不是育儿方式的选择。

选择做什么样的妈妈？意思很简单，主要包括成为孩子的照顾者、知己朋友、教育者和精神导师，这些才是好妈妈的必要条件。这同时也意味着妈妈的担忧，妈妈的计划，妈妈需要为孩子提供信息、帮助、建议和最终对孩子舍得放手。具体的问题可能包括：孩子该怎么应对游乐场里别人对他的作弄呢？妈妈对孩子成绩的忧心是自己期望太高还是孩子的学习能力有问题？孩子到了一定年纪该让她跟高年级的男生出去约会跳舞吗？还是给她更多保护？

父母亲吻孩子的伤口，帮助他们面对恐惧。当孩子足够大的时候，只需在一旁默默陪伴，让孩子自己学会面对一切，看牙医时自己与医生对话，自己去上钢琴课，自己去做礼拜，自己参加节日庆典。而在孩子大声说“我恨你”的时候，保持沉默；在孩子戏弄他人的时候，出声制止。这些都是艰难的，短短的几个星期、几个月之后你就会觉得筋疲力尽、情感枯竭，更何况是十几年，甚至一辈子。当然回报也是丰厚的，这铸就了世上最亲密的亲子关系，把一个幸福的年轻人带到了这个世界。

这些都与选择什么样的育儿方法无关。母乳喂养还是奶粉喂养，这是妈妈自己的决定，跟他人没有任何关系。自然分娩还是剖宫产，宝宝穿什么衣服，这取决于宝宝和妈妈。是否延长哺乳时间，长远看来也并没有任何意义（短期来看也没有什么意义）。

怎么判断一个女人是不是好妈妈呢？我们知道，是因为她的关心，对孩子的关心和关爱会对孩子产生巨大影响。爱孩子是才是母亲的最终选择。相反，选择什么样的育儿方式与爱没有任何关系，因为表达爱的方式绝不止一种。

我对自然分娩和亲密育儿法的坚决反对，不在于育儿中的具体做法，反对的是在选择养育方式时，它们表现出来的优先特权。换句话说，那些选择了自然分娩和亲密育儿的人，坚信自己的育儿方式才是正确的，其他妈妈采取任何与之不同的做法，就会被认为不是好妈妈。

养育孩子是父母心甘情愿的付出，不需要任何来自他人的认同，在这个过程中也不需要重新建立自我，膨胀自我。人们关于自然分娩（NCB，Natural Child Birth）、母乳喂养和亲密育儿法的讨论，都不是在说如何照顾养育好宝宝，而是在说怎么样做才是好妈妈。看起来似乎只有一点点不同，但是妈妈们知道其实这有着天壤之别。

好妈妈最根本的要素是爱。无论妈妈采取什么样的育儿方式，被爱着的孩子将会优于他人。我们必须承认和重视这个问题，即选择成为怎么样的妈妈，恳请大家停止仅仅根据养育方式来评判一个妈妈是好是坏的做法。

74

一个人的四个角色

母亲开始化疗前，我才有了一些领悟，于是我写下了这篇文章。

我觉得自己被分裂成了四个不同的角色：医生、女儿、妈妈和妻子。除了天还是原来那个天外，我觉得一切都不同了。

我被夹在三代人的中间，就如同三明治一样，上有老人要赡养，下有小孩要照顾（当然也要照顾好自己），这好像就是成年人的定义吧！这个星期，突然清醒意识到，我真的成年了。星期天的早上，遇见成年的自己，成年人编号221005，我终于获得了成年人的头衔了。

人生中每一个头衔，都是一个里程碑。过完12岁，你就是一名青少年；18岁你就是一个具有选举权的公民；读完大学，你终于长大成人；从医科大学毕业，别人就会称你为医生。通常这些头衔不会同时获得，也不是全部来自你的努力和成就。

在经历了一个凄惨难忘的通宵之后，我才明白这个道理。就拿“医生”这个头衔来说吧。那个时候我还是新生儿重症监护室的实习医生，那个晚上让我终生难忘。整个晚上，作为一名资深实习医生，我都在照顾早产儿，宝宝刚出生就要抢救，然后和护士在NICU（新生儿重症监护室）忙碌照看，最后却见证了两个婴儿的死亡。这是一个悲惨无比的夜晚。第二天早上8点钟，我们坐下来交接病人时，我只是填了一张死亡证明和整理了一下没有做完的事情。然而我的导师却是这样对我说：“斯旺森医生，每一天，只要有人称呼你为医生，你就赢得了这个头衔。”

现在，今天晚上也许是另外一个机会，一个让我赢得女儿这个头衔的机会。

到了这个时候，母亲被诊断为癌症，其实我自己也已经拥有一定的学术知识和医学见解。比起面对身患绝症的母亲，我更愿意躲藏在这些医学知识和统计数据里，这样做似乎更容易些。

今天她开始化疗了，作为女儿，我不希望她有一丝风险。在治疗中心，就像母亲以前那样，我开始做虔诚的祈祷，祈祷奇迹出现。当然我也非常害怕，但我同时也是一名医生，作为女儿、作为一名成年人，必须要保持从容镇定。

妈妈，女儿我能够做到；毫无疑问，你也一定能。

从医学院毕业后，母亲就在邮件里这样称呼我："温迪·苏，医学博士，生物伦理学硕士，我最亲爱的女儿医生。"妈妈，感谢你对我作为女儿和作为医生这双重身份的认同，希望永远不会让你失望。

75

超级妈妈的星期三

孩子还小的时候，有一天，保姆突然打电话请病假。为了度过这混乱的一天，我还清楚地记得那种似乎把自己燃烧的感觉。那天之后，我觉得自己就像“非凡公主希瑞”那样无所不能（男人的话可以说是“宇宙巨人希曼”）。从 7:50 接到电话那刻起，一直到下午 5:50 这段时间里，我做了以下事情：

- 与丈夫吻别。
- 请求奶奶照顾奥登一天。
- 收拾好奥登的东西，还有小狗，带他们上车。
- 帮助芬恩做好上幼儿园的准备。
- 把奥登和小狗送到奶奶家。
- 送芬恩去日托中心，他紧紧抓住我，哭着让我留下，让人心碎。
- 9:00 到儿童医院上班，谢天谢地终于恢复正常节奏。
- 发表了一篇博客，关于氯、溺水、游泳课和为什么学不好游泳的看法。
- 回复了一大堆邮件。
- 突然发现手机忘记在家了，而且办公室也没有电话。
- 打电话给奶奶确认奥登是否安好，顺便告诉她我没有带手机也没有其他联络工具，请她好好照顾自己和奥登。
- 参加市中心电台的节目录制，讲述公共服务。中午突然脑洞大开，拿牛奶做午餐，二十几年来第一次这样做，结果就是悲催地拉肚子了，而且录制过程中发生了多达 12 次的暂停。
- 回复更多邮件，参加会议。
- 检查修改文章的拼写错误，备注：拼写错误会毁了整篇文章，这是我一贯的认知。
- 接芬恩回家。
- 从奶奶家接奥登回家。
- 接回小狗卢娜。

- 回到家为孩子们准备晚餐，有安妮牌的苹果奶酪、西兰花、火腿、苹果和牛油果。在这种情况下，还能准备看起来像美食的晚餐，是不是很像“超级妈妈”呢？

是的，我终于可以停下来歇会儿了。

我感觉自己似乎变身成了大力士，有力到能把房子举起来三分钟。

我们都知道，有时候妈妈必须开启超人模式，但是你不知道什么时候需要启动。可能是早上孩子腹泻、撞车、坏车无法启动时；或者是没有牛奶，没人照看孩子时；或者是孩子在你刚换好的衣服上吐口水、停电、下冰雹无法打开车库门时；或者是接到电话有坏消息时；我也不知道什么时候，还有可能是小狗跑掉时。但是在真正需要超级妈妈的时候，你会发现自己内心深处其实随时都准备好了，而且随时可以变身“超级妈妈”。可能就是你无聊转动铅笔时，也可能是无所事事趴在桌上时，也可能是洗了一个舒服的澡或吃了一顿美味的早餐时，或是浏览报纸时，或悠闲地喝着卡布奇诺咖啡时，也有可能是你边打电话边去上班时。的确，你好像把周围的人都迷惑了。

我希望我也能做到。

温迪微语

女超人是妇女运动的敌人。

76

一次疾病，一个爱的故事

在医院工作，我遇见过最奇妙的事情，就是爱的故事。每一个来看病的孩子，周围都会发生一系列爱的故事。这些故事自然而然地发生在孩子周围的每一个人身上。故事随机而又自然地演变发展着，有时候甚至都没有人注意到。孩子生病疼痛时，会亲密地依恋着父母；父母焦虑时，也会紧紧地抱着孩子。对死亡的敬畏，让我们更加珍惜活着的每一天，其实这也是上天赐予我们的奇妙礼物。每一次疾病或伤害的痊愈，孩子的身边都会发生了一系列真挚的爱心故事，这种经历犹如再次坠入爱河，温馨甜蜜。

孩子生病时，所有的关爱都是发自内心，而且没有任何力量能阻止这些爱心故事的发展。

曾经有一名同事这样对我说，只有两种情况人们会去看医生：一是对于疾病的焦虑（或者预防），二是疼痛。对孩子来说，不管出于哪种情况，这个孩子的爱心故事就开始了。故事进展非常迅速而且热烈，为了减轻孩子的痛苦，关爱和珍惜孩子生命的人会不知疲倦地开展工作。由此，爱心故事得到了进一步的深化。

其实，每一个爱的故事，都会变成疾病历史的一部分。

近来一位朋友告诉我，他的孩子被确诊为患有危及生命的疾病。他建立了一个朋友圈，也邀请我加入他们家的圈子，这个圈子专门分享他们一家人的经历，也是为了支持孩子、团结家人、努力过好每一天而设立的。这个朋友圈主要是妈妈负责每天更新。在100多天的记录里，我看到里面有孩子治疗状况，有整月整月的住院经历，有家人对孩子疾病的处理经验分享，有那些在医院被隔离的日子，也有出院回家再次入院的经历，有父母与孩子间的亲密，也有爸爸妈妈无比的担忧和对疾病痊愈的满心期盼。这比任何医院的病历记录都要详细，其实这更是一本爱心日记。我把这个朋友圈称为美丽爱心故事记录圈，里面有伴侣之间的爱，有父母对孩子的爱，有对上天的感恩，有对社会和家人的关爱，有对回归正常生活的渴望，这些都一一呈现在记录里。

亲眼见证了这个不平常家庭对孩子的关爱和支持，这种经历也引发了我对医生这个职业的思考，同时也在指导我怎么成为更好的妈妈。非常幸运能够读到他们家的爱心故事，同时也诚心为他们祈祷。

一次疾病，一个爱的故事。

网络社交媒体的广泛应用正在改变着我们的生活，包括生病怎么处理，怎么去看医生，怎么当好爸爸妈妈，怎么照顾孩子，以及爱和生活的点点滴滴。每一位病人的故事，都是爱心故事，也在改变着我。正是这些疾病和挑战，让我们变得更有智慧、更坚强。

77

杂技表演：边工作边母乳喂养

2009年,《儿科学》(*Pediatrics*)杂志发表的一项研究报告获得了广泛的关注，这篇文章强调了母乳喂养的重要性，以及职场妈妈面临的挑战。

我读过这篇文章，而且还仔细读了好几遍。每天在医院上班，我都会跟妈妈们谈论母乳喂养，这样做，也在一定程度帮助我了解职场妈妈的挑战：既要顾着工作，还要顾着家里的孩子，需要在家和单位间来回奔波，而且妈妈们普遍都有一种挫折感，好像无论怎么努力都实现不了自己的目标。

生活必须前行。第一个孩子出生后，头一个星期我就见了9个哺乳顾问，一点儿也不夸张，绝对是真实的。那些顾问都想尽力帮助我，但孩子就是不肯吮吸，还哭着把头偏开。这就是我开始做妈妈的真实状况，有些紧张，有点让我发狂。

哺乳，喂奶，挤奶，喂奶，哺乳，挤奶……忙得连睡觉的时间都没有。一个月之后，由于严重的呼吸道感染，我还住院治疗了4天，需要打吊针。然而这也没有吓到我，我非常明白母乳的重要性，依旧坚持母乳喂养，因为也曾经帮助过很多妈妈这样做。直到孩子5个月，我才停止挤奶。这个时候，奶水已不多，挤奶也让我头疼，医院里也没有合适的地方让我能够舒服地挤奶，只能在一个没有门锁的检查室里进行，很遗憾当时没有大胆提出要求……就在那个检查室，我认输了，泪眼婆娑，浑身充满了挫折感。我放弃了挤奶，开始喂孩子配方奶粉。

我曾计划一直母乳喂养到12个月，可事实上甚至还不到6个月。我失败了。然而这一路上我还是收获不少，至少清楚了一点：坚持母乳喂养，应该积极向周围的人寻求帮助，包括家里人和工作的同事。

边工作边母乳喂养，还要保证足够的奶水，这的确是一项非常艰巨的任务。这是一个不争的事实，只是因为妈妈要在工作和宝宝之间来回奔波，会非常疲劳，而不是说妈妈疲惫母乳质量就会下降，就不是最好的。母乳喂养，能让妈妈欣悦满足，同时也会疲惫不堪。妈妈边工作边母乳喂养，做好这两件事情就犹如杂技表演，有多精彩就有多少付出。妈妈只要努力做到最好就行了，不要想那么多为什么和怎么办，否则只会徒增烦恼。

说到工作和母乳喂养，就不得不说一说下面这个简单的数学问题。

在最初几个月里，妈妈每天需要花 8 ～ 9 个小时来照顾宝宝。宝宝饿的时候，大部分宝宝吃一次奶需要 12 ～ 15 分钟，而且更多的时候宝宝吃一次奶需要 20 ～ 30 分钟。所以当你坐下来，先喂右边，再喂左边，帮宝宝拍嗝，再换换尿布，这样每次喂奶就需要一个小时。新生宝宝每天需要喂奶 8 ～ 10 次，1+1+1+1+1+1+1+1+1，这是一个非常简单的数学计算。对于新手妈妈来说，仅仅母乳喂养，就已经是一份全职工作了。

在宝宝最初几个月里，想要重返职场的妈妈确实要面对一系列的挑战，包括工作、母乳的供应还有保姆等。这一个个都是艰巨的挑战，但还是可以战胜。研究同时也指出了以下问题：我们对于妈妈的期望太多、太高了，妈妈既要工作挣钱养家，还是照顾孩子的保姆，也是奶水供应商。

- 如果产假少于 12 周，那么妈妈重返职场工作后，继续哺乳的可能性就会降低（研究显示通常在 10 周左右，妈妈就开始上班）。
- 工作职位和压力（如果是非弹性或非管理层）也会影响妈妈哺乳的意愿。我的病人已经一次又一次地证实这种现象了。
- 与全职妈妈相比，如果产假不足 6 周，妈妈们放弃继续母乳喂养的风险要高 3 倍。

放弃母乳喂养，宝宝和妈妈双方都会受伤害。全美 45 个州都有相应的母乳喂养法规，但只有 28 个州的法规明确表明，在公共场所进行哺乳是得体的，而且只有 24 个州的法规清楚规定，工作单位要为哺乳妈妈配备合适的哺乳室，这让我非常吃惊。妈妈一旦回去上班，想要继续母乳喂养，不用想都知道会有多难。然而妈妈还是可以努力，可以改变这一切。母乳喂养的好处是无法估量的。儿科医生一直在努力，帮助妈妈实现母乳喂养，是因为他们非常清楚，母乳喂养的好处值得一切努力和付出。通过母乳喂养，妈妈和宝宝可以建立更密切的亲子关系，可以减少胃肠感染，减少耳朵发炎，降低肥胖概率，减少住院次数，然而这些还只是母乳喂养的一部分好处而已。其实边工作边母乳喂养的妈妈，在各个方面都表现不错，有些甚至还取得了优异的成绩，这让我们觉得惊讶。这些妈妈一般对自己要求比较高，而且也应当有更好的回报。因为她们的付出也是那么多，承担工作的压力，照顾好宝宝，照顾好自己，保证身体分泌充足的母乳，这已是艰巨无比的任务了。

小贴士——帮助哺乳妈妈成功地重返职场

- 宝宝出生前，制订合适的母乳喂养计划，而且一定要提前做。积极与同事、上司、老板进行讨论，向有经验的人请教，重新上班的时候后，什么时间、什么地方可以为孩子哺乳或者挤奶。记得一定要在休产假之前做好，否则这会降低你的哺乳意愿。
- 寻求帮助。告诉你的丈夫、伙伴、好朋友自己的母乳喂养目标，在你准备返回工作期间积极寻求他们的帮助（吃饭，打电话，发短信，记得都要说说母乳喂养，阅读相关书籍和杂志）。
- 如果有些天奶量下降了，对自己要有信心，耐心些。压力、喝水不够、生病、与宝宝的分离、挤奶时的紧张等，都会影响奶量。如果某个星期二，你只挤出 60 毫升奶，也别灰心，保持好心情，相信明天会更好！
- 部分母乳喂养也比完全没有母乳好。多数研究都是关注纯母乳喂养和配方奶粉喂养，我们也常常看到母乳喂养拥护者对混合喂养这种做法的失望态度。很多妈妈告诉我说，这吓到她们了。事实上很多第一年内母乳和奶粉混合喂养的宝宝都长得很好。如果发觉上班后母乳不够了，给宝宝喝点配方奶粉也很好呀。不用自责愧疚，你已经做得很好了。宝宝喝完了挤出来的母乳，而且还不饱，妈妈又不在身边，告诉保姆可以给宝宝加点配方奶粉。
- 众所周知，工作单位是否有舒服的哺乳室，也会影响职场妈妈母乳喂养的积极性。如果觉得目前挤奶的地方不舒服，那就赶快找一个更好的。法律规定工作单位需要给哺乳妈妈配备一个干净、私密、带锁的哺乳室，当然也不能是洗澡间、卫生间之类的地方（详情见下面“医生妈妈醒神提点”）。一个不干净、阴暗潮湿、不能上锁、恐怖吓人的地方，最不利于哺乳妈妈挤奶。如果发觉自己在单位的冷藏室里挤奶都快一个月了，马上行动，永远都不迟，可以再次提出要求。有必要的话，打电话给上司甚至是老板，这样做绝对可以让你轻松些。
- 试试这些可笑而又有效的事情吧！把宝宝的照片贴在装母乳的袋子上，随时带瓶水在身边。即使工作繁忙，挤奶前也要好好休息一下，把工作放下一阵子。继续服用维生素，保证自己身体健康。
- 对自己和同伴都宽容些，大家都在努力。如果做不到，就不要勉强。多向有经验的人请教，多和朋友谈谈，你会发现自己还是有很多盟友。
- 制订一个合理的短期母乳喂养计划，可以以天为单位。不要天天想着一定要母乳喂养到孩子 9 个月，试试把母乳喂养的目标就定在明天下午 4 点，先完成这样的短期目标，明天下午 4 点之后，再确立一个新目标。这个策略曾经帮助我挤奶喂养了几个月。

- 尽力而为，对自己更好些，这确实是一个挑战。宝宝拥有你这样的妈妈是如此幸运，你对孩子是那么负责任。

医生妈妈醒神提点

提示：美国法律要求给哺乳妈妈提供一个干净、私密、带锁、非卫生间的母乳喂养室。

美国劳工法：http://bit.ly/mdm-NursingMothers.

哺乳法规：http://bit.ly/mdm-BreastfeedingLaws.

家庭指导：http://bit.ly/mdm-BreastfeedingResources.

78

养育孩子，一个超级复杂的问题

有幸听过白宫年轻的健康政策顾问、外科医生、医学博士，阿图·葛文德（Atul Gawa-nde）在西雅图的演讲。坦白地说，我完全是不请自去。当我知道医院有同事收到邀请时，我就请求他们带我一起去，全然忘记自己没有收到邀请的尴尬。在如此高级的餐厅里，四处寻找位置，最后还是找到了座位，在一个角落里。这样的做法虽然有些不礼貌，但也没有什么不好，积极进取，至少让我非常荣幸地见识了当代医学高人的风采。

葛文德博士在演讲中说，在进行外科手术的时候，他们会采用清单检查法来减少复杂情况和降低死亡率。对此，我非常感兴趣。虽然我也读过他写的书（老实承认没有全部读过）和发表在《纽约客》杂志上的文章（全部读过，有些得意），而且对于他那娴熟的写作技巧和轻松的语调，我非常着迷。他的描述能够化繁为简，让你觉得事事犹如亲历，就因为他那高超的写作技巧，描写清晰自然，简洁有力。但是他的主张却并不简单，由于娴熟的写作技巧——一针见血地指出医疗系统中的难题，同时也积极提出中肯的意见和建议——让我们觉得轻松不少。其中《成本谜题》这篇文章一直来都是我最喜爱的文章之一。我不知道读过多少遍了，每个星期照料孩子的时候，我也在思考。他的看法，坚定了我自己对药品使用的心得，就如我之前所说，也是儿科医生经常说的，“少即是多”。

在演讲过程中，他使用的一个比喻，也让我心悦诚服。当他说到这时，我禁不住笑了。那种笑容，如同你终于找到组织了一样，原来我也是这个精英团体中的一员。在这个例子里，这个团体就是父母。我是一名妈妈，我觉得非常幸运。这种简单而又富有才华的表述，之前在他的文章中也有领略。演讲之后，他把观众所有的问题归结成以下三类，虽然观众很多，有医生、护士，还有行政管理人员：

- **简单问题：**如蛋糕制作，遵循包装盒说明书等。
- **复杂问题：**如月球之旅，飞船的准备和发射。
- **超级复杂问题：**如养育孩子。他在演讲中讲了很多，谢谢大家的认可。

79

如何做父母，医学院里没开这门课

最近网上广为流传的一篇文章，题为《不良行为与教养缺乏有关》（*Bad Behavior Linked to Poor Parenting*），让我疑惑不解。我不停地点击文章链接，希望不再看到这样的话语："我们在观察一名儿科医生，她有两个孩子，丈夫也是一名医生，家里还养着一条超重的拉布拉多狗，住在西雅图。她喜欢在网上写博客。对于她的养育和照顾方式，这些做法真的让我们有些担忧……"谢天谢地，当我再次点击时，文章真的不存在了，显示链接错误。随后再点，还是没有；过了几分钟，再看看，网络上的这篇文章，不知什么原因，真的消失了，实在是太好了。

谢天谢地！

非常讨厌在媒体上看到这样的报道，媒体的兴风作浪，让这样一个错误的事实——养育孩子仿佛只有一条正确道路——得到大事宣扬。当《美国偶像》（American Idol）节目播放偶像妈妈的广告时，我心里就在想，难道只有妈妈唱歌或者跳摇滚舞得第一名了，才能是偶像妈妈吗？我很确定唱歌跳舞我都不行，而且还经常出错。如果下周哪里有举办家长学前培训的话，我一定会广而告之。但事实上，什么才是偶像妈妈？又是谁在定义这些呢？

培养、疼爱、照顾孩子，且让孩子们的生活丰富多彩，这是一项艰巨的任务。同时也会带给你无限的欢乐，还会受到很多关注，然而，在这个过程中还是会出现各种让人猝不及防的问题。这种类似的文章会让我们不舒服，而且有可能吓到有些父母。有些病人就告诉我，他们看了这类文章，心里就会产生疑惑，"如果我让孩子吃牛油果前吃了桃子，你觉得这样对吗？"这些问题其实非常简单，但却困扰着他们。留心观察这些父母的眼睛，可以发现一种特有的神情，那就是"我是一个坏妈妈吗？"心里的疑惑是这样，但从他们嘴里说出来的却是"牛油果"或者"桃子"。

在如何养育孩子这个问题上，存在一条完全正确或者完全错误的道路，这种观念其实在医学院或者医院实习时我是从来没有碰到过。反而是在为数不多的妈妈聚会中听到的，可能是在游乐场里，也可能是在西雅图我给孩子喂配方奶粉遭遇集体批判时。这其实是一个狭隘而死板的观念，是对孩子养育方法非错即对的本质诠释，不应该在媒体上大事宣传的。

孩子的养育过程中，有些我们都会做对，也有一些我们容易做错。其实我也不是不了解当下的一些社会现象，也接触过很多缺少父母照料的孩子，他们被殴打、被虐待、被忽略，甚至被抛弃。这里并不是说就不存在安全正确的做法，确实有，比如让宝宝正确入睡的办法，安全避免孩子被卷入车底。但这些都是预防和保健措施，都不是养育孩子的本质。

育儿，育儿，其实事事都与如何育好儿有关！

事关孩子，父母的所作所为都与育儿息息相关，育儿就如同一种黏合剂一样，无论何时何地，存在于跟孩子有关的所有事情中。就贺曼公司制作的节目来看，我认为它本身就是一种非常好的黏合剂。育儿意味着持续一致的倾听、铭记和无条件的关爱。育儿其实就是跟孩子一起成长，共度欢乐和悲伤，在孩子哭泣的时候给予安慰，让他们重新找回自我；在孩子遇到困难时给予帮助。简单地说，就是给孩子树立一个信服的榜样，提供安全成长的空间，给孩子一个良好的发展平台。每位父母育儿的方式方法都是不同的。

育儿无处不在，在医院能看到，在家里也在经历，但我还是没有一本指南。

孩子们一天天在长大，我们也跟随着孩子的脚步在成长，育儿提升了父母对这个世界的认识和理解，也让父母变得更睿智。

我们的内心也在不断反思，内心深处常常会上演一场场独角戏，“我这样做对吗？如果这样做，我是不是就成了一个坏妈妈？”我希望大家的答案多数是否定的，很少肯定。

以同事和邻居做参照，不断地思考和反省，能让我们成为更好的父母。

现在再点击那篇文章，刷新后文章又出现了，开头是这样的：“根据一项新的调查，缺乏教养通常会导致男孩子出现不良行为，而对女孩子影响较小。”

我觉得更加困惑了，天啊，为什么会这样！如果你想知道这篇文章，就自己去网上看看吧！这本书里我就不啰唆了。依靠父母的直觉和本能，相信每个人都会找到育儿这个迷宫的出口。随着孩子一天天长大，我只是希望不要被贴上“坏妈妈”的标签，至于能否成为偶像妈妈，对我来说一点儿都不重要。

医生妈妈醒神提点

链接：不良行为与教养缺乏有关：http://bit.ly/mdm-behavior.

80
校车上的四小时

我有很多病人都患有食物过敏症，很多朋友的孩子也有。每13个孩子中，可能就有一个患有这种病，所以基本上每间教室都有一个这样的危险孩子。生活教会了我们担忧，带给我们希望，同时也要求我们在养育严重食物过敏的孩子时更加努力。那些故事和故事里父母亲的所作所为，真正改变了我，改变了我在实际工作中帮助孩子的方式。

一位好友写了一篇虚构的博文发给我。我立即意识到这是一个真实的故事。为了保护她的孩子同时允许我把它写成真实的，她回忆起自己的孩提时代并从最爱的作家朱迪·布鲁姆（Judy Blume）的书中得到灵感，她给自己取了一个笔名“维罗妮卡”。

南希认为我们每个人都应该有一个动听的名字，如亚历山大、维罗妮卡、金伯利或梅维斯。南希给自己取名亚历山大，而我就是维罗妮卡。

——《神哪，您在那里吗？是我，玛格丽特》（*Are You There God? It's Me, Margaret*）

“维罗妮卡”是一位非常好的朋友，一名热情的研究员，也是两个孩子的妈妈。跟所有妈妈一样，她也在保护孩子免受伤害的过程中遇到了意想不到的挑战。具体来说，就是避免孩子发生严重食物过敏。在她的文章中，我更加清晰地看到了什么是关爱和照顾，以及帮助孩子应对严重食物过敏的努力和付出。在孩子一天上学结束时或在家里，妈妈的心里都充满了焦虑。然而，这并没什么，没有别的选择，只有前行。

校车上的四小时：母亲的照顾和严重食物过敏

维罗妮卡·Z

校车上的四小时，是我对孩子生命的护航。我会参加孩子的每一次社会实践，因为除了我，若孩子发生严重食物过敏，没有一个老师能确保给我的孩子正确用药以救他性命，而这种事今天可能不会发生，但明天就很难说。因此我就要在校车上待4个小时，陪伴着一群尖叫的孩子，他们唱歌或睡觉。我的孩子与朋友坐在校车尾部，而我则在校车中部，照看着其他孩子。因为这时他不需要我，不需要我坐在他身边。然而我需要他，需要他活着，我需要提防每一个可能的意外。我需要好好准备每一个假日聚会、生日聚会、意外庆典和野外旅行。无论去到野外多远，无论他今天是否会遇到危险，都不能有外来食物，不能有意外的零食，不能吃校车上别人给的糖果。我没有必要在校车上待四个小时，除了我是一名食物过敏的妈妈外。我一直都在陪伴着孩子，从幼儿园、学前班、一年级、二年级到现在。心甘情愿地陪伴着他，以免发生任何意外，因为我需要他好好地活着，不希望他有过多的担忧，也不希望给老师增加太多的麻烦，更不想把这弄得世人皆知。我要确保我的孩子好好的，校车上的4个小时，这就是孩子食物过敏的代价，非常昂贵的代价，但是我愿意支付。也许这一天什么都没发生，并不需要我，但早上我并不知道，在每一次事情结束前都不知道，所以每一次我都参加。

跟孩子们在一起也有很多好处。我跟着他们去过很多博物馆、戏院、郊外。我知道班里每个孩子的生日。每次有孩子过生日，我都会带一个自制的杯子蛋糕去参加生日聚会，这不是为过生日的孩子准备，是为我自己的孩子做的，这也是在偿还食物过敏的代价。不能从外面买，别人的孩子过生日，做蛋糕的却是我，我只是为了我的孩子能吃到安全的蛋糕。

我总是这样告诉新朋友：想象一下没有外卖食品的生活，没有最后一分钟晚餐的机会，没有“嘿，我们要一份比萨！”和“我们出去吃饭吧！”自己准备每一顿饭，知道家里每一样东西的成分，这绝对会改变你的饮食方式。当你每天要花时间去读懂一大串食物成分时，你的耐心也会耗尽。所以你会坚持少吃加工食品，除了奥利奥，它们非常棒。在你毫无准备时，可能就是今天大家都带了杯子蛋糕时，而我家里没有面粉，没有白糖，没有植物油时，冰箱里也没有备用蛋糕时，储物柜里的奥利奥就可以派上用场了。

温迪微语

孩子也是非常调皮的。我最近才知道有三分之一的过敏儿童曾在学校被作弄或欺负过：http://bit.ly/bz7M6M.

医生妈妈醒神提点

链接：儿童食物过敏　http://bit.ly/mdm-FoodAllergies.

小贴士：对于宝宝添加辅食，每添加一种新食物，要持续 1 ～ 2 天，给宝宝一个探索新质地和新口味的机会。三天之后，再添加另外一种新食物。使用这种方法，中途出现不寻常的过敏或者不耐受，你会知道是什么食物导致的。

研究：2013 年《变态反应与临床免疫学杂志》(*Journal of Allergy and Clinical Immunology*) 的一项研究发现，在宝宝 5 个半月前添加小麦、黑麦、燕麦和大麦；在 9 个月大前添加鱼类；在 11 个月大前添加鸡蛋，这些都能降低哮喘、过敏性鼻炎和血液中过敏反应的发生概率。

小贴士：不建议推迟添加“过敏性”食物，包括鸡蛋、花生、鱼类和麦类，建议一岁前都要尝试。

81

当亲子时光超越期盼时

我和丈夫终于得到片刻喘息，从工作的嘈杂中解脱出来。无尽的生活压力和挑战，随时可能爆发的脾气，繁忙的日程安排，假日临时危机和工作职责都快把我们淹没了。当我们解脱出来时，觉得这是生活中最好的时光，这就是我想说的奇妙时光。我不仅想把这些烦恼从我的脑海里清除，还想从记忆中彻底删除，一遍又一遍地这样做。我想这就是为什么我要这里分享的缘故。

最近有没有跟你的孩子一起吃顿饭，或共度一个晚上，或者散步或一起冒险？你突然意识到世上没有比这更美妙的事情了，虽然这一切都那么简单。在你清楚明白的那一刻，而且就是在这一刻，在这个时间和空间里的这一刻，你知道自己为什么活着了。

当我们抚养孩子足够幸运时，这些美妙时光就会出其不意地降临。它们完全无法预测。与孩子们一起度过的纯真美好的时光完全不在我们的日常计划里，通常不会出现在精心准备的假期里，还有聚餐时，或者是准备了两周的野餐时。在我们最不期待的时候，绝对期望值为零的时候，它就可能出现了。就好像是恋爱中的一见钟情一样，那种感觉瞬间就击中我们全身，没有一丝征兆。

我相信这是生活赐予我们的最好礼物，当亲子时光超越一切期盼时。

最近，我和一位好朋友谈论起这种珍贵而美好的时光。这种时刻可能就在你与孩子谈话时，或者全神贯注游戏、吃饭时，相处虽然平淡如常，但你会觉得没有什么比这更珍贵亲密了。通常这种时候一般出现在疾病或恐惧后，但也并不都是如此。朋友忆起她的最近一次，是在她和丈夫取消应酬的一个晚上。那天他们太累了决定待在家里跟孩子们一起吃晚饭。随后那种奇妙时刻就降临了，那一刻他们紧紧相连，孩子们就好像天使一样坐在桌边，欢喜愉悦，彬彬有礼。她和丈夫相互望着对方，并且意识到这顿晚饭的珍贵，就算有人用全世界来与他们交换，他们都不愿意。

对于我来说，最近的一次就发生在上周四晚上客厅的地板上。6 岁的儿子收到了一份智多星棋盘生日礼物，然后我们一家人就在地板上玩了起来。这是我25年来第一次玩，而且玩得非常兴奋，我们被胜利和渴望激励着，欢笑着去探索发现更好的玩法。

在那一刻，就在全家人坐在木地板上的时候，屋外是空旷漆黑的冬天，我们一家人在玩着塑料玩具，这就是家人亲密相连的时刻，我无法说清楚为什么知道和怎么知道，但我就是意识到了，并且感觉到了它的美妙。

82

没有人能拥有一切

在2012年的《大西洋》(*Alantic*)杂志上，我读到一篇安妮-玛丽·斯洛特(Anne-Marie Slaughter)写的文章，标题为《为什么女人仍然不能拥有一切》(*Why Women Still Can't Have All*)。如果想阅读这篇文章，记得先腾出半天时间。阅读这篇文章，确实需要些时间，当我看完时，我就直愣愣地盯着墙壁发呆。斯洛特女士用她独特的人生经历和丰富的教育背景很好地描述了职场妈妈们的突出问题。她首先提出观点——“职场妈妈不能拥有一切”，然后详细诠释了妈妈们边上班边养育孩子的种种问题。虽然我们都知道这些，但还是不能立即解决这些困难。

性别不同，在家里扮演的角色也不同，妈妈如何同时满足家庭的需求和工作的需求也并不是什么新问题。但斯洛特女士还是成功地引起了我的关注。我从来没有机会在聊天室里跟人讨论过，虽然我看过，听过，也在网上因此逗留过。这篇文章对于该杂志来说是一个巨大的成功，连我的丈夫在上班时也注意到了。我相信它会在我们大部分人的生活中激起层层涟漪。

下面是我对这篇文章的一些回应，然而这也不是一成不变。这不是辩论或者反驳，仅仅是回应而已。

没有人能拥有一切，或多或少我们都失去过

我从不认为我们能拥有一切，这包括我们所有人。至少在某些时候就是这样的。就拿我自己来说吧，我拥有一份满意的工作，两个调皮的孩子，和谐的夫妻关系，还有改变世界的梦想，很多真挚的朋友，还有一条超重的拉布拉多犬。但有些时候我连填饱肚子的时间都没有，有些时候我则可以享用美食；有些时候比较轻松，有些时候，则被压得喘不过气来。有些日子里我可以开怀大笑，有些日子则一天要工作15个小时。有些天，当我与孩子们在一起时，内心充满了感动；而有些天，我则什么都不能想，要一整天跟病人待在检查室里，有些天也可以想象一下了。

当我离开孩子们的时候，我会觉得不舒服，觉得自己不再完整。孩子们的需求一直在变化，工作生活的平衡点也一直在变动，而我与孩子们的距离也是显而易见的。当孩子们自己要离开时，我感觉容易些，这是一个沉重的事实，虽然从一开始为人父母就注定了。

斯洛特女士指出，这种经历对女人和男人来说会有很大的不同。如果社会对女性的双重角色能更好地支持，那也会变得不同。

即使这样，当我们被引导着去思考，在什么地方遗失了什么时，“拥有一切”的概念还是在虚拟网络世界中被扭曲了。我们接受教育取得工作技能，而从孩子出生那一刻起，我们就要开始失去一些东西。从这时候开始，无论对全职妈妈还是对职场妈妈来说，都是一种折磨。摆在我们面前的只有选择的机会，无论我们选择什么，都会有人告诉我们，我们错失了一些东西。

无论如何，这都只是一个选择的权利，选择工作还是在家。

不管怎样，妈妈仍然是养育孩子的主力军，有些爸爸也带孩子。但据我观察（包括斯特拉女士），发现主要是妈妈在承受选择的痛苦。对大多数妈妈来说，这场选择的对话早早就开始了，在休产假前，甚至是刚怀孕时，直到宝宝出生了，一直会不断有人问你以后怎么做。我的记忆里，这样的对话好像从来没有停止过。

从事同样的工作，女性得到的报酬只有男性的 70%。例如女医生，有研究发现，她们挣钱少是因为她们选择花更多的时间在病人身上。也许这就是工作中女性不同诉求点，而不是“拥有一切”。我把斯洛特女士的文章带回家去读，并不是因为我想“拥有一切”，这一直都不是我的目标。我想要的是用我所学的知识，把握孩子给我的每一次机会，更好地回报这个社会，享受每一个选择，斯洛特女士的文章好像远离了这些。

困惑

我当然感到困惑，相信别人可以拥有一切，也希望自己能拥有。也许我可能会遇到一个妈妈，她告诉我她现在的工作非常好。也许是同事、丈夫、朋友或者家人告诉我，有一个妈妈非常高兴自己辞职在家带孩子。在这些故事里，妈妈都毫无意外的非常完美。然而当我听到这样的故事时，我的心总是会一愣，有些颤抖，然后困惑自己是否选择错了。

我们诊所里的一名同事辞职了，要和孩子们共度暑假，在送别晚餐聚会时，我感到困惑。她计划再找一份工作，时间上要求能配合孩子们的时间。我看到了她对放弃心爱事业的苦苦挣扎，也看到了她寻求改变的勇气，这一切看起来是那么的明智、聪明、正中要点。但我仍然困惑。

我相信有另外一个职场妈妈的模式和理论，可以用来指明方向，指导我寻求工作生活的最佳平衡。但麻烦在于，没有另一个妈妈会跟我一样，身处相同的环境，拥有相同的目标，接受过同样的教育，获得相同的技能，拥有同样的孩子和丈夫。每个人的生活都是独一无二的，如同我们指尖上的指纹。

克隆

面对想要拥有一切的挑战，在工作生活如何平衡这场持久战中，我的脑海里总是会浮现一个解决办法——克隆。如果能够拥有很多个我，那我就可以在诊所里为病人看病，同时陪伴着孩子探索世界，同时还可以与公众做健康宣传，还能好好照顾自己（锻炼、吃好、休息、思考和放松），那么我就可以在需要我的地方表现发挥得更好。

然而，这只是异想天开，是一个可笑的解决方案，是对《大西洋》杂志文章所关注问题的一个回应，是对高知父母如何寻求工作满足和应付与孩子们一起混乱生活的回应。工作生活两平衡的确真实存在，但完美平衡点不会简单地存在，我们需要在前进的道路上不断的调整自己的幸福目标，这是人类的本能。可能只是需要我们每天起床去感受它，改变它，见证它。对于我们职场妈妈来说，即使这样，有时候也就足够了。

医生妈妈醒神提点

斯洛特的文章： http://bit.ly/mdm-WorkingMoms.

回应： 男人没有拥有一切的烦恼（参见 http://bit.ly/mdm-WorkingDads）；女人能否拥有一切（参见 http://bit.ly/mdm-HavingitAll）；妈妈，在你照顾儿子时，请不要对老板说谎（参见 http://bit.ly/mdm-KidThings）。

恋旧的妻子： http://bit.ly/mdm-RetroWife.

83
虎 妈

我已经读过很多关于虎妈和她的书的评论了，应该有四五十条了吧。蔡美儿（Amy Chua）就是那个自称为“虎妈”的人。《为什么中国妈妈更优秀？》，这是《华尔街日报》在2011年1月8日刊登的有关文章，从此开启了“虎妈”蔡美儿的时代。自此之后，有关她的新书《虎妈战歌》（*Battle Hymn of the Tiger Mother*）的宣传到处都是。我在诊所里也经常听到妈妈们对“虎妈”的评论。

在她的新书出版之际，我并不想写任何关于虎妈和媒体大事宣传的文章，我更不想借用她的任何名气。老实说，我是被她特殊的写作方式和伤人的辱骂给吓到了。一开始，我并不认为有什么特别的东西要写，因为我并不喜欢她的主张（强硬有条件的爱、专制且无理、把成绩等同于幸福），也许她不像我。我对自己有很高的期盼，包括朋友、家人和同事。我盼望自己的孩子能够挑战自我，学会沟通、学会爱，努力工作创造更好的条件，享受生活。我期望他们学会奉献。我可能会大声咆哮，但不会出口伤人，真的不会打孩子，不会打耳光，不会抓挠，更不会辱骂。在实际生活中，我想大部分人达不到我的期盼，就像我也达不到有些人的期望一样。但我相信宽容、爱和容忍，而且它们的基础绝不可能是成绩。

在孩子间，我们尚不能容忍攻击侵犯行为，那大人间为什么要允许呢？谩骂比被人打一拳还要难受。再次澄清，我从来没有骂过孩子为“垃圾”。

我并不想阅读她的书。对她了解越多，我就越不想知道她在说什么。我宁愿多读些佩吉·奥伦斯坦（Peggy Orenstein）的书。然而，我还是会关注其他人对于虎妈的评论。这很明显是一场媒体风暴，蔡美儿只不过是开了个头，人们感兴趣的并不是虎妈的主张（特权、高学历、紧密联结、财富，在美国的中国妈妈相信她们的方法更优秀），而是妈妈们的反应。我的意思是，每个人对此都有自己的看法。我们为什么要关心，一部分妈妈认为虎妈在养育孩子中做得更好呢？我们为什么要关注她把成绩等同于幸福，把西方妈妈等同于弱者呢？我们为什么会关心，她认为智力只表现在音乐能力、比赛或SAT分数上呢？她错过了太多人性方面的东西了，太多人与人之间的密切联系了。但是我在乎。也许因为她的坚强、她自认为正确，甚至比别人更好。

她是一个暴徒，不过是一个幸运的暴徒，好在孩子们还拥有健康财富。看看下面这一篇我读过的最难忘的评论，来看看虎妈到底有什么“魅力”。

一位丧子母亲的心声

卡琳·汤（Carin Towne）

在过去几周里，蔡美儿和她的新书《虎妈妈战歌》的宣传随处可见，《华尔街日报》《纽约时报》《西雅图时报》《时代周刊》，甚至《人物》杂志也有。有时候我会想，如果蔡美儿处在我的位置上，她会怎么做呢？放弃吗！我没有读过她的书，但我已经看了太多的摘选，这无时无刻不提醒着：我和她的生活是多么的不同。我也越来越清楚地看到，在众多育儿书籍和理论里面，如何正确养育孩子，如何训练孩子，如何发掘孩子的潜力等，这些所谓“正确”的方法都不适用于我的家庭。因为他们的理论都有两个前提：一是孩子没有特别的身体和精神需求，二是孩子没有得癌症，没有死。

在本还没有生病之前，人们可能会指责我过于追求正确或者完美的育儿方式。我买了很多“如何育儿”的书籍。随着本患癌症得到确诊，一切都变了。看着他承受着超出我想象的痛苦和死在我面前，毫无疑问，这完全改变了我这个人，我这个妈妈。现在我还有赖恩这个孩子，是好是坏，我都是一个不同的妈妈了。对于赖恩，我的目标很简单，就是活着。当然我也希望他能成为一个对社会有用的人，希望他能上大学。但是我的希望与虎妈蔡美儿又完全不同。我是一个懦弱的西方妈妈吗？还是一个无用的妈妈吗？也许吧，我只是一个刚刚痛失爱子的妈妈，刚刚痛苦见证了世事无常，最终孩子的生命不在我们掌握中。然而，有些时期的确是父母可以控制的，我知道这是真的：我希望赖恩开心，做快乐的事情，学会爱且能被爱。其他就顺其自然。我毫不在意他是不是音乐天才，能不能去哈佛读大学。当然如果其中一个是他梦想且成功了的话，我也自然会为他骄傲。但是他成功与否，从世俗眼光来看都与我没有太多关系。如果他某天练习小提琴不到3个小时，或者拒绝吃东西，我都不会发狂。当你的第一个孩子正在鼻饲时，发生这些事情，唯一的想法就是，我的放纵是不是孩子威胁自己生命的另外一种方式。如果他想做什么愚蠢的事情而可能会失去生命，我会很快地压下愤怒，比新泽西的坏天气吹乱我刚做的发型还要快。我保证从来没有说过我的孩子是“垃圾”。如果蔡美儿看到她的女儿正吸着氧，意识模糊而且离死亡不远了，我很想知道她会不会再次说她女儿是“垃圾”。

为了促进大脑发育，我们是不是在家里看了太多电视呢？可能是吧！我们是不是在床上蹦蹦跳跳多过其他家庭呢？我猜也是。我是不是他想吃什么就给什么呢？只要不过分，那是当然。那赖恩还有时间去外面玩吗？当然有了，我希望别人也喜欢他。为了满足3岁小孩的异想天开，我会允许孩子什么都可以做吗？难道我只会表扬孩子，而且认为自己的孩子是个天使，头上顶着彩虹和蝴蝶吗？那自然是不会。当然还有很多其他“正确”的事情。在只有我们3个人的时光里，每天我们都尽量做到最好，再也没有一个多余的人了。无论如何，我都不希望任何人也包括蔡美儿的女儿会患上癌症，我只是希望那些像虎妈的人，能站在我的位置去想想。如果这样，我想他们应该会少一些自以为是地去为孩子安排好一切，会更多关注孩子本身和孩子们的需求。因为我深爱的孩子本，已经成为我心中永远的痛。

我可能会告诉你，我曾经在很多音乐比赛中（双簧管）获过奖，我上了常春藤盟校医学院，我有一份好工作和良好的职业前景，嫁了一个好丈夫，还有幸养育了两个可爱的孩子。但从来都不会说我那接近满分的SAT分数，我也会犯错误，我也错过很多东西。我很清楚成功或者失败都不能定义我的价值、我的幸福和我的责任感。我很认同大卫·布鲁克斯（David Brooks）说的：“蔡美儿是一个无知的人，4个小时高强度专注练习一种乐器，这样的要求从来没有听说过，就如同没有明确规定14岁小女孩不能在别人家过夜一样。”情商是什么呢？我们会测试它，但不是在教室里测试，这种测试远比数学考试要复杂得多。

我的妈妈不是一个虎妈，更像是一个狮妈。她会带着期盼咆哮，会让我感觉拥有自我，会让我自己决定且承担责任。这一切都没有任何条件，没有侮辱。我的父母亲也不会因成绩而奖励或惩罚我，他们说，我可以得到任何想要的东西。家人相信一切都来源于我自己，就如同一名同事所说，“自律是来自于内在”。我的狮妈也有底线，她会观察孩子的爱好，会倾听我们的解释，这些看起来都很有效果。

父母育儿的智慧是无穷的。

虎妈的书本里充满了算计和腐败，借助大众的时间和精力来怀疑自我。一本父母育儿书却披着回忆录的外衣，我相信这本书部分是用来推销和制造舆论的。

最后落幕

对于大部分父母来说，对自己的育儿方式不断进行自我批判是一种不幸。由于网络上丰富的信息，妈妈博客世界，社交网络的兴起，不断进步的传统媒体，我们知道了阿姨简和母亲意见相反，知道了每个人对于安抚奶嘴、母乳喂养、抗生素等有不同意见，知道了让宝宝快快入睡的技巧，知道了如何为孩子选择合适的运动。在养育孩子的过程中，似乎每个人都有自己的意见，而且都觉得自己才是正确的。然而在网络里的每一秒钟，我们都可以看到其他人的反对意见，毫无疑问，这会立即导致我们对自己直觉和选择的不信任。

我们在一个如此奇妙、如此可爱的世界里养育孩子。

但我们还是会上网观看，不是吗？就在深夜，在喂奶的间隙，在工作后或者挤奶时。父母亲每天都会在晚上搜索大量关于孩子健康和育儿的信息，会与他人交流，会寻求友谊。我相信这样的搜索在很大程度上是基于友情的需要，而不是逃避责任或者厌恶自我。我们谈论虎妈蔡美儿的最大原因在于，网络上的搜索结果可能会导致我们迷茫。我们会因欠缺而不坚定。读这样一篇文章、育儿手册，或者说是回忆录，我们通常都会变得不自信。

这就是为什么虎妈蔡美儿能拨动卡内基音乐大厅里乐弦的缘故（蔡美儿的女儿曾在著名的卡内基音乐大厅登台表演。——译者注）。

自《华尔街日报》文章后，蔡美儿已经改变了说法，说她的书不是一本育儿书，而是一本回忆录。我已经知道她对登在《华尔街日报》的文章没有命题，也没有将她的育儿方法定义为“优秀”，但是这看起来像是古怪的反驳，尤其是对目标明确的人来说。

与社会相连是我们幸福的源泉，好好享受我们做父母的日子吧！

我们每个人都要问问，虎妈之后，什么时候我们会爱上今天我们这样的父母呢？

医生妈妈醒神提点

非常感谢卡琳·汤允许我把她的文章收录本书。如果对于她的基金会想了解更多，请登录网址 http://bentownefoundation.org ，这个基金会是以她们的儿子的名义设立的，全称是“本杰明儿童重症癌症研究基金会”。

关于本杰明：本杰明·华德·汤（Benjamin Ward Towne）出生于 2005 年 7 月 17 日，是杰夫和卡琳的第一个孩子。他是一个意志坚决，充满激情，非常可爱的小男孩。本非常喜欢汽车、网球、高尔夫、沙滩，还有家人。在 2007 年 8 月，就在他 2 岁生日的一个月后，被诊断为高危的神经母细胞肿瘤 4 阶段，那时最明显的症状就是眼睛周围褪色。治疗包括 6 个疗程，化疗、手术、干细胞移植，放疗，还有 5 个回合的抗感染治疗或者更多。2008 年 7 月病情有所缓和，随后又在 10 月灾难性复发，死于同年 12 月。杰夫和卡林终于熬过了这一非常具有挑战性的旅程，并致力于改善他人生活。真的非常了不起！

84

“那个妻子”

你知道吗？有一件很小很小的事情会让我起鸡皮疙瘩，那就是“那个妻子”（the wife）的称呼。当我听到这个称呼时，如同被敲击一下，脑子就开始不听使唤了。

我很清楚地球上大部分的妻子和妈妈都不会在意这个问题，但是我却在意。

以下是我经常听到的，让我们来看看具体场景。

检查室里，孩子站在中间，爸爸在左边，没有什么别的意思（或不敬），爸爸问：“哦，那个妻子想让我问问疹子的事情。”

我尽力保持冷静，通常都不会有奇怪的回应、评论或表示。我很清楚，这是我自己的事情。但是内部的警钟还是响起了，为什么那个女人会被称呼为“那个妻子”。

“我的妻子想让我问问疹子的事情”，很正常。

“孩子的妈妈想让我问问疹子的事情”，这也很正常。

但是，“那个妻子想让我问问疹子的事情”，这就有问题了。

得到许可，我也将会称呼我的丈夫、孩子的父亲为“那个丈夫”。为了显示公平，也许是从今天或者明天开始，在此说明，我丈夫对此没有任何异议。

谢谢你，“那个丈夫”。

85

魔　术

有时候，感觉身体健康就像变魔术。在一些朋友或家人被诊断有严重疾病或者是治疗周折时，在我必须照顾一些患病严重的病人时，这些病很吓人，让我非常难过，甚至还会在半夜里醒来，这个时候，这种感觉比以往任何时候都要明显。有些疾病也非常容易迷惑人。特别是在这充满了礼物、假日音乐、闪亮的圣诞树和无限欢乐的 12 月里，这样的诊断、不确定性和相关事件也特别的多。恐惧伴随着欢乐。最终，这些诊断和恐惧都让人感觉非常真实，也让以后的生活目标变得模糊。从某个角度来说，即使我知道自己很健康，但还是觉得自己更加笨拙、脆弱了，也更富有同情心了。

在准备牙齿钻孔时（真的很恐怖，让人在你的牙齿上钻孔），我一点儿也不畏惧。即使这样，但我还是莫名害怕牙医。在那些没有明白地说自己很健康的幸运人群中，这种感觉健康的新观念更加清楚。无论将生活放大还是缩小，当我们确切知道一切是好的时候，就会感觉良好。

随后就会有神奇的事情发生。第一个孩子 3 岁时，他摔倒了且把手伤得很严重，需要在急诊室里缝针处理。后来当我看到他手上的伤疤时，看到功能恢复如初，觉得非常神奇。皮肤的愈合也非常神奇。

后来还有更神奇的事情，我不知道是怎么发生的。不知道是哪颗幸运星降临，还是哪阵东风吹的，在第二天要离开时才发觉。外出度假的一个晚上，他向我走了 6 步。当然后面他又继续走了，在那天夜晚将尽的时候，他满身大汗，就好像一个职业拳击手。他成功地树立了自己的第一个里程碑，披着长袍，骄傲地穿过房间。我最喜爱的里程碑，不知道为什么，魔法再次降临，我可爱的小宝贝转眼就变成了会走的小男孩了。

当大儿子第一次穿内裤的时候，魔法又一次发生了。你知道我们儿科医生经常讨论在孩子两三岁时候如何训练大小便。当然芬恩的那些日子已经过去了，想象一下 3 岁的他边跑边回头看着你大笑。就在奥登开始走路一周后的一天，受到堂哥的鼓舞。

走路、内裤、皮肤的愈合，这些都非常神奇。

现在让我们保持警惕吧，我那亲爱的刚被确诊癌症的朋友，那两位花了太多时间看医生的家人，还有那些在魔术揭秘后受伤、可爱、勇敢的人们。

86

致玛丽莎·迈尔的一封公开信

在推特上，我看到很多父母和儿科医生对玛丽莎·迈尔（Marissa Mayer）的评论，就因为她宣称将在孩子出生后一到两周内返回工作岗位。

首先，从推测开始。

我相信迈尔女士有获得高品质医疗保健的途径，如果她需要，应该可以轻松拥有认证产科医生或儿科医生和哺乳顾问的服务。意思是，如果她需要相关的证据来支持她的主张——产后一到两周内可以去上班——她应该可以轻易获得，因为她在谷歌上班，更懂得如何运用网络寻求支持。

推测已经成立，接下来谈谈她的追求。有些人指责她的选择违背传统，根本就毫无根据。她年纪轻轻就事业有成，被大家称赞，是世界 500 强公司里最年轻的 CEO。印象中，她机智成熟，有勇有谋。这在一定程度上得益于她是谷歌公司里首位女工程师，那是一个完全不同的电子世界，与我们日常接触的邮件、谷歌搜索、地图和图片完全不同。

我们期盼越来越多的女性在工作或学术中担任领导职位，也必须承认二者不可兼得。随着越来越多的公司掌控在女性手里，就在她们生完孩子一个星期或六个月后重新工作时，她们不希望看到还有人在质疑她们对家庭和孩子的承诺，质疑她们自身的健康问题。

我相信迈尔女士的决定是有考虑家庭。她的工作、她的价值，也是推动公司前进必不可少的一部分。一个好的决定，需要考虑相关的方方面面，只有她才知道什么最重要。我还没有听到她的丈夫在未来几个月的计划。也许他就在等待小宝宝的降临。为什么我们总是忘记，养育孩子是父母双方共同的责任呢？

而且，我们的讨论还遗漏了一个重要的事实。在诊所上班时，我也经常见到很多妈妈其实并不外出工作，在家照顾孩子，也是在产后几天就开始。全职妈妈在产后 3 天复诊时，外面经常有 2 ～ 4 个孩子站一排。这说明全职妈妈也早已经开始工作了。

那些评论还讽刺迈尔女士给孩子取名叫“crowdsoucing”（众包），我觉得非常惊讶，这似乎也成了一个挑剔她技术精明能干，攻击她身为妈妈无知的理由。

最美好的事情在于：我们中间没有任何人能靠近她和孩子的亲密，他们共同成长的美好时光。我相信她也不需要任何建议。

衷心祝贺你，玛丽莎 · 迈尔！好好享受这段最美妙的转变时期。你有足够的时间和空间让你的宝宝在家里健康成长。我对你所做的一切表示敬畏，相信你也能为你的儿子做出非凡的决定。

87

母亲节礼物

这10年来的母亲节礼物，我早已经收到了。那份礼物分为两部分，而且只花了25美元。

很普通的一个星期三，整天的行程安排得满满的：陪伴母亲化疗、吃午餐（最后没吃）、发博客、接听病人电话、接受广播公司的采访。经过一整天的高负荷运作，应付那么多不同的事情，有些难有些简单，最后发现，所有的付出只换来了胃部疼痛和手指紧张麻木。

认识克里斯蒂·范奥捷普（Kristin van Ogtrop）女士之后，我才慢慢放慢了工作节奏。奥捷普女士是《返璞归真》（*Real Simple*）杂志的编辑，写了一本书，名字叫《让我休息：疯狂职场妈妈的必备品》。第一次见面的时候，我就像大多数人一样，先自我介绍，然后说些类似这样的话，比如“我非常喜欢你们杂志……天哪，你们家里怎么那么井井有条，孩子们彬彬有礼、举止文雅……我自己的家就像是一个大垃圾场，每天疯狂地工作，真希望孩子们每天不穿衣服光着屁股”。她则告诉我，其实她家也并不是那么干净整洁，也跟其他人的家一样。她也有很多工作，也是妈妈，也非常忙碌。

但是，她看起来是如此轻松。

她的书就是描写疯狂工作、养育孩子和理解自我诊断神经衰弱症等事实，没有任何建议。

描述了以下事情：

- 爱工作，爱家庭，深深热爱这种疯狂的生活。
- 孩子的脆弱永远不会出现在书中。
- 身边有很多男孩子，也有很多运动节目。

好好享受工作和育儿这两件事，就如同我们每天吃饭一样：今天一个汉堡，明天一份沙拉，这样就能营养均衡了。

然后她送了一份母亲节礼物给我，事先我一点儿也不知道。

打开包装，简单明了，只有几句话。

她解释说，她是一名编辑，工作经常往返纽约，家里有三个男孩子，刚刚写了这本书。书里描述了朋友们，以及朋友养育孩子、工作和休息的方式，这恰恰与我经常在诊所里对父母所说一样：工作生活平衡没有“正确”的方式，只有适合自己的方法。

随后她把礼物快递给了我。

疯狂也可以。别人认为应该做的承诺，选择多做或者少做都可以。完全不理睬任何义务，选择一种疯狂的生活也可以。这样的生活方式也很好。

礼物的另外一部分则来自在那天早晨。那天早上本来是要上班，但我给自己偷偷放了几个小时假，没有保姆，就是我跟孩子们待在一起。那天的天气也非常好，我们一起玩火车和飞机游戏，然后还一起吃早餐。

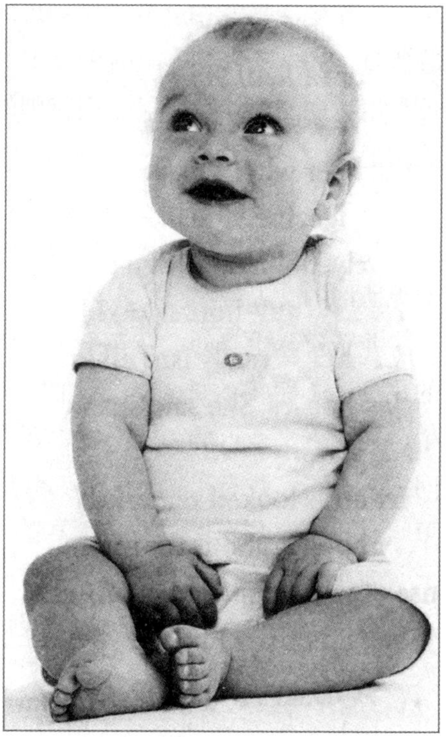
我儿子的婴儿照

随后送芬恩去幼儿园，分别的时候，他第一次哭了。这让我非常感动（后来我也哭了），知道了孩子的感觉是多样化的。他虽然很喜欢学校，同时也喜欢跟妈妈在一起。

很多人告诉我不可以这样做，只有克里斯蒂和孩子芬恩，让我明白这样是可以的。

逃离疯狂的工作，休息一段时间也可以。芬恩和克里斯蒂，感谢你们这意义非凡的礼物。尽管现在还不是5月，但仍然想说母亲节快乐！

温迪微语

今天毫不犹豫地跟孩子们说再见。有时候只要想到孩子们一整天都不在妈妈身边，不知道怎么才能避免难过。

88

一切就绪：妈妈心中的生日会

工作生活平衡季度危机又初现端倪，就在我们家的生日季里，生日庆祝重叠着假日。我的心中有一种压抑不住的冲动。假日、生日既是生命里的重要时刻，也是生活中的特殊日子。这些特别的日子，既要在日历上标注，更要在我们的内心铭记。

每年这个时候，在人们装饰圣诞树和摆放蜡烛的时候，我的内心又开始不断地挣扎：做一个好妈妈还是好医生？好妻子还是好女儿？有责任的居民还是一切都无所谓的女人？

儿子每年生日时，我都会哭，既有欢乐的泪水也有忧伤的泪水（哇哇哇，我的小男孩一年年地长大了，他们非常喜欢生日会）。忧伤来自于持续不断的冲突中，伴随着平衡点的不断变动，还有目的、目标和日常意识等问题。我工作的时间太多了吗？我有错过什么吗？我能做得比现在更好吗？还是花要更多时间在家里吗？我应该写作更多吗？我要看更多的病人吗？我要帮助更多的人吗？

我犹豫不决备受煎熬，不知道什么才是正确的？这一切好像要把我融化。在一年将尽的时候，随着时间一天天地流逝，我们一步步地走向死亡，就像大部分人一样，不想有任何遗憾。

还有一部分烦恼来自于周围人的言论。他们有着几乎一样的说法，已经在我的耳边说了 7 年之久。我知道他们也会对你这样说。杂货店老板娘、导师、同事、好朋友、全国各地的医生、诊所里的父母、我妈妈、咖啡店的伙计、停车场的人……所有见过孩子的人都这样对我说：

"孩子很快就长大了！"

如果你还没有听过这样的话（后面就是一大堆建议），你一定是还没有带孩子们出过门，或者是你还被困某个角落。

两个孩子的生日、感恩节、圣诞节，还有新年，都堆在一起，我快要被这无法替代进退两难的生活窘境给淹没了。孩子比什么都珍贵，我非常清楚孩子在我生活中的位置。我也很清楚帮助病人也是我生活中非常重要的一部分。就如同一位朋友在周末说的那样，“你无法停止自己对生活的评价”。这本身就是生活的一部分，母亲的职责，工作的职责，自我追求，与朋友的关系，以及围绕我的各种责任义务。

今天我所处的位置，如同站立在一个旋转的顶端，而且旋转的底部开始摇动了，战战兢兢，如履薄冰，就在蜡烛即将吹灭的时候，我还是会再次询问自己，我这样做“对”吗？

医生妈妈醒神提点

小提示：孩子童年消逝得非常快。孩子的婴儿时期很快就过去了，我觉得之前我提到的那些父母的说法都是对的。但是我们没有停止时间的能力，这是必然、不可避免的事实。孩子们在一天天地长大，生活也在一天天地变好……

89

蒂娜·菲三年一次的哭泣，妈妈的平衡危机

蒂娜·菲（Tina Fey），大家都认识。同为职场妈妈，我们经常会被问到一个不公平的问题，那就是如何平衡工作和生活？ 如何平衡工作和家庭，我跟你们一样，也在不断尝试。

蒂娜·菲，两个孩子的妈妈，著名喜剧演员，幽默且成功，也是一名好妈妈，还上过《纽约时报》。虽然是出现在星期天娱乐部分，那个版面被亲切地称为“女士体育节目”，我不知道这是谁起的外号，但那部分内容包括结婚声明、电视剧评论，还有曼哈顿街头端着咖啡或牵着贵宾狗的行人快照等。我真的一点儿不排斥它，甚至还非常喜欢这里面的小故事。就如蒂娜·菲，地球上最幽默的人，也在讲述职场妈妈共同的烦恼。我们之间唯一的相同点，就是我们都是职场妈妈，这让我想更多地了解她。

蒂娜，就如同我们一样，因为是一名妈妈，也会被问到如果保住工作、如何平衡、如何养育孩子。在她的新书《管家婆》（*Bossypants*）里，她是这样描述：问一个女人最没有礼貌的问题就是问她如何平衡工作和家庭。很简单，这是一种古老守旧的思考方式。在工作场所中，女性也会不断地被提醒，考虑与男性不同的选择，即使我们承担着相同的育儿职责。而这一切又最终使得性别歧视得以继续存在。对于我和我的丈夫来说，这又意味着什么呢？我和他一样每天工作那么长时间，却没有人问他如何平衡或责任问题。事实上，他心中也不存在这样的纠结，我想这就是传统文化在起作用。

我经常说起职场妈妈的季度危机。其实危机一直都在，因为工作生活的平衡是一个无解的谜题。怎么做好或感觉更好？是工作更努力些？还是花更多精力养育孩子？对自己的选择是否满意？所有这一切问题都沉浸在同一种文化里，不断地被询问着如何演好妈妈这个角色。菲女士说，当有人问她如何平衡这个问题时，她是这样回答的：“我真不想承认有办公室里三年一次的凄惨哭泣，但我那些全职在家陪孩子的朋友们，也有这样三年一次的哭泣，我觉得这很公平。”

妈妈的平衡危机就这样清除了，然后生活更美好。

90

独处时刻

把这看作一次中场休息吧！今天，没有任何真知灼见要分享，也没有任何医学知识要告知，更不会有任何新闻要述说。对我来说，写出下面这些文字非常不容易，因此我把这看作一次简短的中场休息。为什么呢？因为我已经听过太多恐怖新闻了，有孩子丢失，有孩子受伤，还有孩子被杀害。这让我非常痛心，发觉自己没有办法继续再写下去了，即使那些文章已经开了头。上个周末，我飞往明尼苏达州进行了一场 24 小时的旅行，看望一位刚刚失去父亲的朋友。今天已经是星期三了，我还是觉得非常累。况且 7 天前我刚刚大病一场，感觉非常糟糕。当我独自挣扎度过这煎熬的一周后，突然意识到：生活中的一切都不在我们掌握中，包括自身健康，家人的健康，朋友爱人的安全和脆弱，还有我们自己的未来。

在这独处的片刻，劫后的感激能让我们觉得生命完整。独处时刻，简单而宁静，夕阳西下。在这远离冰冷科技的时刻，我们被爱人包围，这个时候，仔细聆听自己的内心，想想我们最珍爱的人。

太阳最终落下山去，孩子们在石楠花间奔跑。虽然有一点点风险，因为没有路。站立在蓝蓝的天空下，就在山和湖之间，身边有丈夫和两个可爱的孩子。这一刻是多么美妙、多么神奇。看着孩子们一天天长大，你会觉得无比开心满足。

这是一次中场休息，看看夕阳西下的金色光芒，看看蓝蓝的天空。

就这样自己的内心也得到了安宁，明天我又继续回去上班，继续带给大家更多精彩。

91

我爱做职场妈妈

孩子的身心健康有时候完全取决于妈妈自己。

我爱做一名职场妈妈。我爱工作中的波澜起伏。2013 年春季的一天，是我终生难忘的好日子，在整个生命历程中应该都要排在前五位。其实也没有什么惊喜，一样是工作日，不过这个工作日又有些不同，不同之处在于，我第一次带着儿子一起去上班。

每年春季，我们医院都有“带孩子一起上班”的亲子活动，实际上，很少有医生会真的带着孩子一起来上班。然而，带着孩子一起去上班，的确是我们人生中难得的财富。在迷茫复杂的社会生活中，我们需要这样的方向，帮助我们安全通过这可怕的工作生活平衡考验。所以赶快挑选一个合适日子，带着孩子一起去上班吧！

选一个合适的日子，带着孩子一起去上班吧！

当 6 岁的孩子跟我一起踏上工作旅程时，就如同两艘巨轮在海上相遇。在这一瞬间，孩子就融入了这个变幻莫测的世界中。与以往不同的是，我在工作中感觉到了更多责任。孩子的眼睛一整天都睁得大大的，是那么清澈！

家里的电脑屏幕上贴着这样一张便条，写着“设计美好一天”。这句话来源于积极心理学领域的创始人，心理学博士马丁·塞利格曼（Marty Seligman），是他最初提出了设计美好一天的概念。

设计美好或者有意义的一天，其实也包含工作。如果生命只剩下一天时间，毫无疑问我会选择上午工作。我真的非常喜欢做一名医生，当然我也热爱做妈妈，平衡这两个角色需要一定的技巧，但我并不是一直都有。

阅读关于工作生活平衡的文章，经常给我一种这样的错觉，职场妈妈即使再爱孩子，也没有全职妈妈爱得那么多，也没有承担那么多育儿责任，似乎职场妈妈心中没有养育孩子这回事。其实这样的文章，特别是对女性读者来说，会诱导她们对家庭、孩子和自己（职场妈妈）的责任产生质疑。

其实，我虽然是一位职场妈妈，但孩子永远是排在我心中第一位。还有一件事情，似乎也无法解释清楚，外出工作不仅仅是为了薪水（当然薪水也是必需的），更是为了把事情做好，为了把这个世界变得更好，更像我们想象中那样美好。

2013 年春天，我应邀到荷兰作 TED 演讲（T 表示科技，E 代表娱乐，D 代表设计）。非常幸运，六岁的儿子芬恩也可以同行。我在台上演讲的时候，他就坐在第三排。这一刻，我觉得自己更加完整，这是自他出生后返回工作后第一次有这种感觉。显然，芬恩也在以一种全新的方式认识我。

我很清楚要我们大部分人经常带着孩子上班是不可能的（我也不是每天都能到欧洲去做演讲），但是我鼓励大家，无论是否看到有标志写着“带着孩子去上班”，都尽可能带孩子跟你一起上班吧！即使是一个小时，两个小时也好，让孩子对你的工作有一个直接、具体、感性的认识。

尽管我期盼芬恩的这次荷兰之旅独特而珍贵，但我也不知道孩子是如何理解我的工作的，而没有想到的是，我这漫长的一天的工作对他而言竟如此有意义。一整天，他都坐在自己的位置上，观看 TED 演讲，也见到了很多医生，而且好像很投入。演讲包括出生到死亡，集中讲述了刚出生的日子和接近死亡的边缘，每天的经历，每个生命的周期，我们一天天变老和走向死亡的感受。这些都是沉重的话题，然而当一天结束时，他还保持着平静的感觉和浓浓的兴趣。

在深夜，在酒店卧谈的时候，我才认识到，对于一个好奇的宝宝来说，跟成年人待在一起一整天的认识是多么的深刻。这样的日子，对于满腔热情的孩子来说是多么重要。这同时也提醒着我们，永远不要低估孩子的认知能力。

芬恩躺在床上，旁边放着白天收集回来的起重机模型，他说：“妈妈，生活是那么那么的美好 !”

“是的，确实很美好 !”我回答说，肚子里充满疑惑。随后他说的话让我更惊讶。

“妈妈，死亡也可以很美好哦！”

这一刻，我知道了，要尽可能让孩子参与到工作中来。与孩子们分享是一种奢侈的教育，一个让他活得更好的机会，一笔难得的财富，可以让他们了解工作的意义。非常高兴拥有这样的经历，也再次证实了这样一个事实——我爱做一名职场妈妈。

92

小象宝宝和职场妈妈

职场妈妈的危机经常出现，而且形式不定。记得最近一次危机出现在星期四，一个连续工作14个小时的星期四，一整天都不在孩子身边。7点离开家，晚上9点才回来，结果就是一整天都没有见过孩子们。事实远不止如此，整天我都非常忙，接诊了至少25个病人，社交媒体微博上又多了一些粉丝关注，我也很享受帮助他人的感觉。回到家后，孩子们都睡觉了，我决定看看电视，无意中挑选了一张“地球脉动”（Planet Earth)系列的碟片，就在这时，生活节奏出现了转变。

这个节目与工作女性没有任何关系。我想BBC的节目制片人也没有想过这个节目要跟工作生活平衡扯上任何关系。然而这个节目却包括了养育上方方面面的事情，如社会联系、自然空间，以及父母对孩子的义务。当然地球未来的环境也需要我们积极关注。我们有责任去保护地球，而不只是把塑料垃圾填埋起来。我们需要好好保护地球上的森林和荒野，我们需要学习如何在没有标志的大自然中生存旅行，孩子们需要理解自然界如何运转，而且要学会如何理解决策。

BBC这个系列的亮点在于选择了各种各样、形态各异的动物，追踪记录了它们的生命历程，从孵化、养育、幸存到死亡的全过程。

我非常有兴趣观看那些动物妈妈们。看到大象妈妈在帮助它被沙尘暴弄瞎眼的孩子穿越丛林时，看到北极熊妈妈教熊宝宝走路时，我的心也跟着情节起伏不定。动物妈妈一直守在孩子的身边。在迁徙途中，小象累了走不动要坐下的时候，是象妈妈催促着孩子继续前行。在漆黑的夜里躺在床上，我还是满脑子想着这些动物妈妈。

而动物爸爸呢，除了近3个小时的交配过程中有出现，后来就没有说到了。无论是穿越沙漠，还是冬眠后的觅食，还是教幼兽行走、猎食、生存技巧时，动物宝宝们只有妈妈，只有妈妈们带着孩子。动物们的母子情深，打动了我，让我的心也跟随节目起伏不定，时而紧张，时而甜蜜。通常，我很少待在自己的孩子身边；在诊所，更多的是待在别人的孩子身边，要么就是写作，要么在开会，难道这是工作生活平衡本来就有的纠结吗?

我并不觉得内疚，我的感觉比这更复杂。

今天，一个朋友在邮件中这样写道："我完全是从一个极端走向了另一个极端，从开始的无比思念孩子，到现在完全沉浸在充实的工作中。不要以为现实生活中有什么美丽的中间点。"

是吗?

美国儿科学会会士、医学博士斯蒂芬·路德维格（Stephen Ludwig）是我在医学院学习期间非常敬佩的一位导师，他曾作了这样一个讲座，后来被记录发表在《儿科学》(*Pediatrics*）杂志上。讲座的主题就是工作生活两平衡。他讲述了38年前，当他还是住院医生时自己的育儿经历，就跟我们现在工作生活平衡问题一样，他也认为职场妈妈在育儿过程中承担了更多任务。他认为，我们儿科医生应该实行"多配偶"制，且推荐了三个配偶给所有的儿科医生。第一个配偶就是现在的家庭配偶，第二个配偶就是工作，第三个配偶则是我们自己。随后他还画了一个直观的维斯圆形重叠图来说明这三者之间的关系。作为儿科医生，他认为，我们应该在处在创造儿童护理的最前沿（我们不是），应该实行弹性工作制度（我们不是），一年至少有两个星期以上的假期（我们也没有）。我们必须有时间思考如何应对人生中的最大的挑战，必须学会说"不"。他用一句格言结束了讲座：

幸福的准则：

有事做，

有人爱，

有所期待。

随后我找回了内心的平静。我要花更多的时间跟孩子们在一起，以免遭遇"沙尘暴"。

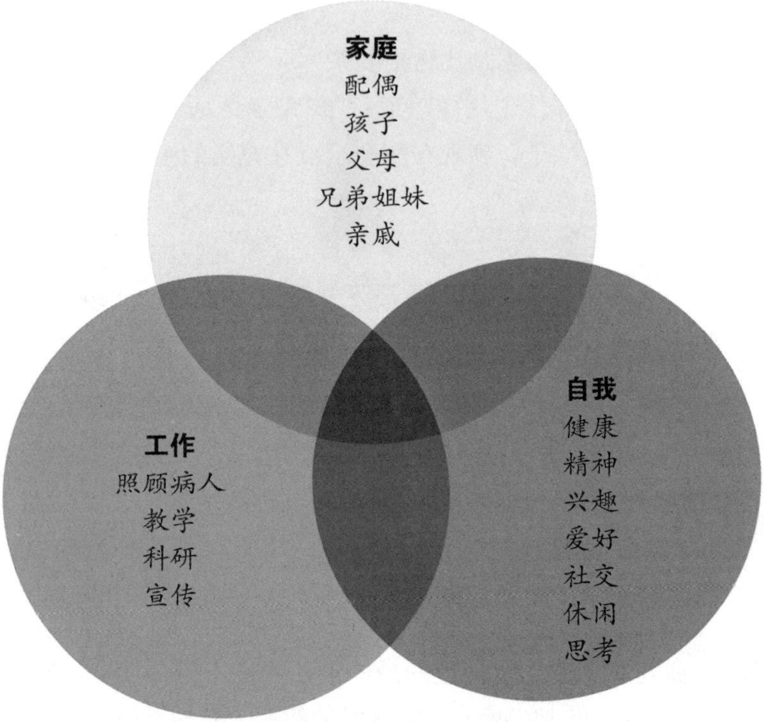
家庭
配偶
孩子
父母
兄弟姐妹
亲戚
工作
照顾病人
教学
科研
宣传
自我
健康
精神
兴趣
爱好
社交
休闲
思考

93

《时代周刊》和妈妈在路上

你看过2012年母亲节前夕《时代周刊》的那张封面吗？就是那张4岁孩子站在凳子上吮吸母乳，配着标题《你是够格的妈妈吗？》（*Are You Mom Enough?*）的封面。杂志出来那天，诊所里的人都议论纷纷，我的邮箱也堆满了相关邮件。我真是切身感受到了父母亲的焦虑，一天到晚生活在这比来比去的育儿风浪中，大家都在议论着怎么才能把孩子养育得更好。这个时代追求的是完美育儿。我们正在经历的育儿舆论风暴比以往任何时候都要猛烈。这并不是讨论如何平衡工作和生活，而是要求你比周围的妈妈做得更好。《时代周刊》想让我们思考：我们做妈妈是不是真的“够格”？

在知道以前，你可能思考过无数种可能性了，为什么你会对自己的行为如此担心。你可能对自己说过的话不是那么在意，然而在父母面前，我听到的关于任何事情的说法都是这样的：我只是希望不用再担心自己的选择。

这是一个妈妈相互比较的时代，媒体也希望我们永远关注，疑虑可以增加书籍杂志销量，可以增加网页浏览点击量。在脸书上，我看到有妈妈发表对《时代周刊》封面的评论，一旦招致很多反对意见，就会很快删除。在母亲节这天，如果《时代周刊》把一个超模放在封面，性感的躯体，崭新的彩色喷绘，这也会招致大家的议论，这是不是对母亲节的一个挑衅呢？这样的文章，这样的封面，选在这样的时间点，这就是我们这个时代的杰作。恐龙曾经统治过我们这个星球，现在却是网络舆论在统治。

你的妈妈情怀，你的养育情节，你的每一个决定，你还知道什么呢？当然你只要知道他们是妈妈就足够了……

这个封面其实说的并不是母乳喂养。我认为，何时停止母乳喂养只是妈妈和孩子之间的事情，与其他人没有任何关系。伴随着宝宝一天天地长大，慢慢学习自立，学会独立，到一岁的时候就能够自己吃饭，会自己喝水。到这个时候，母乳喂养的次数也会相应减少，然而也并不是说这个时候就该断奶。作为一名儿科医生，何时断奶并不在我的工作范围之内，而且也没有相应的科学依据来确定最后期限。威廉姆斯·西尔斯（William Sears）博士给大家呈现了一份大礼——亲密育儿法。他吸取斯波克博士（Benjamin Spock）的观点而且做了进一步阐述：我们可以而且应该尽可能把宝宝带在身边，培养亲密感，享受育儿乐趣。

对此我也有异议。

麻烦在于：对于职场妈妈来说，她们有多重任务，100% 的亲密育儿非常具有挑战性，而且是一项艰巨的任务，甚至会在情绪低落的时候带来焦虑。

我只是希望对自己的选择能少些担忧！

在育儿方面，保持谦虚，是对我们所有人的要求，接受自己喜欢的意见，把其他置之不理。育儿的真正胜利，就是父母找到那条和谐之路，愉快地生活，而不是整天质疑。

任何欺负或者引诱妈妈的行为（就如《时代周刊》的封面）都是无益的。特别是在妈妈们精心安排周末，准备庆祝生命里特别的节日时，这可是妈妈的特权。

没有相关证据显示，延长母乳喂养到学龄前，会对孩子有什么伤害。相反，一些母乳喂养拥护者收集的很多资料显示，喂养到 12 个月之后母乳仍然具有非常高的营养价值。

事实上，育儿也并非都要如此。面对一个美丽的女人在哺乳她近 4 岁大孩子这样一幅画面，我们的反应并没有多少是关于亲密育儿，是不是母乳喂养婴儿，用不用襁褓，先吃豌豆还是先吃胡萝卜，这个封面带来的冲击，更多的是妈妈之间的攀比和内疚，相信还有更多。这就是正在进行的舆论风暴，媒体让我们相信，育儿就是这样的，紧张的状态，不断的议论，无尽的疑惑，还有妈妈间的比较。

关掉电脑，把书本放下。好好享受自己的决定且保持前进，保证你会收获人生最最美好的礼物，孩子的礼物。